Contrastes

KATE BEECHING
&
BRIAN PAGE

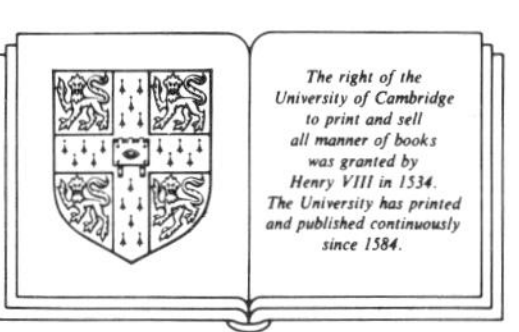

CAMBRIDGE UNIVERSITY PRESS

Cambridge New York Port Chester Melbourne Sydney

Published by the Press Syndicate of the University of Cambridge
The Pitt Building, Trumpington Street, Cambridge CB2 1RP
40 West 20th Street, New York, NY 10011, USA
10 Stamford Road, Oakleigh, Melbourne 3166, Australia

First published 1988
Reprinted 1989

Printed in Great Britain at the University Press, Cambridge

ISBN 0 521 31131 4

Accompanying cassettes and transcript ISBN 0 521 32256 1

Cover design: Dave Runnacles

CE

Outline of Contents

Introduction

COURSE CONTENTS

Contrastes is a language course specially tailored to the needs of those following A-level syllabuses with a greater bias towards practical language skills.

LANGUAGE IN USE

With the growth in interest in communicative approaches to language learning, more teachers are turning to authentic materials as a means of developing their students' ability to understand the different varieties of the language and to use them appropriately, especially at an advanced level. As the pioneers in this field at the CRAPEL* in Nancy put it:

> Mais si l'utilisation des documents authentiques semble particulièrement difficile à mettre en place efficacement au niveau débutant, il nous semble qu'elle devienne de plus en plus efficace au fur et à mesure que l'enseigné progresse dans sa connaissance de la langue et au niveau avancé nous la considérons comme la seule méthode possible – méthode unique mais diversifiée à l'infini.†

Based on a series of interviews and conversations recorded in France and in Belgium, ***Contrastes*** aims to provide students with genuine examples of language in use whilst developing the tools they require to analyse authentic instances of language, whether written or spoken. They can then incorporate new items into their expanding knowledge of the language and use them appropriately themselves.

USAGE

This is not to say that usage is neglected. To be effective communicators at this level, it is important for students to be clear on matters of syntax. Remedial grammar work (on, for example, the perfect tense, or verb constructions) is thus provided in ***spot revision*** sections and new points (the passive voice, the subjunctive) are gradually introduced. These are, however, always presented in the context of authentic speech or writing. The ***Nuts & Bolts*** grammar notes at the back of the book break new ground in dealing with the grammar of the spoken as well as the written language. References are made to this section in the body of the book but students would do well to read through the entire section early in their course of study – as much for the sake of interest as to find out where they can look up particular grammar points.

SKILLS

Contrastes aims, too, to develop the skills students require not only to prepare adequately for their examinations but also for life beyond A-level, whether they go on to a further taught course of study or wish to keep up their knowledge of French

*Centre de Recherches Appliquées Pédagogiques en Langues
†(Duda, R., Esch, E.; Laurens J. P. **Documents non didactiques et formation en langues CRAPEL.** Mélanges pédagogiques, 1972).

on their own. Special *skills* sections include advice on letter- and essay-writing, organising French language notes, using a dictionary, summarising, listening to French news broadcasts, inferring meanings from texts and the art of translation.

WORKING THROUGH A UNIT

The ***point de départ*** of each unit is a ***contraste***, either a linguistic one – a question of style, for example – or a difference in personal perspective: how different people view things (parents and children, or husbands and wives) or how one's own attitudes change (e.g. before and after an exam!). These ***contrastes*** are indicated at the beginning of each unit. The keypoints of each unit are then outlined. The first line sums up the skills developed in the unit, the second the language functions and the third the grammar points, for example for Unit 13:

KEYPOINTS
- *Translating into English*
- *Comparing things; talking about causes and consequences*
- *The pluperfect tense of the passive voice*

METHODOLOGY

In terms of methodology, the course follows the guide-lines set out in *French 16–19: A New Perspective* (Hodder and Stoughton, 1981), where three stages are applied in the study of a text, namely:

1 The discovery of the text
2 Sorting and practising
3 Spoken or written production.

Often an instruction is given for students to work in pairs or in small groups. This is essential in promoting sustained oral work and a cooperative problem-solving approach to the task in hand. Every so often a literary extract is included in a section entitled ***Pause littéraire***. This allows the students to let their hair down and just read for the pleasure of reading!

TRANSCRIPTIONS OF THE RECORDINGS ON THE CASSETTES

Transcriptions of the recorded texts appear in a separate booklet accompanying the cassettes. Students are not then tempted to read the recorded texts before they have had a chance to listen to the items on the cassettes. These transcriptions may be freely photocopied.

AUTHORS' ACKNOWLEDGEMENTS

We are grateful to the following people for their support in this project:
To Edith Harding who had the original ***Contrastes*** idea, provided invaluable contacts in France and devoted much time and care to critical listening to and reading of the text; to Sylvie Chastagnol, Barry Jones, Joëlle Patient and Francine Rouanet-Democrate who form the French teaching team attached to the Language Laboratory at the University of Cambridge and who provided inspiration and useful comment. To Isabelle le Guilloux for her invaluable remarks on the final

manuscript. To all those people who helped in making the original recordings for the course, especially the White and Vekermans families, M. and Mme Baudin and M. Scheenaerts in Belgium, Catherine Levy, Michel Delmas, Suzanne Raugel, Mireille Jourdain, Barbara Newman and the Benech family in Paris, Françoise Lefèvre and André Robert in Cambridge.

Many thanks, too, for technical assistance from Mike Moore at the Language Laboratory, University of Cambridge and from Andy Tayler at Studio AVP who edited the tape. And to Brenda Christie for putting the manuscript on disk. We should also like to acknowledge our indebtedness to Amanda Ogden and Rosemary Davidson at C.U.P. who made an enormous contribution in the general organisation and in the close reading and detailed criticism of the manuscript.

We are grateful, too, to the following authors for ideas and inspiration and draw teachers' attention to the titles quoted:

Françoise Grellet: *Developing Reading Skills*, C.U.P. 1981.
Friederike Klippel: *Keep Talking*, C.U.P. 1984.
Penny Sewell: *Enquête sur la Presse*, C.U.P. 1981.
Penny Ur: *Teaching Listening Comprehension*, C.U.P. 1984.
Catherine Walter: *Authentic Reading*, C.U.P. 1982.

NOTE ON AUTHENTIC TEXTS

Almost without exception, the written texts in this book are original documents with their own irregularities and errors. We should like to point out the following:

p 29 **L'œuf discount**: commerwants = commerçants
p 31 **Maillot crochet sous les cocotiers**: paris = Paris
p 31 **Fantasmes et gros sous**: N.B. telephone numbers have now changed to a new system (of four lots of two digits)
p 34 **Lettre**: Juillet = juillet; connaissances en Français = connaissances en français; parler Français = parler français
p 35 **Lettre**: vous pouviez = vous pourriez
p 65 **Marie 16 ans**: la carte jeunes = la carte jeune
p 165 **Une vie devant eux**: Il ne veulent plus voyager = Ils ne veulent plus voyager
p 169 **Le mal du divorce ...**: Les sujet de conversations = Les sujets de conversations
p 182 **Beaucoup de statistiques**: les garçons er sont = les garçons en sont
p 183 **De même ...**: tranquilement = tranquillement
p 188 **"Il me coupe tout le temps la parole"**: leurs coupent la parole = leur coupent la parole; agé d'une trentaine d'années = âgé d'une trentaine d'années
p 204 **Manger vert**: Ceux qui elliminent = ceux qui éliminent

1 *Piquez mon guide anti-pickpocket!*

CONTRASTE Langue parlée/langue écrite

KEYPOINTS
- *Learning to listen; transcribing spontaneous speech*
- *Understanding and giving instructions*
- *Imperatives;* il faut que + *subjunctive; linking words*

Study skill

Learning to listen

One of the most important (and difficult!) things you have to do when you arrive in France is to learn to listen. Listening is the key to speaking good colloquial French yourself and will help you have an idea of what is going on around you as well! The first few days in France, when you are getting your ear in, can be very tiring. *Contrastes* aims to help by giving you some exposure to colloquial French before you get there and by giving you advice about how to listen. When we listen to people talking we don't actually hear half of what is being said. This is sometimes because the radio is on, a car goes past or the person talking is busy doing something else at the same time. In our own language we make up for the words we can't quite hear by guessing what they are from the words we *do* hear. This is quite natural and automatic but is more difficult in a foreign language because:

a) we're not so familiar with the words so find it more difficult to guess what the missing ones are.

b) we simply have not met some of the words before and therefore have difficulty in 'processing' them.

Two skills which are well worth cultivating, therefore, are to fill in the blanks in your knowledge from what you *do* hear and to try to guess the meanings of words from their context. Gradually, as your knowledge of the language grows, the words you understand will increase and life will become easier. In the first extract on the tape, you will hear Mme Benech talking about the meal she has prepared. Listen carefully and try to guess any words you do not know from the context.

Cassette

Blanquette de veau

Mme Benech m'a invitée à dîner chez elle. Elle avait préparé une blanquette de veau. Je lui ai demandé ce qu'était la blanquette. Ecoutez le passage et répondez oralement aux questions.

1. Comment fait-on cuire les morceaux de veau?
2. Comment prépare-t-on un «roux»?
3. Quels autres ingrédients faut-il ajouter dans la préparation de ce plat?
4. A part le plat principal, que mangera-t-on?
5. Pourquoi n'y a-t-il pas de charcuterie?

LA LANGUE PARLEE/LA LANGUE ECRITE: FAITES LA COMPARAISON

Document

LAPIN À LA CRÈME ET À L'ESTRAGON

ILE-DE-FRANCE

Pour 6 personnes:
1 lapin de 1,800 kg
500g de crème fraîche épaisse
2 cuil. à soupe de moutarde forte
2 cuil. à soupe de fine champagne
6 échalotes hachées

2 dl de vin blanc sec
1 cuil. à soupe d'huile
50 g de beurre, sel, poivre
4 branches d'estragon

Préparation: 15 mn
Cuisson: 40 mn

Coupez le lapin en morceaux, salez, poivrez chaque morceau. Faites-les dorer 10 mn dans une sauteuse dans l'huile et le beurre. Sortez-les de la sauteuse, gardez-les en réserve sur un plat. Jetez le gras de cuisson. Déglacez avec la fine champagne, laissez-la s'évaporer, ajoutez alors les échalotes hachées finement et le vin. Portez à ébullition et remettez les morceaux de lapin dans la sauteuse. Laissez le vin s'évaporer 7 à 8 mn sans cesser de remuer, versez la crème délayée avec la moutarde. Portez à ébullition, couvrez et laissez cuire à feu moyen 20 mn environ. Pendant ce temps, passez le foie du lapin au mixer. Lorsque le lapin est cuit, dressez-le sur le plat de service. Faites réduire la sauce 2 mn à feu vif, ajoutez-lui le foie et mélangez. Rectifiez l'assaisonnement. Passez la sauce au chinois, nappez-en le lapin, saupoudrez d'estragon haché, servez avec des petites pommes de terre nouvelles sautées.

la crème fraîche *sour cream*
la fine champagne *superior quality brandy**

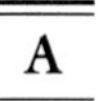

A LISEZ LA RECETTE dont quelques phrases ont été traduites en anglais. Malheureusement elles sont dans le désordre! Mettez-les en ordre, selon la recette.

1. Reduce the sauce, add the minced liver and stir.
2. Brown them in a frying-pan in the oil and butter.
3. Bring to the boil and put the pieces of rabbit back in the frying-pan.
4. Allow the wine to evaporate, stirring continuously.
5. Adjust seasoning
6. Cut the rabbit into pieces.
7. Strain the sauce, coat the rabbit with it, sprinkle with chopped tarragon and tiny sautéd new potatoes.
8. Remove the pieces from the frying-pan.
9. Meanwhile, mince the rabbit-liver.
10. Bring to the boil, cover and allow to cook for about 20 minutes.
11. . . . then add the finely chopped shallots and the wine.
12. Pour on the cream mixed with the mustard.
13. Salt and pepper each piece.
14. Make a sauce by adding the brandy, allow it to evaporate.

*The meanings given for these words and expressions are often valid only for the context in which they occur. Sometimes people use words in quite a personal way that cannot necessarily be transferred to another situation. Check with your dictionary how you can use these words.

B GRAMMAR

Sortez-la de la sauteuse, gardez-les en réserve.
Ajoutez-lui le foie ...
Nappez-en le lapin.

Spot revision

Order of pronouns after the imperative – see *Nuts & Bolts* para. 3.1.2. Give all the examples of the imperative you can find in the recipe.

C EXERCICE

Vous êtes dans la cuisine avec un ami. Il vous pose des questions. Rassurez-le que c'est bien cela qu'il faut faire, en remplaçant les substantifs par le(s) pronom(s) approprié(s).

Exemple *L'ami:* Dois-je couper le lapin?
Vous: Oui, oui, coupe-le!

1. Faut-il sortir les morceaux de lapin de la sauteuse?
   Oui, oui ...
2. Dois-je ajouter les échalotes hachées?
   Oui, oui ...
3. Je remets les morceaux de lapin dans la sauteuse?
   Oui, oui ...
4. Faut-il passer le foie de lapin au mixer?
   Oui, oui, ...
5. Dois-je ajouter le foie à la sauce?
   Oui, oui ...
6. Je nappe le lapin avec la sauce?
   Oui, oui ...

Cette fois, votre ami fait tout au mauvais moment.

Répétez les exemples de l'exercice en le contredisant.

Exemple *L'ami:* Dois-je couper le lapin?
Vous: Non, non. Surtout ne le coupe pas!

D GRAMMAR

1. **Faites-les dorer ... / Faites réduire la sauce.**

   Laissez { le vin / -la } s'évaporer.

2. *You mustn't* and *you needn't*

Il faut ... (You must ...)
Il ne faut pas ... (You mustn't ...)
On n'est pas obligé de ... (You needn't ...)

Notice the difference in meaning between you mustn't and you needn't in English and how this distinction is rendered in French.

How would you say *you mustn't*:
a) brown the pieces of meat
b) reduce the sauce
c) allow the wine to evaporate?

And how would you say *you needn't* do each of these things?

Document — *Bar cru à la tartare*

Now you know how to follow instructions, try this summer recipe for fish.

Au menu d'aujourd'hui

Bar cru à la Tartare

A LA BELLE SAISON, il n'y a rien de meilleur que du poisson bien frais, « cuit » dans du jus de citron et relevé de sauce Tartare Lesieur aux six épices. La preuve ? Essayez donc cette recette...

Ce qu'il faut faire ? D'abord découper de fines escalopes de bar cru, que vous faites mariner au frais avec du jus de citron et du basilic pendant 3 heures. Avant de servir, égouttez le poisson, nappez-le de Tartare Lesieur et décorez avec des grains de poivre vert et du cerfeuil haché. Bon appétit!

Language Facts

Transcription

When you try to write down exactly what someone is saying – in other words, when you transcribe the spoken word – you realise almost immediately that the spoken word and the written word are very different.

When we write we have time to think and we usually use complete sentences. When we speak, especially when we are talking quickly, we tend to 'make mistakes'. The written recipe on p. 2 consists entirely of whole sentences. If you compare this with what Mme Benech says, you will see that she does not speak in complete sentences – she interrupts herself to add another detail or to correct herself. She may also repeat things or say the same thing twice in different ways: this is known as *redundancy* – it is a feature of the spoken language and there are various good reasons for it.

These peculiarities of the spoken language make it difficult to write down. Sometimes it is hard to decide where a sentence ends. People tend to hesitate or break off half-way through a sentence – especially if several people are talking at once. It is worth considering the possibility of finding another way of writing which mirrors the spoken language more closely when we transcribe.

Below are two possible ways of transcribing what Mme Benech said. Listen to the first part of the passage again twice, following one of the transcriptions each time.

1. List the differences between transcription A and transcription B.
2. Try to decide:
a) which sort of transcription is more accurate and in what ways
b) which sort of transcription you prefer.

TRANSCRIPTION A

Blanquette c'est fait avec du veau // vous achetez des des morceaux de veau euh qui peuvent être euh / je sais pas / tirés d'épaule ou des choses comme ça et / vous les faites cuire à l'eau / avec euh du sel du poivre euh des / souvent ou met du laurier du thym du laurier pour donner du goût / et quand c'est / il faut cuire très doucement hein? et quand c'est cuit / euh vous faites une sauce alors avec pour la sauce vous faites un / une sauce / sauce blanche avec euh le c'est pas vraiment une sauce blanche c'est une sorte de roux c'est-à-dire que vous mettez du beurre / un peu de beurre un peu d'huile moi en général je mets un petit peu d'huile aussi et / vous faites vous mettez de la farine et vous laissez la farine cuire dans le / un peu dans en tournant dans le beurre / et après vous ajoutez le le jus de cuisson des / du veau.

TRANSCRIPTION B

Blanquette, c'est fait avec du veau. Vous achetez des des morceaux de veau qui euh peuvent être euh ... je sais pas ... tirés d'épaule ou des choses comme ça et vous les faites cuire à l'eau avec euh du sel, du poivre euh, des ... souvent on met du laurier ... du thym, du laurier pour donner du goût et quand c'est ... il faut cuire très doucement, hein? ... Et quand c'est cuit, euh vous faites une sauce ... alors avec ... pour la sauce, vous faites un ... une sauce ... sauce blanche avec euh le ... c'est pas vraiment une sauce blanche, c'est une sorte de roux, c'est-à-dire que vous mettez du beurre, un peu de beurre, un peu d'huile, ... moi, en général, je mets un petit peu d'huile aussi. ... et vous faites ... vous mettez de la farine et vous laissez la farine cuire dans le ... un peu en tournant dans le beurre et après vous ajoutez le le jus de cuisson des ... du veau.

The fact is that both types of transcriptions have advantages and disadvantages. Transcription A follows rules used by **clab (centre de linguistique appliquée besançon)** to transcribe the spoken word.

Clab sum up these rules as follows:
– pas de ponctuation de l'écrit sauf le point d'interrogation
– pas de majuscules sauf pour les noms propres
– une barre oblique / correspond aux groupes rhythmiques
– deux barres obliques // marquent une pause

In many ways this transcription gives a more accurate picture of the sounds which are being made than transcription B. Transcription B attempts to treat the spoken word as if it were like the written word. It attempts to impose a sentence structure (appropriate to the written word) on the spoken language. It uses capital letters, full stops and commas. However, it runs into difficulties because much of the time the speaker does not use a full sentence or one sentence runs into another. Three dots ... are used to indicate an interruption or addition to an otherwise (relatively) grammatical sentence. Listen to Mme Benech once again and following the transcription below see if you can say why she has changed track mid-sentence at each asterisk. Does she want to add a further detail? Was she going to use a different word and then changed her mind? If so, see if you can guess what that word would have been.

Blanquette, c'est fait avec du veau. Vous achetez des morceaux de veau euh qui peuvent être euh ...* je sais pas ... tirés d'épaule ou des choses comme ça et vous les faites cuire à l'eau avec euh du sel, du poivre, des ...* souvent on met du laurier ... du thym, du laurier pour donner du goût et quand c'est ...* il faut cuire très doucement, hein? ... Et quand c'est cuit, vous faites une sauce ... alors avec ... pour la sauce, vous faites un ... une sauce ... sauce blanche avec le ...* c'est pas vraiment une sauce blanche, c'est une sorte de roux, c'est-à-dire que vous mettez du beurre, un peu de beurre, un peu d'huile, ... moi, en général, je mets un petit peu d'huile aussi, ... et vous faites ... vous mettez de la farine et vous laissez la farine cuire dans le ...* un peu dans en tournant dans le le beurre et après vous ajoutez le jus de cuisson des ...* du veau.

There are problems about transcription whatever type you decide to use. However, when, on page 5, you came to say which sort of transcription you preferred, you probably answered B. That is because this type of writing is more familiar to you but also because it corresponds more closely to the way we *interpret* what we hear. We tend to listen out for whole sentences and if there is an interruption in the middle, expect the speaker to finish the sentence. In many ways transcription B is more practical than transcription A. It is a sort of half-way house between what the person actually said and how we interpret it.

Of course, when *you* are talking, you should attempt at all times to use full grammatical sentences (even though you should be able to *understand* people using incomplete ones).

A VOUS DE TRANSCRIRE

Ecoutez encore une fois le passage et transcrivez la dernière partie de l'extrait à partir de **Alors, pour commencer j'ai préparé des carottes râpées ...** Transcrivez le passage deux fois, la première fois en vous servant de la transcription A, et l'autre fois de la transcription B. Comparez vos transcriptions avec celles des autres dans la classe.

Cassette

Vouvray

Alain est étudiant en médicine à Tours. Pendant les grandes vacances il travaille à la cave des viticulteurs du Vouvray au Château de Vaudenuits.

Document

CAVE DES VITICULTEURS DU VOUVRAY AU CHATEAU DE VAUDENUITS

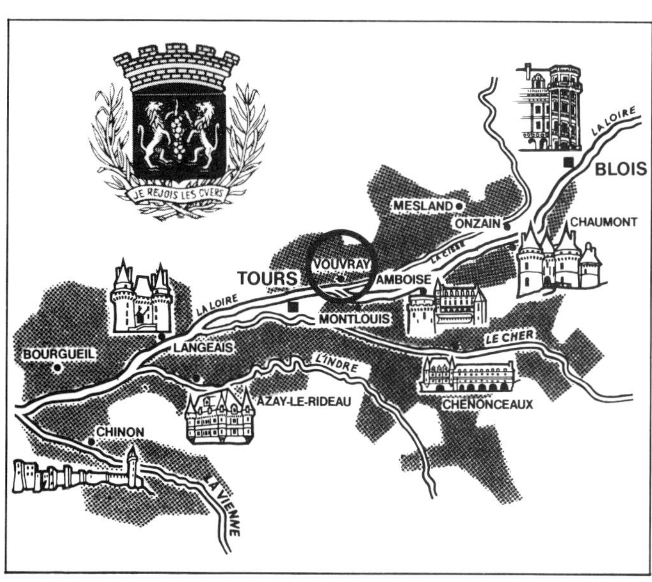

A DEFINITIONS

Ecoutez ce qu'il faut faire quand on déguste un vin. Trouvez dans la liste de droite l'équivalent des termes de la liste de gauche.

1. verser	a) passer partout dans la bouche en gargarisant
2. du dépôt	b) tourner, bouger
3. le vin remue dans le verre	c) la couleur, les traces
4. les particularités du vin	d) transférer un liquide d'un récipient à un autre
5. la robe	e) la caractéristique
6. on le mâche	f) une petite quantité d'air enfermée dans un liquide
7. les bulles	g) ce qui reste au fond de la bouteille après en avoir servi le contenu

B RESUME

Résumez en anglais ce qu'il faut faire quand on déguste un vin (4 points).

Notez comment Alain décrit ce qu'il faut faire. Il dit:
il faut + infinitif
on verse le vin, on tourne le verre, on le goûte
vous sentez, vous respirez

Il utilise des expressions aussi pour présenter les instructions d'une manière logique:
donc **une fois qu'on l'a versé** **à ce moment-là** **ensuite** **alors**

C IL FAUT QUE

Quand il parle du champagne, Alain remarque qu'il faut que les bulles soient très petites.

Notez qu'**il faut que** est suivi du subjonctif (voir *Nuts & Bolts* para. **2.4.12.**) Ecoutez de nouveau cette partie du passage, en remplissant les blancs dans l'exercice qui suit:

Alors pour ....[1] une méthode champenoise et un champagne on ....[2] la même chose c'est-à-dire qu'on ....[3] le champagne pour ....[4] le parfum, le bouquet du vin et ensuite on ....[5] les bulles du champagne. Pour que ça ....[6] un bon très bon champagne il faut que les . . . je ....[7] du vrai champagne, hein? – il faut que les bulles ....[8] du bas du verre jusqu'en haut et que les bulles ....[9] les plus petites possibles. Si ce ....[10] des grosses bulles, c'est un vin de . . . c'est un vin de pas très bonne qualité. Mais si les bulles ....[11] très très fines, c..........................[12] de toutes petites bulles qui ....[13] ça ....[14] que c'est un très bon vin.

D LINKING WORDS

Notice the words which are used to link two sentences together:

et, donc, mais	**tandis que . . .**
quand . . .	**pour que + subjonctif**
une fois que . . .	**qui**
si . . .	

Listen to the whole passage once again, making sure that you understand all of the above expressions and how you would use them. Then work on the exercise below.

E LA TERMINAISON CORRECTE

Lisez les phrases dans la liste de gauche et trouvez-en les terminaisons correctes dans la liste de droite.

1. Il faut verser doucement le vin dans le verre . . .	a) tandis qu'un vin très vieux va laisser une robe de vin très fine.
2. Il y a du dépôt dans le vin	b) ça veut dire que c'est un très bon vin.
3. Un vin très jeune ne laisse pas de traces sur le verre	c) donc il faut le verser tout doucement dans le verre.
4. On le mâche	d) il faut que les bulles soient les plus petites possibles.
5. Pour que ça soit un bon champagne	e) parce qu'il y a du dépôt dans un vin qui est très vieux.
6. S'il y a de toutes petites bulles qui montent	f) c'est-à-dire qu'on le fait passer partout dans le palais.

TETE DE CUVEE
Fruit
d'un travail soigné
empreint
des
traditions
ancestrales

tête de cuvée *the best of the year's wine from a vineyard*

Médecine Santé

Pédiatrie

Prévenir les accidents à la maison

Les tout jeunes enfants sont particulièrement vulnérables aux accidents domestiques. Le Dr Jean Lavaud, responsable de l'antenne pédiatrique du SAMU de Paris, nous rappelle les principes de prévention de base dans ce domaine.

Selon une étude réalisée en 1983 par le Comité Français pour l'Education de la Santé, chaque année, en France, 700 000 enfants de 6 mois à 9 ans ont un accident entraînant un acte médical (sans compter les accidents de la route). Et l'on compte 1 600 décès par an à la suite d'un accident dit « domestique ». Devenus la première cause de mortalité infantile en France, ce sont par ordre de fréquence :

- **les traumatismes** (coups, plaies, etc.) **et les chutes** (de la table à langer, ou d'une fenêtre), qui représentent un accident sur deux.
- **les intoxications** (médicaments, produits ménagers, etc), **brûlures, noyades** (deuxième cause de mortalité après les traumatismes.)
- **l'absorption de corps étrangers, les asphyxies,** et les **morsures d'animaux domestiques.**

Que faire pour les éviter

Et pourtant, ces accidents pourraient parfaitement être évités. Selon le Dr Lavaud, il convient avant tout d'adapter le cadre de vie de l'enfant à ses capacités physiques et psychiques.

Pour l'enfant, en effet, le monde est « agressif », trop grand, dangereux. Il convient donc de bien connaître ses possibilités tout au long de son développement. A chaque étape correspond une catégorie de risque.

A chaque âge, ses dangers

Ainsi, **entre 6 mois et 9 mois,** il peut ramper, et s'approcher d'un objet. **De 9 à 12 mois,** il peut se mettre debout tout seul, en s'appuyant sur un meuble ; à cet âge, il touche à tout, porte les objets à la bouche. **De 12 à 18 mois,** il marche seul et explore la maison. **De 18 à 24 mois,** il commence à grimper et à escalader, à imiter les adultes. **Vers 2 à 3 ans,** il apprend à sauter. Et **à partir de 4 ans,** il sort de plus en plus de la maison (école, jardin). Résultats : les chutes de la table à langer se produisent en général vers les 5e-6e mois, les intoxications par produits ménagers vers 1 an, les brûlures par liquide bouillant dans la cuisine vers 12-18 mois, les chutes par la fenêtre vers 18-24 mois, ainsi que les absorptions de médicaments ou de corps étrangers.

Certains lieux sont plus dangereux que d'autres pour les enfants : en particulier, la cuisine, la salle de bains, les garages, sous-sols et ateliers. Il faut absolument penser à aménager ces pièces pour éviter toute tentation à l'enfant, et, selon le Dr Lavaud, ne jamais le laisser seul dans les « zones à haut risques » (voir encadré).

En cas d'urgence

Malgré toutes les précautions, l'accident peut arriver. C'est pourquoi il faut disposer d'une liste de numéros de téléphone d'urgence : SAMU, centres anti-poison, pompiers, médecin.

Quelques gestes simples, à faire ou à ne pas faire, peuvent sauver un enfant :

- **en cas de traumatisme grave,** ne pas bouger l'enfant, et le recouvrir d'une couverture.
- **s'il s'agit d'une intoxication,** ne rien lui donner à boire et ne pas le faire vomir s'il a avalé un produit toxique comme un produit ménager. Placez l'enfant en position latérale de sécurité : couché sur le côté, la jambe repliée sous l'autre.
- **en cas de brûlure,** surtout s'il porte un vêtement en synthétique, ne jamais le déshabiller, mais l'envelopper dans un drap propre.
- **en cas de noyade,** ou d'asphyxie, il faut pratiquer très vite la respiration artificielle : en 3 minutes, les effets sont irréversibles.
- **si l'enfant a avalé un corps étranger,** ne tentez pas de l'extraire, placez-le en position assise, et emmenez-le à l'hôpital. ■

Olivia Phelip

Principes de base

- **Les médicaments doivent tous être placés sous clé. Les produits toxiques (entretien, cosmétique) doivent être également placés hors de portée.**
- **Les prises électriques doivent être condamnées avec des cache-prises.**
- **Attention aux plantes vertes (les enfants les sucent), aux cacahuètes, au nécessaire de couture...)**
- **Ne jamais laisser l'enfant seul dans son bain, et faire attention à la température de l'eau.**
- **Pour plus de précisions, vous pouvez vous procurer deux brochures : celle du Comité National de l'Enfance, intitulée « Je l'aime, je sais le protéger » (30 F, au 51, avenue Franklin-Roosevelt, 75008 Paris), et celle du Comité Français de l'Education pour la Santé, intitulée « Avec l'enfant, vivons la sécurité (donnée gratuitement, 9, rue Newton, 75016 Paris).**

Mieux vaut prévenir que guérir : une banalité qui, dans le cas d'accidents domestiques, peut sauver la vie d'un enfant.

Document — *Mieux vaut prévenir que guérir*

A LISEZ L'ARTICLE CI-CONTRE ET décidez si les phrases ci-dessous sont vraies ou fausses.

1. Chaque année en France 700 000 enfants subissent un accident de la route.
2. La première cause de mortalité infantile en France est les morsures d'animaux domestiques.
3. Ces accidents pourraient être évités.
4. Il faut prévenir les accidents en tenant compte des capacités physiques et psychiques de l'enfant.
5. Les accidents d'intoxication se produisent en général quand l'enfant a 6 mois.
6. La cuisine est un des endroits les plus dangereux pour un enfant.

B TRADUISEZ EN ANGLAIS les *principes de base*.

C RÉPONDEZ AUX QUESTIONS suivantes (vous trouverez les réponses dans la section intitulée *En cas d'urgence*):

Que faut-il faire si:
– l'enfant est tombé par la fenêtre
– a avalé de l'eau de javel
– s'est brulé en renversant une tasse de café
– a failli se noyer dans le bain

les intoxications *poisonings*
SAMU = Service d'Action Médicale d'Urgence *emergency medical teams who come to accidents*

Document

7 CONSEILS POUR NE PLUS VOUS FAIRE PICKPOCKETER.

1. Ne tentez pas le pickpocket. Ayez peu d'argent sur vous.

2. Ne laissez rien dépasser de vos poches.

3. Évitez de mettre de l'argent ou des objets de valeur dans vos poches extérieures de veste ou manteau.

4. Équipez vos poches intérieures de fermetures et boutonnez vos vestes.

5. Fermez d'un bouton vos poches revolver.

6. Vos sacs à main en bandoulière, serrez-les sous votre bras.

7. Quand vous êtes assis, ne le tentez pas, gardez votre sac sur vos genoux.

POUR VOUS FACILITER LA VILLE.

A vous de donner des instructions!

A Vous écrivez à des amis français qui vont vous rendre visite chez vous en Grande Bretagne. Ils vont arriver (à Douvres) en voiture. Donnez-leur des instructions très précises pour qu'ils puissent trouver la bonne route jusqu'à votre maison.

B Vous êtes employé(e) du Comité National de l'Enfance. Vous publiez une brochure intitulée **Je l'aime, je sais le protéger**. En vous servant des informations contenues dans l'article à la page 10 et le format de la brochure ci-dessus, rédigez et dessinez cette brochure.

C TRADUISEZ EN FRANÇAIS la recette de votre plat préféré.

la poche revolver *hip pocket*

2 *Pourquoi est-ce que je suis là?*

CONTRASTES Avant/après
Comment vous sentez-vous avant et après ... une soirée ... un examen?

KEYPOINTS
- *using a dictionary; tackling texts – skimming and scanning*
- *expressing your emotions; talking about plans and about what you did*
- *future tense; perfect tense; emphatic pronouns*

Cassette

On va tous manger chez Laurence

Caroline, Véronica et Patrick White habitent en Belgique. Ils sont bilingues car ils vont au lycée en Belgique et ils ont un père anglais. Les jeunes filles (Caroline a 17 ans; Véronica a 16 ans) ont une vie assez mouvementée ...

Dans le dialogue que vous allez entendre Caroline demande à Véronica (dont le surnom depuis l'enfance est Bébéca) ce qu'elle pense faire ce soir. Ecoutez le passage – autant de fois que vous le voulez – et notez toutes les phrases qu'utilise Véronica pour dire ce qu'elle va faire ce soir.

A GRAMMAR

Go back to the cassette. What ways are there of talking about the future in French?

Spot revision

Check up that you know how to form the future tense and the common irregular future stems (see *Nuts & Bolts* paras. 2.2.6. and 2.3.). List any other phrases you know which might be used to talk about future plans.

Study skill

Use a bilingual dictionary to find other useful phrases. You may wish to tackle this in the following way:

1. List all the words *in English* which might have something to do with future plans. (e.g. *intend*, *hope*, *expect* etc.)
2. List all the words *in French* which might have something to do with future plans.
3. Compare your lists with those of the other members of the class.
4. Decide who will look up which expression(s) in the dictionary.
5. Come back to the next class with your lists of expressions – if possible check with a native speaker which expressions are useful and in what context.

Cassette

Eux, ils sont allés en discothèque après

Ecoutez le passage où Caroline explique ce qu'elle a fait hier soir.

A REPONDEZ AUX QUESTIONS

1. Comment est-ce que Caroline s'est rendue à la soirée?
2. Pourquoi est-ce qu'elle se sentait très mal à l'aise?
3. Elle s'est amusée pourtant?
4. Qu'est-ce qu'ils ont fait vers onze heures et demie, minuit?
5. Est-ce que Caroline est allée à la discothèque à Anvers (ville près de Bruxelles)?
6. Ils sont rentrés à quelle heure?

B TRANSCRIVEZ LE PASSAGE

C GRAMMAR

Spot revision

1. Check up that you remember how to form the perfect tense, and which verbs are conjugated with **être** (see *Nuts & Bolts* paras. **2.2.10.** and **2.2.11.**). Then copy out the passage below, putting the verbs in brackets into the perfect:

Hier soir nous ....[1] (aller) au cinéma. Ils ....[2] (passer) un film d'horreur. Après le film on ....[3] (sortir) du cinéma. Mes amis ....[4] (vouloir) aller au café mais moi je ....[5] (décider) de rentrer chez moi.

Pendant quelques minutes je ....[6] (attendre) à l'arrêt d'autobus. Comme aucun autobus n'arrivait, je ....[7] (être) obligé(e) de rentrer à pied. Il faisait nuit mais enfin je ....[8] (pouvoir) discerner la maison. En m'approchant d'elle je ....[9] (croire) entendre un cri . . . un cri mystérieux . . . comme un cri d'enfant.

Je ....[10] (entrer) dans la maison et mon père ....[11] (sortir) une lampe de poche. Nous ....[12] (finir) par localiser ce pénible petit cri – il venait d'un arbre.

Je ....[13] (entrer) dans l'arbre, le cœur battant. Soudain, un être chaud et poilu ....[14] (frôler) ma main. Je ....[15] (avoir) un moment de panique. Je ....[16] (descendre) de l'arbre en un clin d'œil. Mon père ....[17] (éclater) de rire. Ce n'était qu'une chouette.

2. **Moi, je suis rentrée chez moi . . .**
Eux, ils sont allés en discothèque . . .

Remember that you cannot stress a word in French, as you can in English, e.g. I went home but *they* went to the disco. Instead you have to add an extra pronoun as in the example quoted above. These are sometimes called emphatic pronouns because they add emphasis (**moi, toi, lui, elle, nous, vous, eux, elles**). Study them well, then complete exercise **D**.

D EXERCICE

1. ...Lui......, il veut assister au concert.
2. Elles ont envie de l'accompagner, ...
3. ....Moi...... aussi, j'adore la musique rock.
4. Tu vas y aller, ... ?
5. Non, Marc et Jean-Claude n'y seront pas, ...
6. ...., on va manger ensemble après, ça te dit?
7. Non, elle est déjà partie, ...

The sentences above make up one half of a dialogue. See if you can make up the other person's half, then act out the dialogue with a partner.

E CAUSERIES

1. Racontez à votre partenaire ce que vous avez fait pendant les grandes vacances et quels sont vos projets pour l'année prochaine. Soyez prêts à raconter aux autres dans la classe ce qu'a dit votre partenaire.
2. Racontez à votre partenaire ce que vous avez fait hier soir / pendant le weekend et quels sont vos projets pour ce soir / samedi soir.

Study skill — *Using a dictionary*

Always treat dictionaries with wary respect. They are essential to every language user but they can lead you into making mistakes if you are not careful.

A LOOKING UP FRENCH WORDS to find their English equivalent

1. What to do if you do not find the word in the dictionary at all:

either assume it is the plural form of a noun or adjective and look for the singular form

or assume it is a verb and look for an infinitive which has at least the first three letters in common with the word whose meaning you are seeking. If you are still unsuccessful, look through the irregular verb list.

2. How to choose the right word from the alternatives the dictionary gives you:

If you know your word is a noun, adjective, verb, etc. check all the entries marked for that part of speech. These are marked with a single letter which can easily be overlooked:

a. – adjectif/*adjective*
adv. – adverbe/*adverb*
v.tr. – verbe transitif/*transitive verb*
v.i. – verbe intransitif/*intransitive verb*
n. – nom/*noun*
s. – substantif/*substantive*

Substantive is another word for *noun*; dictionaries use one or the other.

There are also: f. (*feminine*), m. (*masculine*), pl. (*plural*). Some dictionaries unwisely mark other subsections (a), (b), etc. You then have to be careful to make the difference between a. and (a).

If you don't know what part of speech your word is then you will have to look through the whole entry and decide what is the most likely meaning. It is important to look through the whole entry and not to be satisfied with the first likely meaning. For example, if you look up **pleine** in the phrase **en pleine rue** and take the first meaning *full* then you will arrive at something like *in a crowded street*. But **en plein(e)...** followed by the noun means *in the middle of...* or something similar, e.g.:
en pleine Atlantique
en pleine nuit
en pleine rue
en plein visage
so **en pleine rue** means *in the middle of the street* and it could in fact be an empty street.

B EXERCICE

La mère morte de bonne heure, le père parti on ne sait où ni pourquoi, Robespierre fut élevé par son grand-père maternel.*

His mother died at the right time, his father took a decision but one knows not where or why so Robespierre was lifted up by his motherly grandfather.

1. Produce a correct translation.
2. Construct sentences or phrases in French including **bonne**, **parti**, **élevé**, **maternel** where the translations given for them above would be correct.

C LOOKING UP ENGLISH WORDS to find their French equivalents

Composing French from English with the help of a dictionary is very hazardous.

1. All the relevant points mentioned in the previous section should be followed.
2. When adding words together check as far as possible that the French words can in fact fit together otherwise there is the danger of producing non-French like:
quelle est la matière avec vous
les domestiques civiles
3. Be careful about the many English verbs which change their meaning when prepositions are added:
to put
to put up
to put up with
In French you must expect to use different words for each of these.

Look at the examples in the dictionary to find French words closest in meaning to what you need and then check the French words back into English in the other section of the dictionary to see if you arrive at the original English again.

The best way to prepare for translation from English into French is to read and listen to a lot of French. In this way you notice how French writers and speakers themselves use words in particular ways to express particular meanings. For translation into French the bigger and more complete the dictionary the better.

*Pierre Gaxotte: *La révolution française*

D EXERCISE

1. Consider the English word *train*. Write down two or three English meanings. Probably among the ones you thought of are: *a railway train* and a verb meaning *to prepare for a sport*. Now look up the French word **train** and list the different meanings you find.
2. Writers of small dictionaries have to decide which meanings to leave out. Look up **train** in the French section of a large dictionary and a small one; see if you agree that the right meanings have been kept in the small one.
3. If you were compiling a technical dictionary for engineers which meanings of **train** would you put in?
4. Look up **train** in a French monolingual dictionary like the **Petit Larousse**; do you find any differences in the meanings chosen or the order in which they are put? Is there any particular reason for the order?
5. Discuss in your class the way **train** and *train* have been dealt with in the dictionaries and put the meanings in order of importance for you – that is, for a foreign learner of French.

Study skill

Tackling a longish text – skimming and scanning

Before launching into a longish text it is useful to have an overview:

a) to check that it contains something of interest to you and is therefore worth reading
b) to see what the general argument is
c) to isolate specific points

The techniques required to do this are sometimes called *skimming* and *scanning*. Skimming covers points (a) and (b) above and scanning point (c). Usually both techniques are used simultaneously. Skimming is used when first reading an article and scanning when one goes back to it later to check up on a point of detail, that vital statistic or date which you need to know.

In order to *skim*, you should:

a) look at the title of the passage carefully and think about what the article might be about
b) look at any sub-titles or paragraph headings and see if they give any indication of the contents of the article, its structure or the way an argument is developed
c) read the first and last paragraphs – they often give an indication of the general aims of the writer
d) if you have discovered during steps (a) to (c) that the article – or parts of it – are interesting, go back and read those parts in detail.

In order to *scan*, you should let your eye travel across the text quickly until it is caught by the piece of information you require. If you have difficulty with this, try running your finger quickly under every third line of text and let your eye follow your finger – you won't be able to read every word but you'll find the place you want quickly.

Document

Soyez mieux

Candidats aux examens, acteurs, musiciens... ont tous, ou presque tous éprouvé cette épouvante d'être paralysés à l'instant fatidique. Il existe aujourd'hui des médicaments spécifiques expérimentés dans les pays anglo-saxons, mais encore peu connus en France, qui neutralisent l'influx nerveux et les hormones de stress responsables du trac. Mais d'autres méthodes préventives ont fait leurs preuves: yoga, régimes alimentaires et divers petits "trucs". Mais n'attendez pas le dernier moment pour essayer. Il est impossible de connaître vos réactions à l'avance. Par Josette Lyon.

CONTRE LE TRAC: UNE NOUVELLE STRATEGIE

En Angleterre, fin 1977, vingt-quatre violonistes d'un orchestre s'étaient soumis pendant quarante-huit heures à différents tests. Le premier jour, douze d'entre eux, choisis au hasard, avaient pris 40 mg d'exprénolol, un médicament dit « béta-bloquant », et les douze autres, un comprimé placebo (neutre, inactif). Le second jour, les choses avaient été inversées. Quatre-vingt-dix minutes après avoir pris le médicament, chacun avait exécuté en soliste, pendant un quart d'heure, deux morceaux, l'un avec partition, l'autre sans. On avait volontairement créé une ambiance propice au trac : grande salle de concert, public nombreux, critiques, télévision. Deux professeurs de musique expérimentés avaient pour mission de juger, séparément, la qualité de l'interprétation. Ils notèrent que le jeu des musiciens s'était amélioré en moyenne de 5 %, cette amélioration atteignant 30 % chez certains, et dans un cas – quelle précision – 73 %...

L'effet semblait relativement durable. Il persistait chez ceux qui recevaient le second jour le placebo. Et l'opinion des juges était corroborée par les impressions des violonistes eux-mêmes. Quinze d'entre eux avaient eu l'impression d'avoir mieux joué.

Enfin, deux cliniciens qui les avaient examinés, avant et après le concert, pour vérifier leur degré de nervosité (dont l'effet le plus manifeste est le tremblement qui fait chevroter l'intonation et rebondir l'archet sur les cordes) avaient constaté qu'ils s'étaient montrés plus calmes, détendus, et moins anxieux avant et pendant l'exécution.

CONTRE LE TRAC : Ne pas penser ce jour-là à conserver la ligne...

Jour de l'examen : sucre (anti-coup de pompe), eau (on se dessèche).

Respiration yogi : efficace mais dangereuse sans professeur.

Faites la pause : Muscles relaxés = détente.

« Quelques jours avant l'examen. Le seul doping acceptable est la prise de fortes doses de vitamine C : 2 g par jour, plus ou non du calcium (associés en un même comprimé de Ca C 1 000 : 1/2 calcium, 1/2 vitamine C) si la ration n'en comporte pas assez ; en effet les besoins, à l'adolescence, sont doubles de ceux d'un adulte.

« Un ou deux jours avant l'examen. Les jeunes filles ont souvent des troubles digestifs : à une constipation fréquente, succède, au moment des examens, une diarrhée d'origine nerveuse (sympathique). Qu'elles se mettent alors au riz, et consomment moins de légumes et de fruits.

« Le jour de l'examen. Un petit déjeuner est souhaitable, comportant, par exemple, une orange pressée, un grand bol de lait demi-écrémé sucré, aromatisé avec un peu de chocolat, de café décaféiné ou de thé léger, du pain beurré et un peu de confiture. Mais, de toute façon, deux choses importent :

– Avoir sur soi quelques morceaux de sucre à grignoter pendant l'épreuve, pour éviter l'hypoglycémie.

– Si possible entre deux épreuves, boire pas mal d'eau (on transpire).

« Si le candidat rentre déjeuner chez lui, préparer : poisson plutôt que viande (plus digeste et phosphoré), 150 g de pommes de terre, 150 g de légumes verts ou crudités, 30 g de brie ou camembert (ou 20 g de gruyère ou comté), 50 g de pain, un peu de beurre. Boire beaucoup.

« Ce jour-là, les filles ne doivent pas essayer de conserver leur ligne. Dans une journée normale, une jeune fille, citadine de 1,60 m, pesant 50 kg, dépense en moyenne 2 200 calories par jour. Le jour d'un examen, à sa table, elle en dépense jusqu'à 6 000 !

« Mais l'important est de se faire plaisir, pour être dans les meilleures conditions intellectuelles.

« Le soir, si l'épreuve se poursuit le lendemain : un dîner analogue au déjeuner, avec viande ou poisson, selon ce qu'on a mangé à midi. Se coucher tôt pour récupérer, bien dormir et mieux digérer.

Chaque artiste a son truc anti-trac : lire un roman policier...

... Un peu d'alcool (mais alcool + tranquillisants... tranquillise trop !).

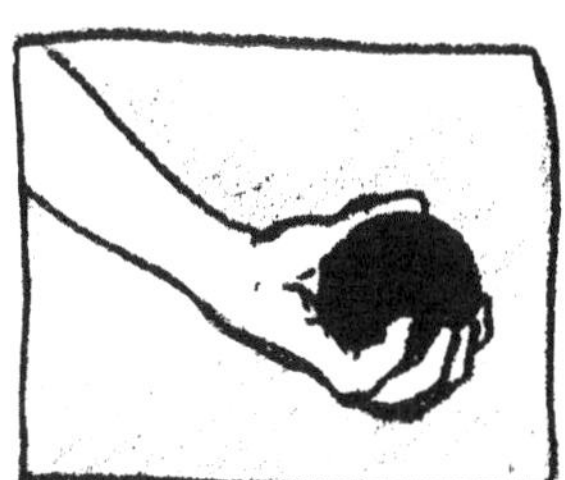

...Se réfugier dans des occupations matérielles, pétrir un objet...

...Se défouler en tapant sur un punching ball ou une petite balle.

conserver leur ligne *to keep their figure*

Contre le trac

E EXERCISES

The exercises below will give you an opportunity to practise scanning and skimming.

Read the article entitled «Contre le trac; une nouvelle stratégie».

Skimming

1. The main headings: read the main headings and look at the pictures. What is the article about? In what ways do you think the two main sections of the article differ?
2. The first paragraph: according to the first paragraph (the one in larger print) what are we going to read about exactly in this article?
3. The last paragraph: do you think the last paragraph in each section is a conclusion?
4. Read the first few words of the other paragraphs and the smaller headings in the second section of the article. Does this confirm the guess you made above about the two main sections of the article?
   Read the whole article.

Scanning

Looking quickly back over the text, pick out the information you need to answer the following detailed questions. Write down your answers in French.

1. Quel est l'exemple donné ici d'une «ambiance propice au trac»?
2. Combien de violinistes ont trouvé qu'ils ont mieux joué?
3. L'effet le plus manifeste du «trac» chez un violoniste, qu'est-ce que c'est?
4. Le jugement des cliniciens est-il favorable aux béta-bloquants?
5. Une amie passera un examen la semaine prochaine. Que lui conseillez-vous? Résumez tous les conseils donnés.

Cassette

Pourquoi est-ce je que suis là?

Patrick joue du violon tandis que Johan joue du piano. Ici les deux garçons décrivent les sentiments qu'ils éprouvent quand ils doivent passer sur scène...

A

ECOUTEZ L'EXTRAIT ENTIER en notant les sentiments des deux garçons (vous entendrez d'abord Patrick et après, Johan) avant et durant l'épreuve. Ressentent-ils le trac de la même façon ou d'une façon différente?

B

EQUIVALENTS

Dans ce que dit Patrick, cherchez les expressions qui correspondent aux expressions anglaises suivantes:

At the start, very nervous.
You can't stay still.
I can't stand it.
You start feeling very hot.
I start to boil.
I completely forget about the audience.
According to my teacher ... I was the best.

C

REMPLISSEZ LES BLANCS

Recopiez la transcription ci-dessous en remplissant les blancs:

Pour moi, c'est un peu différent. En fait bon ....[1] j'ai besoin de courir et tout mais aussi je me demande «Pourquoi est-ce que je suis là? Pourquoi ... pourquoi ....[2]?» «A quoi ça ... à quoi ça me sert?» et j'oublie ....[3] et tout ça et bon, alors, c'est très embêtant et puis, bon ....[4] ça va un peu mieux ... enfin au début, quand il faut saluer tout ça, ça ....[5], alors c'est très dur et puis quand on commence à jouer, ça va mieux, donc on se sent à l'aise, ça va tout seul. Et puis, ...[6] alors on commence à ... à bouillir, ...[7] et on ... c'est là que commence vraiment le trac le plus dur ....[8] et on pense sur* cette faute et si on pense pas sur ce qu'on joue tout de suite, alors ....[9]. Ça fait que, ...[10] on en fait plein d'autres quoi.

D

TRADUISEZ LES PHRASES SUIVANTES:

A quoi ça me sert?
J'oublie tout à fait que c'est chouette.
C'est très embêtant.
Ça va tout seul.
C'est là que commence le trac le plus dur.
Alors on fait encore des fautes.
Ça fait que, si on a le trac comme moi dès la première faute, on en fait plein d'autres.

E

LEXIQUE

Relevez toutes les phrases où on décrit des émotions.

*Faute de grammaire, il aurait dû dire «à».

Cassette

J'ai le trac

Voici Véronica qui parle avant et après son examen de piano au conservatoire de Boisfort près de Bruxelles (examen qu'elle a d'ailleurs réussi en obtenant la meilleure note.) Ecoutez ce qu'elle dit et ajoutez des phrases où elle décrit ses sentiments à la liste que vous avez faite pour l'exercice **D.**

DEBAT

Vous est-il arrivé de vous demander «Pourquoi est-ce que je suis là»? Racontez dans quelles circonstances, et décrivez les sentiments que vous avez éprouvés.

Cela vous arrive-t-il souvent d'avoir le trac? Pourquoi? Allez-vous suivre les conseils donnés dans l'article sur le trac aux pages 18–19? Lesquels vous paraissent utiles?

DISSERTATION

Ecrivez 250 mots environ sur un des sujets suivants:

1. Les examens – épreuve dure mais cependant nécessaire.
2. **Avant et après**

   Vous savez jouer de la guitare. Vous rendez visite à un(e) ami(e) français(e) et acceptez son invitation pour jouer de votre instrument un soir à la maison des jeunes. Juste avant de jouer vous avez le trac. Ecrivez:
   a) un dialogue entre vous et votre ami dans lequel vous décrivez vos sentiments **avant** d'entrer sur scène.
   b) un autre dans lequel vous dites comment vous vous sentez **après** avoir joué.
3. **Projets pour l'avenir**
   Vous remplissez un bulletin d'inscription pour participer à un stage à l'Université de Paris.
   Il faut répondre à la question: quels sont vos projets pour l'avenir? Ecrivez ce que vous pensez faire dans la vie.
4. Vous venez de passer un weekend/des vacances très mouvementé(es). Ecrivez une lettre à un(e) ami(e) dans laquelle vous racontez ce que vous avez fait.

3 *Auriez-vous l'obligeance de … (m'envoyer une documentation complète)?*

CONTRASTE Il y a différents français dans la langue française

KEYPOINTS
- *Organising your French language notes; formal and informal French; writing letters*
- *Seeking and giving advice; expressing exasperation; seeking information*
- *Conditional tenses;* en; y; depuis/il y a; *the subjunctive after expressions of emotion*

Study skill

Organising your notes

By now you may have found some way of organising your French notes so that you can go back and revise vocabulary, grammar, useful expressions etc. If you are happy with the system you have invented for yourself, skip the section below. If not, or if you wish to refine your system, read on…

Taking notes in class – first buy yourself a loose-leaf file and dividers. You will have your own personal preferences when it comes to deciding how you wish to classify different items but the suggestions below may be helpful. Write on the side of each of the dividers the following titles:

Functions Grammar Essays Vocabulary

Now, add some loose-leaves for each section. Each section may be organised as follows:

FUNCTIONS

These usually take the form of phrases which you use when you want to *do* a particular thing in the language, e.g. apologise, express hopes for the future, agree or disagree. You will need approximately half a side for each function. Leave a few lines after each entry so that you can add any other phrases you come across which could be used to express the same thing.

Exemple *Seeking and giving advice*

Est-ce que je { dois … / devrais …	*Must I … ?*
Je ne sais pas quoi faire.	*I don't know what to do.*
Faut-il …	*Should I … ?*
Qu'est-ce que je devrais faire?	*What should I do?*
(A mon avis) { tu devrais … / vous devriez …	*(I think) you should …*

Si j'etais à ta place, je . . .	*(If I was) in your place, I'd . . .*
Je te/vous { conseille de . . . / recommande de . . .	*I { advise you to . . . / recommend that you . . .*
Il vaudrait mieux . . .	*It'd be best to . . .*
Tu ferais / Vous feriez } mieux de . . .	*You'd be best to . . .*
Je te/vous déconseille (vivement) de . . .	*I really don't think you should . . .*
Ne . . . (surtout) pas!	*(Whatever you do) don't . . . !*
Attention, . . .	*Watch out . . .*

If you write the phrases down in two neat columns, you will be able to cover up one of the columns so that you can revise. Always give the most natural non-literal translation in English – take for example the translation for **Je vous déconseille vivement de . . .** in the list above – so that you have to work to remember the French expression. This will help you to start thinking in a French way, rather than simply translating word-for-word from English. For practice, look back to Unit 2 p. 13 and list the expressions to do with the future, together with examples and useful comments about where to use them.

GRAMMAR

Verbs: Within the grammar section, you will want several subsections to deal with verbs. You will need one subsection called *tenses* with a page or so for each of the tenses, their uses and formation. Another might be devoted to verb constructions, with a page for verbs followed by **à**, one for verbs followed by **de** etc. You will want a section for the subjunctive mood and for the passive voice.

Conjunctions: Conjunctions are words which join two sentences together like **afin que**, **de sorte que** or, more simply, **mais** and **car**. You will want to list these, together with a sentence to illustrate their meaning and use and whether they are followed by the subjunctive or not. (For a list of conjunctions after which the subjunctive is used, see *Nuts & Bolts* para. **2.4.12.**). You will want to add other subsections depending on what grammatical point is being covered.

ESSAYS

In this section you will be able to collect general phrases which are useful when writing essays and in structuring a piece of writing whether it is narrative, descriptive or argumentative. You can keep here for reference any essays which have been written and marked and also keep tabs on vocabulary which you think will be useful for a particular essay topic. It would also be a good place to have a plastic wallet where you can file newspaper or magazine cuttings of any articles/cartoons/adverts, which you have come across and found interesting and which might form the basis for some written work.

VOCABULARY

Vocabulary is the most difficult thing to deal with because, whereas grammar is finite, vocabulary is infinite. By this, I mean that you could theoretically envisage learning all the grammar of the language (perhaps not in an evening but it is possible) and you would then be able to combine the elements of the grammar in an infinite number of different ways. Vocabulary is far more difficult to categorise, there is a great deal more of it and new words are being coined daily. The only solution is to list vocabulary items as they come along and then, when you have three or four pages, to group words together into word families in a sort of patterned note.

The fact that you have had to decide actively which category to put the words into will help you remember better than passively going down a list of words. To draw a patterned note, you should take a general word, e.g. **vêtements** and then add the specific words as they come up. You can also make sub-divisions – such as clothes which you wear on the feet or words which cover the different sorts of outdoor wear – here classified under **manteau.**

See if you can work out what kind of words I have brought together under **chaussures** or **chapeau** and **costume.** The important thing is that the system makes sense to *you*. It will be interesting for you to compare your system with that of other members of the class to see how they have grouped words and what their system is – this would also be a fascinating way of revising vocabulary.

Document — *«Suis-je trop grande pour lui?»*

Revoyez les expressions utilisées pour demander et donner des conseils à la page 23. Lisez la lettre qui a été publiée parmi le «courrier du cœur» dans le magazine O.K!

Anne X., Verdun :
« SUIS-JE TROP GRANDE POUR LUI ? »
Je suis amoureuse d'un garçon qui est super mignon et intelligent. Lui aussi, sans aucun doute, s'intéresse à moi. Tout, dans son attitude et ses regards, me le prouve. Mon problème : je mesure 1,75 m et lui 1,65 m. L'autre jour, en boum, il m'a invitée à danser et j'ai accepté. Et ce que je craignais arriva : tout le monde nous regardait en rigolant. Au lycée, c'est pareil ; mes copines, qui ne comprennent pas mon attirance pour ce garçon que je dépasse d'une tête (car, en plus, je porte des talons pour affiner mes chevilles) , se moquent de moi. Vous êtes mon dernier espoir avant le suicide. Aussi, je vous en prie, publiez vite ma lettre et dites-moi ce que je dois faire pour résoudre mon problème et être, enfin, heureuse.

rigoler (fam.) = rire

Avez-vous un problème semblable? Cela vous arrive-t-il de dormir tard le matin, d'oublier vos clés ou de ne pas pouvoir retenir le nom des gens?
Ou seul(e) ou avec un partenaire . . .

1. Ecrivez une pareille lettre dans laquelle vous expliquez votre problème (ou vous en inventez un) et vous demandez un conseil.
2. Echangez votre lettre avec celle de vos voisins.
3. Ecrivez une réponse à la lettre de vos voisins dans laquelle vous leur dites ce que vous, vous feriez à leur place.
4. Lisez toutes les lettres à haute voix.

Language facts — *Le français familier, le français standard, le français soutenu*

Il y a différents français dans la langue française. Quand on parle aux amis en France, on se tutoie, on dit «sympa» ou «prof» au lieu de «sympathique» et «professeur». Ça, c'est le **français familier.**

Quand on se renseigne au syndicat d'initiative, on vouvoie l'employé et on utilise un niveau de langue plus formel, celui du **français standard.**

Dans des lettres envoyées aux agences, vous pouvez observer un niveau encore plus formel, celui du **français soutenu.** Dans cette unité, vous étudierez des exemples des trois niveaux de langue.

Cassette

Mais qu'est-ce qu'ils fabriquent? (Le français familier)

M. Delmas, professeur d'anglais, avec qui j'ai fait de nombreuses interviews à Paris, est venu me chercher à l'aéroport. Il est venu en voiture «pour faire plus vite» mais il n'avait pas prévu l'embouteillage sur le quai des Tuileries. J'en ai profité pour enregistrer ses propos et pour lui poser quelques questions sur les transports parisiens.

A ECOUTEZ LE PASSAGE et répondez aux questions en français:

1. Pourquoi M. Delmas s'irrite-t-il?
2. Comment aurait-on été plus vite, selon M. Delmas?
3. Mais qu'est-ce qu'il est obligé de faire maintenant?
4. Pourquoi a-t-il choisi cette route?
5. Qu'est-ce que les gens devraient éviter de faire selon M. Delmas?
6. Est-ce qu'il est déjà allé en Angleterre?

B EQUIVALENTS

En écoutant de nouveau le passage, notez les phrases françaises qui correspondent aux expressions anglaises ci-dessous:

1. What on earth are they up to?
2. We've been here for quarter of an hour.
3. The junction is completely jammed.
4. ... so how do you expect us to get through?
5. We'd have been quicker by métro.
6. I'll have to take it (the car) back.

C GRAMMAR

Negatives

You've probably already noticed that French people tend to leave out the **ne** when they are talking:

je ne sais pas ⟶ j'sais pas

It is *not* something which *you* should copy, in writing or in speech as it is considered to be incorrect. However, you should be able to understand French people when they talk in this (perhaps) rather sloppy way.
Listen to the passage once more, noting down every example of a negative (with or without a **ne**!)

Cassette

J'évite de prendre la voiture dans Paris le jour

A REMPLISSEZ LES BLANCS

Ecoutez plusieurs fois ce que dit M. Delmas. Recopiez la transcription suivante en remplissant les blancs:

Ah oui, moi ....[1]. Là, ce matin je pensais ....[2] et puis qu'on serait plus indépendant, c'est vrai avec la voiture ... on est .... , ...[3]. Seulement quand ça ne bouge plus du tout, ...[4]. Et ....[5] j'évite de prendre la voiture dans Paris le jour. Je m'en sers le soir ou ....[6] mais dans la journée ....[7]. Je n'ai pas prévu le sandwich, ...[8]. J'aurais pu prendre un sandwich et une canette de bière là au moins.

B GRAMMAR

1. **se servir de quelque chose** (to use something)

Je me sers **de la voiture** le soir ....
Je **m'en** sers le soir .... (I use {the car / it} in the evening)

Once more notice that the pronoun which you use to replace nouns with **du**, **de la**, **de l'**, **des** in front of them, is **en.**

2. *Mix and match exercise*

Où
Quand } **vous servez-vous d'une serviette?**
Pourquoi
Je m'en sers pour me sécher dans la salle de bains après la douche.

Say when, where or why you would use the things in the left-hand column of the table, choosing one of the phrases from the right, as appropriate, or, better still, making up your own sentence.

	où	quand	pourquoi
un marteau	dans la cuisine	... je défais ma valise	pour aller faire mes courses
un cintre	dans la salle de bain	... je suis pressé(e)	pour regarder l'heure
des ciseaux	n'importe où	... j'ai un rendezvous	pour suspendre mes vêtements
une casserole	à la maison	... je prépare un repas	pour enfoncer des clous
un vélo	dans ma chambre	... je fais du bricolage	pour me couper les ongles
une montre	dans la rue	... je fais ma toilette	pour faire un bœuf bourguignon par exemple

3. **On serait plus libre ...** (We would be freer ...)
On aurait été plus vite ... (We would have been quicker ...)
J'aurais pu prendre ... (I could have had ...)

Notice the present and past conditional ('conditional perfect'). If you are not sure how these are formed, check in the *Nuts & Bolts* grammar notes at the back of the book paras. **2.2.7.** and **2.2.10.** Make up suitable endings to the phrases, using the present and past conditional:

Si j'avais plus d'argent, je . . .
Si on était arrivé à l'heure, on . . .

Les Petits Jobs

Comme partout ailleurs, les jeunes gens français cherchent toujours à augmenter leur argent de poche en trouvant un petit job. Dans un numéro du journal «L'Etudiant», consacré aux «petits boulots», plusieurs étudiants et étudiantes ont raconté leurs aventures.

A

Document

élève de terminale = élève dans la dernière classe d'un lycée
tout bêtement = tout simplement
se liquider = se vendre

L'œuf discount

***Catherine,** 18 ans, élève de terminale à Chartres : « Chaque samedi, pendant six mois, j'ai vendu des œufs sur un marché. Ça avait commencé tout bêtement : je connaissais un fermier qui élevait des poules et vendait sa production d'œufs à un grossite à raison de 18 centimes l'œuf. Effarée par la différence de prix avec le marché, je me suis décidée à lui en vendre plusieurs douzaines chaque samedi et de faire de « l'œuf-discount » sur le marché. Tout le monde y gagnerait, lui et moi... beaucoup moins les autres commerçants qui m'ont jeté des regards furieux dès le départ. C'était très drôle... j'avais installé des piles d'œufs à mes pieds qui se liquidaient très vite. Je payais 10 F de droit de place et gagnais net à chaque fois au moins 150 F et ma clientèle grossissait. J'aimais cette ambiance de marché, si vivante, si gaie, même si j'avais les pieds gelés. Je suis devenue très amie avec les poissonniers du stand voisin qui d'ailleurs m'ont embauchée au moment des fêtes de fin d'année pour vendre huîtres et saumons. »*

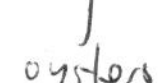

Extrait du journal l'ETUDIANT, N° 25, Mars 1982

1. Faites une liste de tous les mots qui ont un rapport avec l'idée d'acheter et de vendre.

2. **Je connaissais un fermier qui élevait des poules.**

   Construisez d'autres phrases d'après ce modèle:
   Je connaissais un footballeur qui jouait du violon etc.

3. En employant autant de mots et d'expressions que possible tirés du récit de Catherine, écrivez deux ou trois phrases qu'aurait pu dire:
   a) le fermier
   b) un autre commerçant
   c) le poissonnier.

Document

le boulot (fam.) = le travail

Elève puis monitrice

Claire, *20 ans, étudiante en langues : « Chaque année je suis monitrice de voile, sans diplôme. J'ai la chance de bien connaître le petit monde de la voile là où je la pratique (j'y vais depuis 10 ans). J'ai commencé comme élève, puis il y a 3 ans on m'a proposé d'être monitrice. J'ai accepté. Je suis nourrie, logée, payée 1 800 F. L'ambiance est vraiment bonne, j'y retrouve mes copains et mes copines ainsi que les nouveaux, c'est vraiment un bon job d'été, je suis sûre qu'en cherchant un peu, un garçon ou une fille expérimentée en voile peut trouver du boulot sans trop de difficulté. »*

Extrait du journal l'ETUDIANT, N° 25, Mars 1982

B

1. J'y vais depuis dix ans.
J'y retrouve mes copains et mes copines.

y = là où je pratique la voile

Quel sens donneriez-vous à **y** si vous utilisiez ces phrases dans la vie quotidienne (vous retrouvez vos copains à la piscine / à la discothèque)? Posez la question à d'autres membres de la classe pour voir combien de réponses différentes vous pouvez trouver.

2. J'y vais depuis dix ans.
Il y a trois ans on m'a proposé d'être monitrice.

Ecrivez quatre phrases à propos de vous-même qui montrent la différence entre **depuis dix ans** et **il y a trois ans.**

Document

autant vous dire que ... *what it amounts to is that ...*

Femme-pompiste

Fatima, *22 ans, 2e année de mécanique à Lyon : « J'ai trouvé un job de pompiste grâce à une amie qui avait travaillé plusieurs années dans la station. On apprend à tout faire et le boulot ne se limite pas à la pompe. J'ai changé des roues, laver des voitures de toutes tailles. On n'était payé au SMIC et les pourboires allaient dans une caisse commune (j'avais deux collègues étudiants). Le plus difficile ce n'est pas la saleté mais le regard des clients encore très étonnés qu'une fille puisse changer une roue de voiture. »*

Un travail varié

Patrick, *19 ans, pompiste dans une grande station-service de la capitale : « J'ai eu le poste par l'ami d'un copain qui travaillait régulièrement l'été. Autant vous dire que les gérants essaient de prendre des personnes sûres : on a plusieurs millions en caisse tous les jours ! Comme c'est une grande station le salaire est plus élevé : 3 500 F plus les pourboires. Ça fait 4 000 F dans le mois. C'est un travail intéressant et varié. On ne sert pas que l'essence. J'ai appris à laver une voiture en dix minutes et à réparer une roue très rapidement. Seul inconvénient : la nuit j'étais pas très rassuré à cause de la caisse.*

Extrait du journal l'ETUDIANT, N° 25, Mars 1982

SMIC – Salaire Minimum Interprofessional de Croissance (c'est-à-dire le salaire minimum légal)

Faites une liste de ce qui est identique et de ce qui est différent dans ces deux emplois assez semblables.

C

1. ... des clients encore très étonnés qu'une fille puisse changer une roue de voiture

Puisse is the subjunctive of **pouvoir**; expressions of emotion (like **étonné**) require the subjunctive (see *Nuts & Bolts* para. **2.4.12.**).

2. **Ne ... pas que** is a combination of **ne ... pas** and **ne ... que.**

On ne sert pas l'essence. (We don't serve petrol.)
On ne sert que l'essence. (We only serve petrol.)
On ne sert pas que l'essence. (We don't only serve petrol.)

Document

Maillot crochet sous les cocotiers

Pendant les dernières grandes vacances, j'ai fait un apprentissage des plus agréables du dur monde du travail. J'ai passé deux mois sous les cocotiers de la Guadeloupe à confectionner des mini-maillots de bain au crochet. Je m'étais associée avec une amie, très bien de sa personne. Elle me faisait de la publicité en portant mes créations. En somme, c'était un job facile, pas cher et qui nous a rapporté gros. A raison de 50 à 80 francs le maillot, on s'en tirait plutôt bien. Je continuerais bien à pratiquer un commerce aussi lucratif et reposant à paris, mais ici le port du maillot de bain reste assez limité. On n'a pas encore compris que « sous les pavés, la plage... »

bien de sa personne
attractive

Extrait du journal l'ETUDIANT, N° 25, Mars 1982

D

1. Faites une liste de tous les mots qui évoquent l'idée de quelque chose d'agréable. En groupe de deux ou trois comparez vos listes et expliquez les raisons de votre choix.

2. Ecrivez un paragraphe du point de vue de l'amie. Croyez-vous qu'elle aussi a trouvé ce job facile?

Document

Fantasmes et gros sous

*En été, **Pascal** fait le plein de rêves et d'argent pour l'hiver puisqu'il touche 8 000 F par mois comme « chauffeur international » sous contrat à Europ-Assistance. « Il s'agit d'aller chercher les voitures, souvent vides, parfois avec des passagers ». A la paie, qui a des rondeurs, s'ajoutent de nombreux avantages : « les avantages, des tonnes. Quand on aime conduire, on n'a pas l'impression de travailler. On prend le thé à Paris, on dîne à Athènes. On ne sait jamais où on va partir, aussi bien au fin fond du Maroc qu'au camping d'Épinay-sur-Oise. Tous ceux que le luxe séduit sont comblés : on a un statut de VIP, on prend l'avion comme d'autres prennent le métro, on a des forfaits dans les meilleurs hôtels. Quand arrive septembre, Pascal, qui a bourré ses poches de rêves et d'argent, regagne sa petite chambre d'étudiant.*
***Europ Assistance,** 23, rue Chaptal, 75009 Paris, tél. 285.85.85.*

Extrait du journal l'ETUDIANT, N° 25, Mars 1982

E

1. Ecrivez une explication de ces phrases. Cherchez-les dans un dictionnaire si vous ne les connaissez pas.

Il **fait le plein** de rêves et d'argent.
Il **touche** 1000F par mois.
Au fin fond du Maroc.
Tous ceux que le luxe séduit sont **comblés**.
On a **des forfaits** dans les meilleurs hôtels.

2. Maintenant traduisez sans regarder le texte:

It consists of going and fetching cars.
When you like driving you don't feel you're working.
You never know where you'll be off to next.
You take planes like other people take the underground.

Document

Grands bidons et ligne de front

Pierre *avait décidé de passer un an à l'étranger : « Grâce à mon amie écossaise, j'avais trouvé du travail dans une petite poissonnerie industrielle à Aberdeen. Dès le premier matin, on me remet mes accessoires : une paire de gants en caoutchouc et deux grands bidons. Je prenais un poisson, j'enlevais la tête, je la mettais dans un baril, et le reste du corps dans un autre. Le deuxième jour, j'ai transporté des caisses de 30 kilos de poissons congelés. J'étais obligé de m'arrêter toutes les demi-heures parce qu'une croûte de glace se formait sur la peau de mes mains. J'ai tenu une semaine, pour 17 livres. Cherchant un autre boulot, c'est par le biais d'un copain qui habitait sur le campus que j'ai déniché un poste d'aide soudeur sur un pipeline. J'apportais le matériel nécessaire à la pose du pipeline, j'aidais à la mise en place de ces tubes gigantesques et je secondais le soudeur dans son travail. Je lui passais les outils, mettais les électrodes dans son appareil et ponçais ensuite les soudures. J'étais payé 300 livres par mois à raison de 6 jours par semaine, 9 heures par jour. C'était assez exaltant parce qu'il y avait un côté pionnier. On faisait avancer la ligne de front. »*

Extrait du journal l'ETUDIANT, N° 25, Mars 1982

F

Est-ce que Pierre était content de son premier job? Pourquoi?
Et son deuxième job, cela lui a plu? Pourquoi?
Ecrivez vos raisons et comparez-les avec celles de votre voisin.

EXERCICE

Faites d'autres phrases en suivant ces modèles pour décrire les petits jobs de tous ces étudiants:

1. J'ai passé deux mois à confectionner des maillots.
   Pierre a passé une semaine à transporter des poissons.
2. Elle me faisait de la publicité en portant mes créations.
   Catherine gagnait de l'argent en vendant des œufs.
3. Il s'agit d'aller chercher les voitures.
   Il s'agit de couper la tête des poissons.

ENQUETE

Faites une enquête. Interviewez les membres de la classe sur les jobs qu'ils ont eus ou sur les idées qu'ils ont pour gagner un peu d'argent. Faites des reportages comme ceux que vous avez lus ici sur deux ou trois des interviews les plus intéressantes.

Document

Finalement – un job qui n'est vraiment pas à recommander:

Vous êtes française ?

*N**ichka,** étudiante en sociologie, a travaillé quatre mois comme femme de chambre dans un hôtel de luxe de la région de Montpellier. « C'était un trois étoiles, il fallait faire briller les sanitaires à longueur de journée. Dans ces conditions-là, on apprend vite à faire briller sans nettoyer ! Un peu d'alcool sur une éponge et tout est rutilant. C'est une astuce qu'on se refile pour économiser le temps et la fatigue. Seul ennui : au bout d'un moment on a la tête qui tourne à cause des vapeurs d'alcool. Mais même avec ce genre d'arrangement, le boulot est crevant et très dévalorisant. Les clients ne distinguent pas très bien la femme de chambre de la serpillière ou de l'aspirateur. Et quelle saleté ils laissent derrière eux. En plus, ils sont racistes. Je suis marocaine. Certains clients croyaient que le patron m'avait recrutée dans le pays. Ils étaient ravis, ça faisait couleur locale. D'autres me trouvaient louche et me posaient des questions du genre : « vous êtes française ? » Il y en a que ça n'empêche pas de draguer. Quand un homme vient seul c'est rarement pour le rester. L'air marin ne lui suffit pas... Alors tant pis si elle est marocaine et femme de chambre.*
Heureusement le personnel s'entendait bien, ça permet de tenir le coup. Car il n'y a pas que les clients ! Côté alimentation, c'était plus que douteux, on nous donnait les restes du restaurant, ou bien alors un menu spécial personnel : poisson pourri, purée de vieux légumes. On a toutes perdu entre cinq et dix kilos ! Pour compléter le tableau, on logeait dans les caves : c'était inattendu, sombre et froid. Par contre le salaire était correct, 2 200 F par mois, non déclarés mais avec des primes de « bonne saison », et c'est une fleur qu'on ne reçoit pas dans tous les hôtels ! Je ne regrette pas l'expérience, elle m'a donné un profond dégoût du métier mais elle m'a appris deux choses : laisser des locaux propres et un pourboire correct ».

crevant (fam.) = très fatigant
une fleur = un avantage

Extrait du journal l'ETUDIANT, N° 25, Mars 1982

G

L'expérience de Nichka pose une question plus grave – la dévalorisation des gens: de l'ouvrier et de l'ouvrière, de la femme, des noirs, etc. Lequel de ces problèmes vous paraît le plus grave pour la société?

Ces problèmes semblent se poser plus particulièrement dans l'industrie hôtelière; pour quelles raisons, croyez-vous? Quels remèdes est-ce que vous pouvez proposer?

Discutez ces problèmes dans la classe et écrivez un rapport de votre discussion en 200 à 300 mots.

Document

Deux lettres (le français standard/le français soutenu)

Nous reproduisons ici deux lettres – l'une adressée à un ami, l'autre à une organisation – les deux demandant des informations. Lisez-les en notant des phrases qui vous paraissent utiles.

le 10 Mars

Cher Thierry,

Comment vas-tu ? Ici en Angleterre, depuis le mois de février, nous avons eu un très mauvais temps avec des pluies continuelles. Mais à part ça tout va bien.

Tu sais que je compte partir en France pour le mois de Juillet afin d'approfondir mes connaissances en Français d'une part et afin de m'amuser un peu d'autre part. Seulement, l'inconvénient est que je manque d'argent. Peut-être pourrais-tu m'aider à trouver un emploi d'été ou un stage peu coûteux : ce qui me permettrait de parler Français. J'ai une préférence pour les sports nautiques qui m'attirent beaucoup ainsi que les recherches archéologiques.

Je ne voudrais pas t'ennuyer mais, j'espère compter sur toi. J'attends ta réponse avec impatience

Avec toute mon amitié

Susan.

Florence RIVEREAU
14 Rue d'Alésia
75 014 Paris

le 4 mai 1986

Monsieur,

J'ai eu connaissance de votre association par un ami français et je vous serais très reconnaissante si vous pouviez me renseigner sur vos stages d'été: la restauration de bâtiments m'intéressant davantage que la sauvegarde de l'environnement. Auriez-vous l'obligeance de m'envoyer une documentation complète ainsi que les conditions d'adhésion nécessaires.

Dans l'attente de vous lire, je vous prie, monsieur, d'agréer l'expression de mes sentiments distingués.

F Rivereau

Note The use of the conditional in making a polite request:

Est-ce que vous auriez une liste des campings de la région?
Pourriez-vous m'envoyer des renseignements concernant . . . ?

1. En vous servant de la première lettre comme modèle écrivez à un ami ou à votre correspondant pour vous renseigner sur les stages (sportifs, musicaux, artistiques, selon vos goûts) qui peuvent être montés dans la région où il habite.

Document

2. These advertisements come from the book 'Working Holidays' (published annually by the Central Bureau for Educational Visits and Exchanges, Seymour Mews, London W1N 9PE). Using the second letter as a model, write to the advertisement that looks interesting to you asking for more information about the work, payment, lodgings etc.

INTER-SÉJOURS

Can place au pairs with families in Paris and the provinces. Work involves cleaning, hoovering, dusting, washing up, sewing, ironing and helping to prepare simple meals. 5 hours per day, with 2/3 evenings baby-sitting per week. One day free per week, with time for language classes and cultural activities. Ages 18–24. Minimum 6 months, starting preferably beginning of July or September. Board, lodging and insurance provided, and FF950 pocket money per month. Travel not provided, but families sometimes help towards the cost if the au pair has spent the year with them. Registration fee FF380.

NATURE ET PROGRÈS 53

Publish a list of 200 organic farms offering seasonal employment, with opportunities for grape picking and harvesting. It is intended for those who want to learn about the methods of organic farming. Food, accommodation and payment provided. Published annually in March. Cost FF10. *Enclose 5 IRCs.*

JEUNESSE ET RECONSTRUCTION

Offer a large number of places on grape picking camps during the French wine harvest in Beaujolais, Champagne, Chablis, and Côte d'Or. Ages 16–30. Applicants under the age of 18 must enclose a letter of consent from their parents. All participants must supply a medical certificate. Work is for 8 or 9 hours a day, 6 or 7 days a week. Applicants should be free to work any time, for at least 8–10 days, and good harvests last 15–20 days, during September and October. As little as 48 hours' notice may be given before work is due to start, so it is essential that applicants are prepared to leave for France at any time. Food and accommodation (often primitive) are usually provided on the farm but participants should bring a sleeping bag. Workers earn approx FF120–FF170 per day, from which board, lodging and national insurance are deducted. Workers arrange and pay their own travel. Registration fee (1984) FF110. Membership fee FF50. *Enclose IRCs to the value of FF10.*

4 *S'il me fallait quitter Paris aujourd'hui …*

CONTRASTE La vie en ville: les pour et les contre

KEYPOINTS
- *Planning and writing an argumentative essay*
- *Talking about habits, what you value in life*
- *The imperfect and conditional tenses*

Study skill *Writing an essay in French*

First answer these questions: How does writing an *essay* differ from other kinds of writing? What do you think is the difference between a narrative, descriptive and an argumentative essay?

A PLANNING

To write an argumentative essay, you must first have a few facts at your finger-tips and be able to organise them so that you present a good case. A piece of rough paper is useful here. You will have your own personal preferences as to how you want to get your ideas down. You may find that a patterned note works better than starting at the top of the page and working down, as ideas tend not to come in order. Start with the main idea first. Imagine you have the title: **«Moins de voitures dans la ville! Mieux vaut aller à pied ou à vélo.» Qu'en pensez-vous?** What is the main point which you have to argue in this essay? What would you be arguing for and against? having decided what the main point is, take a large piece of paper and at the top, write:

Des voitures dans la ville
LES CONTRE

and, at the bottom, write:

Des voitures dans la ville
LES POUR

You may then want to break down the *disadvantages* into smaller sub-groups, like this:

Des voitures dans la ville
LES CONTRE
pour l'environnement
pour les individus

Then fill in the details as follows:

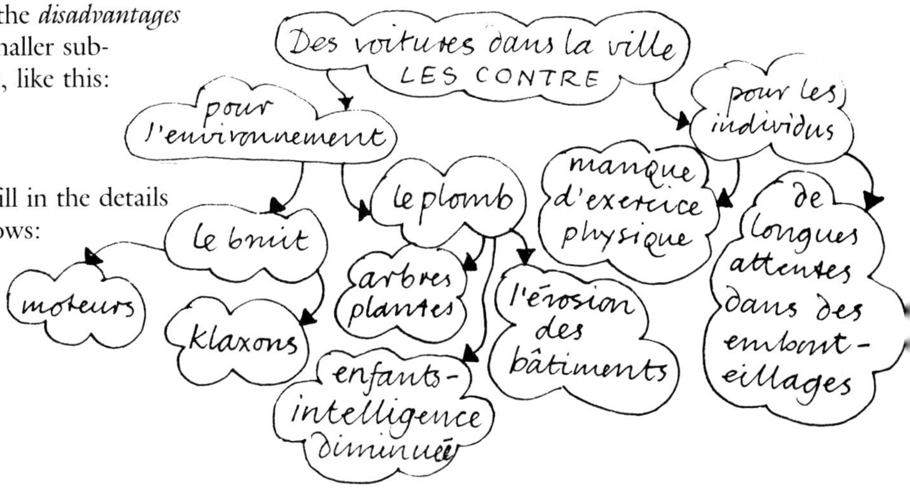

le bruit
moteurs
klaxons
le plomb
arbres plantes
enfants-intelligence diminuée
l'érosion des bâtiments
manque d'exercice physique
de longues attentes dans des embouteillages

Now *you* try filling in what the *advantages* of having a car in town might be. You may find that you prefer to list your ideas like this:

Des voitures en ville

Inconvénients	Avantages
A. Pour l'environnement la pollution par le plomb touche: 1. les enfants 2. les bâtiments 3. les arbres et les plantes le bruit 1. les klaxons 2. les moteurs B. Pour les individus 1. problèmes de stationnement 2. manque d'exercise physique 3. de longues attentes dans des embouteillages	

B EXERCISE

Before going on to see how this planning would shape up into an essay in French, make (patterned) notes in preparation to write essays on the following subjects:

1. La télévision – force bénéfique ou perte de temps?
2. La rôle de la femme est de s'occuper des enfants.
3. Les recherchers scientifiques faites sur des animaux vivants sont cruelles et inutiles.

C GETTING DOWN TO IT

There really are no rules about exactly how you should argue your case – and this is as it should be otherwise everyone's essays would be the same. Generally speaking, however, it is considered best to start by putting forward the arguments you don't agree with and follow them with the arguments you do agree with, drawing everything together in a conclusion at the end. Here are some phrases which you may find useful in structuring your essays:

Commençons par . . .
On commencera d'abord par . . .

Il ne faut pas oublier que . . .
On notera que . . .
Rappelons que . . .

Par conséquent . . .
C'est pourquoi . . .
Ainsi, . . .

Non seulement . . . mais encore . . .
De plus . . . / mais encore . . .
De plus . . . / D'ailleurs . . .
Considérons par exemple . . .
Si l'on prend le cas de . . .

Il est {certain / evident} que . . .
Il va de soi que . . .
. . . et pourtant
. . . cependant . . .

Enfin . . .
En dernier lieu . . .

Finalement . . .
En somme . . .
En définitive . . .
On peut conclure en disant que . . .

Selon moi, . . .
A mon avis . . .

Il me {paraît / semble} que . . .

N.B. Be sparing! Whilst the French are rigorous in demanding that writing should be well structured, it is not always necessary to point this out by using phrases such as those given above. By all means, use one or two where they seem useful in the argument you are presenting but *not* all of them all of the time!

D

NOW READ the following sample essay, studying its structure carefully. Note phrases which you might find useful in:

1. Writing the introduction
2. Presenting your first point / second point etc.
3. Giving examples and enumerating points to support your argument
4. Presenting a counter-argument

Moins de voitures dans la ville: Mieux vaut aller à pied ou en vélo

introduction saying what you will be arguing	Chaque année, le nombre de voitures augmente provoquant toujours plus d'embouteillages et d'accidents dans les villes. Mais devrait-on pour autant en interdire l'accès aux vehicules? Voici la question que nous nous efforcerons de traiter ici.
examples supporting initial argument	Considérons, tout d'abord, les avantages de disposer d'une voiture en ville. En principe, avec une voiture on est libre d'aller où on veut quand on veut. On peut transporter facilement autant de paquets ou autant de gens qu'on veut. On n'est pas obligé de faire la queue ni de se fatiguer en marchant ou en faisant du vélo.
introducing counter-argument	Il faut néanmoins étudier aussi les inconvénients créés par les voitures. En premier lieu, la pollution atmosphérique causée par les gaz d'échappements. Non seulement elle ronge les pierres de nos monuments mais encore selon les statistiques elle serait capable de faire diminuer l'intelligence de nos enfants. De plus, vivre en bordure de route est devenu une chose presque intolérable tant pour le bruit des moteurs et des klaxons qu'à cause de l'atmosphère asphyxiante qui y règne. La vie du conducteur n'est pas non plus facile. Toutes les villes connaissent d'importants problèmes d'embouteillages et de parking, ainsi, tourner en rond pendant des heures pour avancer et pour se garer est non seulement une perte de temps mais aussi une perte d'argent et par conséquent une cause de stress.
second point in counter-argument *example of second point*	Considérons maintenant les avantages dont nous jouirions si nous utilisions nos vélos ou si nous faisions l'effort de marcher à pied. La pollution serait moindre ainsi que tous ses effets, et nos corps habitués à un exercice physique doux et régulier deviendraient plus resistants. Le bruit se réduirait, l'atmosphère se purifierait, la vie deviendrait plus calme, et finirait également par devenir plus économique.
counter-argument to points one and two above	Cependant malgré tous ces arguments logiques il me semble impossible de croire à l'effort spontané que les gens pourraient faire en renonçant à leurs voitures.
conclusion	On pourrait toutefois tenter de limiter la circulation en augmentant d'une part les transports en commun et d'autre part les campagnes publicitaires incitant les gens à moins d'excès.

E

A VOUS MAINTENANT!

Choisissez un des titres donnés à la page 38 sur lesquels vous avez pris des notes. Ecrivez là-dessus (250 mots environ) en faisant tout particulièrement attention à la structure.

Cassette

Il y a très peu d'espaces verts

M. Delmas habite à Paris. Je lui ai demandé si la campagne lui manquait.

A RESUME

Ecoutez l'extrait et résumez en français les arguments pour et contre habiter à Paris.

B EQUIVALENTS

Ecoutez encore une fois la première partie du passage (jusqu'à «il n'y a que l'embarras du choix») et trouvez les équivalents des phrases anglaises ci-dessous.

1. There are far far fewer parks and open spaces than in London ... I miss that.
2. Every weekend I go out to the suburbs, either to friends or to my family...
3. But I would say that you get used to having so many opportunities to go out so close at hand.
4. If I had to leave Paris today I would find it hard to give up all these opportunities.
5. I can decide at 8 o'clock to go to the cinema and at ten past eight, I'm there.
6. So, really we're just spoilt for choice.

Cassette

C'est un facteur d'équilibre, hein?

A TRANSCRIPTION

Transcrivez la seconde partie de l'extrait.

B GRAMMAR – verb constructions

Note the verb constructions:

s'habituer à faire quelque chose
décider de faire quelque chose
avoir du mal à faire quelque chose

On s'habitue à avoir sous la main tant d'occasions de sorties.
Je m'y suis tout à fait habitué.
Je peux décider à huit heures d'aller au cinéma.
J'aurais du mal à me passer de toutes ces occasions.
J'aurais du mal à vivre dans une petite ville de province.

C EXERCISES

1. **On s'y habitue** You've joined a convent/monastery for a month. It's quite hard going! But how would you say you get used to . . .
   a) getting up at six in the morning
   b) meditating every day
   c) helping in the garden
   d) not talking to anyone
   e) going to bed very early

2. When the French family come to pick you up how do you say that you've decided . . .
   a) you like the quiet life at the monastery and want to stay
   b) to continue your studies there

3. Now say what you think you'd find most difficult about leading a quiet contemplative life. **J'aurais du mal à . . .**

D GRAMMAR

1. *Impersonal and other verbs*

Cela me manque . . .	I miss it / need it
	literally: it is lacking to me
S'il me fallait . . .	If I had to . . .
	literally: if it was necessary to me

Notice these widely used impersonal verbs.

2. Se passer de quelque chose: to do without something

Je pourrais très bien me passer de la télévision mais pas de la musique.
(I could very easily do without T.V. but not without music.)

Spot revision

3. *The imperfect and conditional tenses*
The way to form the imperfect tense in French is given in *Nuts & Bolts* para. **2.2.4.** It is used in exactly the same way as the English past continuous (e.g. he *was going*) and in conditional sentences. For other uses see Units 11 and 15.

4. *Conditional sentences:* si + *imperfect, conditional*

S'il me fallait quitter Paris aujourd'hui, j'aurais du mal à me passer de toutes ces possibilités.

E ILE DESERTE

Si vous étiez seul(e) sur une île déserte qu'est-ce qui vous manquerait le plus?

Si j'étais sur une île déserte, le temps Anglais ne me manquerais pas.

Document

Le temps de vivre

Sur les pages suivantes nous reproduisons un extrait du livre «Le goût du temps qui passe» par Jacques Massacrier. Lisez-le et discutez-le avec votre professeur.

Ça fait plus d'une demi-heure que je tourne en rond... impossible de trouver une place... même sur un bateau... même devant une station d'autobus... et c'est la zone bleue!.. Mais qu'est-ce que je fous dans ce tas de ferraille?.. Comme si je ne pouvais pas marcher!.. Ça m'aurait fait du bien de traverser le Luxembourg à pied!.. Faut dire qu'on s'est couché tard... j'ai pas entendu le réveil... et puis cet énorme carton à dessi à trimbaler... J'ai beau réaliser l'absurdité d'utiliser une voiture pour se déplacer dans Paris, tous les matins je me retrouve sur le même circuit à faire des ronds et à me dire: "Qu'est-ce que tu fous dans ce tas de ferraille?

Ce matin c'est pire, bloqué, sursaturé... Non seulement on avance pas mais on peut pas s'arrêter... Quand je pense que j'ai laissé une belle place juste en face de chez moi, hors zone bleue... Je vais arriver en retard... Ils vont être partis chez le client, les mains vides, pendant que le boulot est en train de tourne en rond sur le siège arrière...

Jacques Massacrier, «Le goût du temps qui passe» (Editions Albin Michel)

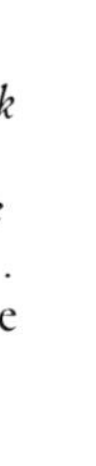

intoxiqués *poisoned*
la zone bleue *area where you can only park if you have a special disc, bought in advance*
Qu'est-ce que tu fous ... (fam.) = qu'est-ce que tu fais ...
il cherche son assiette *he settles himself comfortably*
des rictus méprisants *contemptuous grimaces*

Une grosse campagne de publicité, pour un gros client... faut pas jouer avec ça... c'est pas le moment... depuis mai 68 ils réduisent les budgets pour un oui ou pour un non.

Là !.. un type qui traverse la rue en faisant tourner une clef au bout d'une chaîne comme un pendule de sourcier... Le pendule s'affole à l'approche du tas de ferraille à l'intérieur duquel le type s'introduit... Il y a déjà 3 voitures derrière moi qui attendent... pourvu qu'il se grouille !.. Qu'est-ce qu'il fout ?.. je ne le vois plus !.. Ça commence à klaxonner derrière... Le voilà qui se relève... Quoi ??? Il sort !!!

...Il me jette un coup d'œil méprisant, scrute la file de voitures qui s'est encore agrandie et entreprend calmement d'essuyer son pare-brise... Je me ronge les ongles... Je fulmine entre mes dents... Un bus apparaît dans mon rétroviseur... Je tente un discret coup de klaxon... Il me regarde d'un air presque étonné... L'hy-po-crite !

Je lui demande par gestes s'il a l'intention de s'en aller... il me répond, toujours par gestes: "Doucement !... doucement !... doucement !.. doucement !..»

Le bus klaxoooooooooonne...

Non ! je ne peux pas laisser filer cette place, ça fait trop longtemps que j'attends... le temps de faire le tour du pâté de maisons, elle sera prise...

Ouf ! le voilà qui remonte, il s'installe au volant, se trémousse, cherche son assiette, enfile ses gants...

Je ne veux plus le regarder... mon attention se fixe totalement sur son pot d'échappement...

...J'attends la légère vibration et la petite fumée libératrice... Pendant que tous les avertisseurs me foudroyent de leurs décibels...

Il démarre... Je me gare et laisse passer tous les yeux accusateurs, les gestes obscènes, tout un bus de rictus méprisants... Je suis en nage, je suis en retard, complètement vidé, pas du tout en état de discuter avec mon client...

Un double express, s'il vous plaît ?.. J'avais décidé de ne plus boire de café mais aujourd'hui, c'est exceptionnel, le rendez-vous est important... Demain, c'est terminé, je vais au bureau à pied... A moins que les circonstances en fassent un autre jour exceptionnel.

Ça fait des années que ça dure, des années de jours exceptionnels qui se suivent et se ressemblent...

Chaque jour les mêmes
résolutions qui tiennent
rarement plus de 24 heures...
...Je tourne en rond,
tu tournes en rond,
ils tournent en rond,
on tourne tous en rond...
Il faut sortir
du cirque !!!

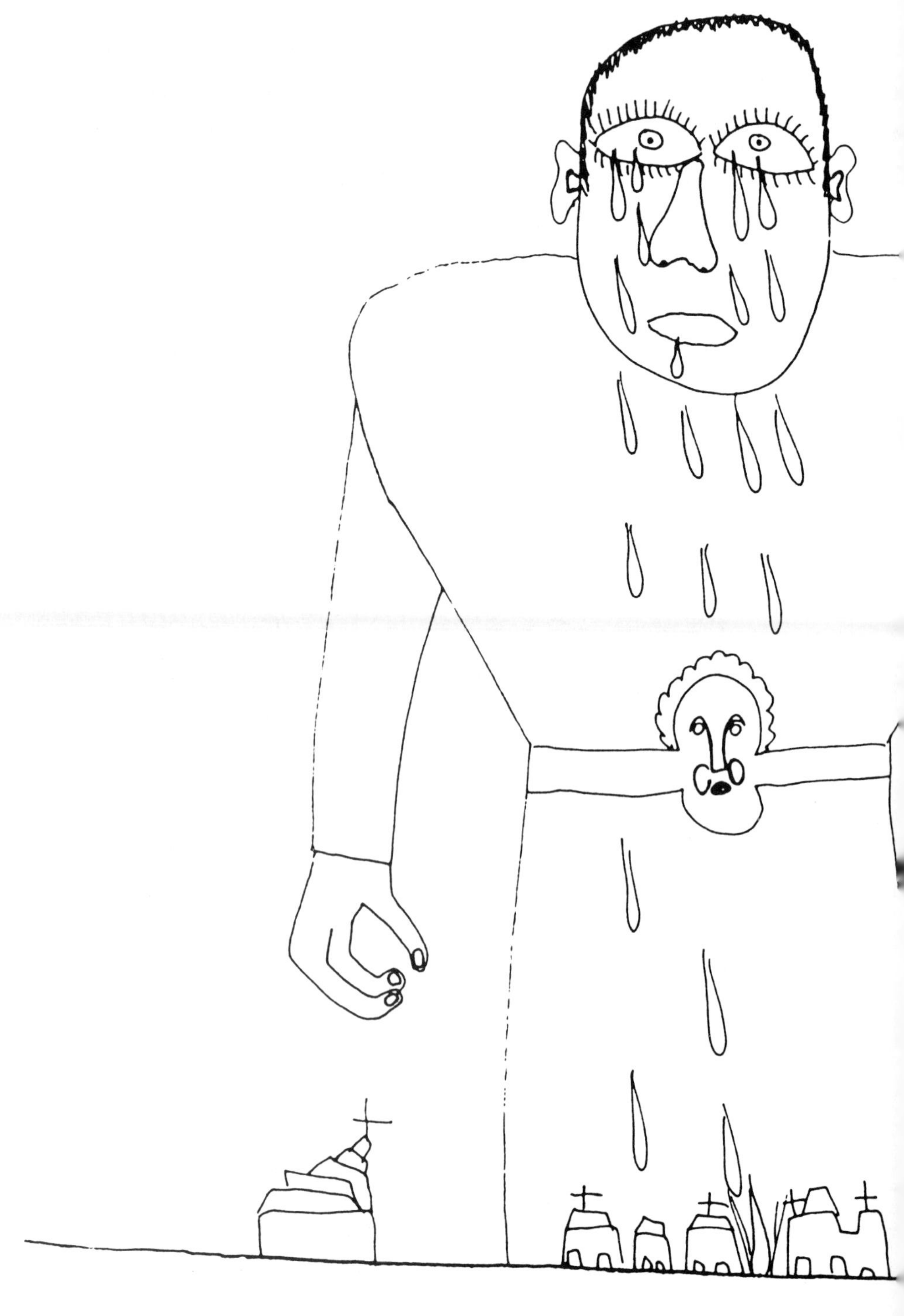

Notre société agonise d'une gigantesque indigestion. Nos corps sont intoxiqués, nos esprits télécommandés par des intérêts sordides et nos consciences se perdent en confusion; certains réagissent par la violence, d'autres s'abandonnent au suicide collectif.

Si nous avons compris que notre société nous entraîne vers l'aliénation et l'auto-destruction à brève échéance. Arrêtons de consommer, arrêtons de polluer, arrêtons de coopérer avec ceux qui nous aliènent et nous communiquent leur folie auto-exterminatrice.

Il est temps d'aller rechercher dans une vie organique l'équilibre et les bases d'une véritable échelle des valeurs.

Seule, la nature peut nous l'enseigner. Nous sommes comme la plante dont on a extrait les racines.

A LEXIQUE

1. Faites une liste de tous les mots et toutes les expressions utilisés pour:

a) parler des voitures, de la circulation
b) exprimer l'impatience, la colère, l'irritation

2. Cherchez les phrases qui indiquent que l'écrivain utilise un style **parlé** pour décrire ses sentiments.

3. Equivalents
Cherchez les phrases françaises qui correspondent aux expressions anglaises suivantes:

a) As if I couldn't walk . . .
b) It would have done me good to have walked across the Jardin du Luxembourg.
c) You can't go forward and you can't stop either.
d) They've been cutting budgets on the slightest pretext.
e) People start hooting their horns.
f) No, I can't let this place go – I've been waiting too long.

4. Devinez le sens
Cherchez les phrases suivantes et essayez d'en deviner le sens selon le contexte dans lequel elles se trouvent. Traduisez-les.

a) ce tas de ferraille
b) et puis cet énorme carton à dessin à trimbaler
c) J'ai beau réaliser l'absurdité d'utiliser une voiture pour se déplacer dans Paris . . .
d) pendant que le boulot est en train de tourner en rond sur le siège arrière
e) . . . pourvu qu'il se grouille
f) il me jette un coup d'œil méprisant
g) pendant que tous les avertisseurs me foudroyent de leurs décibels
h) chaque jour les mêmes résolutions qui tiennent rarement plus de 24 heures

B A VOTRE AVIS

Êtes-vous d'accord que «notre société agonise d'une gigantesque indigestion» et qu'il faut aller rechercher «l'équilibre et les bases d'une véritable échelle des valeurs» dans la nature?
Habitez-vous la campagne ou la ville?
Aimeriez-vous mieux habiter autre part? Où et pourquoi?

C DISSERTATION

La ville ou la campagne – laquelle préférez-vous?
En consultant les notes aux pages 37–38, écrivez une dissertation (300 mots) à ce sujet.

5 *Je ne sais vraiment pas ce que je vais faire*

CONTRASTES Ce que vous voyez et ce que c'est
Ce que vous prévoyez/ce qui se passe en réalité

KEYPOINTS
- *Spoken fluency*
- *Expressing doubts and uncertainties; asking about people's opinions and expressing your own, expressing intentions*
- *Subjunctive after expressions of uncertainty*

Cassette

Moi, je trouve qu'on dirait vraiment du bois

Regardez la photo. Que pensez-vous que cela représente? Ecoutez le passage sur la cassette où Johan et Patrick, deux jeunes belges, demandent ce que pourrait être l'objet sur la photo.

A RESUMEZ EN ANGLAIS toutes leurs suggestions.

B FAITES UNE LISTE de toutes les expressions qu'ils utilisent pour exprimer leur incertitude au sujet de l'identité de cet objet.
Notez les phrases les plus utiles sur une feuille de papier avec le titre *Expressing doubts and uncertainties*. Rangez-la sous la section *Functions* de votre classeur.

C GRAMMAR

Spot revision

1. *The conditional tense*

Notice the use of the conditional tense (see *Nuts & Bolts* para. **2.4.3.**) in the expressions you have listed in **B** above. Using some of these phrases, write five sentences in which you say what *you* think the object might be.

2. *Conditional sentences*

On pourrait penser à des tuyaux si ce n'était pas du bois.
Note again the use of the conditional in the main clause with the imperfect in the **si** clause.

On pourrait aller au cinéma si tu étais libre.

Make up six more sentences in which you say what you could do if your partner (**tu**) . . .
a) wanted to
b) had not got work to do
c) wasn't busy
d) earnt some money
e) bought a bike.

3. **Penser à quelque chose**

Notice that penser is followed by **à**:

On pourrait penser **à** des tuyaux.
Ça me fait penser **à** un robinet.

It perhaps makes it easier if you think of your thoughts flying *to* something.

This sense of thinking should be distinguished from the one that implies having an *opinion* about something:
Que pensez-vous **du** dernier film de Godard: *(What do you think of Godard's latest film?)*

D EXERCISES

1. *Associations*

A quoi les abricots vous font-ils penser?
Ils me font penser aux jours d'été.

What associations do certain things have for you? and for your partner? Make up four sentences to find out. Write them down then ask different people in the class.

2. *Opinions*

Que pensez-vous { **des événements survenus récemment dans le monde?**
du nouveau feuilleton à la télé?

Je trouve . . . / Je crois que . . .

Write down six sentences in which you ask for people's opinions about things. Ask your partner first, then put your questions to the whole class.

E GRAMMAR

1. **Je crois que l'eau ne coule pas dans le bois.** (I don't think water runs through wood.)

Notice that to talk about the future in English we don't usually say:
'I *think* we *won't* go tomorrow', we would say 'I *don't think* we will go tomorrow'.
In French, you can say it either way:
«Je crois que je n'irai pas demain» or
«On ne croyait pas qu'il viendrait».
Contrast the use of the indicative here – where there is little doubt in the speaker's mind as to what will or will not happen – with the use of the subjunctive in section 2 below.

2. *The subjunctive*

Note the use of the subjunctive

a) after a verb of thinking when it is negative:

Je n'ai pas l'impression que ce soit vraiment du vrai vieux.

Other (possibly more common) verbs like this are **penser** and **croire** (see *Nuts & Bolts* para. **2**.4.12.).

Il ne pense pas qu'elle vienne.
Nous ne croyons pas qu'il devienne riche.

b) after an impersonal expression, like **il est possible que, il se peut que, il semble que** (see *Nuts & Bolts* para. **2**.4.12.):

Est-ce que c'est possible que ce soit des tuyaux?

Rapportez-vous aux **Solutions** pour voir ce que c'est.

Document

Reading for Pleasure – Djinn

Lisez sur les pages suivantes un extrait d'un roman qui s'appelle «Djinn» écrit par Alain Robbe-Grillet.

A la suite de quelques événements mystérieux le héros du livre est amené à croire qu'il doit aller à la rencontre d'un inconnu à la gare du Nord. Une fausse étudiante de médecine rencontrée dans un café l'incite à prendre un raccourci. Mais quel raccourci!

Le temps presse. Mon rendez-vous à la gare du Nord est, à présent, dans moins de cinq minutes. Cette venelle perdue peut représenter une économie appréciable. Elle est, en tout cas, commode pour avancer vite : aucun véhicule ou piéton ne dérange la marche, et il n'y a pas non plus de croisements.

Le risque étant accepté (un peu au hasard, hélas), il reste à poser les pieds avec soin sur les parties praticables de la chaussée sans trottoir, où je fais les plus grandes enjambées possibles. Je vais si vite que j'ai l'impression de voler, comme dans les rêves.

J'ignore, pour le moment, le sens exact de ma mission : elle consiste seulement à repérer un certain voyageur (j'ai sa description précise en tête), qui arrive à Paris par le train d'Amsterdam, à 19 heures 12. Ensuite, une filature discrète du personnage me mène jusqu'à son hôtel. C'est tout pour l'instant. J'espère savoir bientôt la suite.

Je ne suis pas encore arrivé au milieu de l'interminable rue, quand tout à coup, un enfant fait irruption à dix mètres devant moi. Il vient d'une des maisons de droite, qui est un peu plus haute que ses voisines, et traverse la chaussée avec toute la vitesse de ses jeunes jambes.

En pleine course, il trébuche sur un pavé saillant et tombe dans une flaque de boue noirâtre, sans un cri. Il ne bouge plus, étalé de tout son long sur le ventre, les bras en avant.

En quelques enjambées, je suis près du petit corps immobile. Je le retourne avec précaution. C'est un garçon d'une dizaine d'années, vêtu de façon bizarre : comme un gamin du siècle dernier, avec son pantalon serré au-dessous des genoux par un genre de chausses, et une blouse vague, assez courte, sanglée à la taille au moyen d'une large ceinture en cuir.

Il a les yeux grands ouverts ; mais les prunelles sont fixes. La bouche n'est pas fermée, les lèvres tremblent légèrement. Les membres sont mous et inertes, ainsi que le cou ; tout son corps est pareil à une poupée de chiffon.

Par chance, il n'est pas tombé dans la boue, mais juste au bord de ce trou d'eau sale. Celle-ci, observée de plus près, semble visqueuse, d'un brun presque rouge et non pas noire. Une angoisse incompréhensible pénètre en moi brusquement. La couleur de ce liquide inconnu me fait-elle peur ? Ou bien quoi d'autre ?

Je consulte ma montre. Il est sept heures neuf. Impossible, désormais, d'être à la gare pour l'arrivée du train d'Amsterdam. Toute mon aventure, née ce matin, est donc déjà finie. Mais je suis incapable d'abandonner cet enfant blessé, même pour l'amour de Djinn... Tant pis ! De toute façon, le train est manqué.

Une porte, sur ma droite, est grande ouverte. Le garçon vient de cette maison, sans aucun doute. Pourtant, il n'y a aucune lumière visible, à l'intérieur, ni au rez-de-chaussée ni à l'étage. Je soulève dans mes bras le corps du garçon. Il est d'une maigreur excessive, léger comme un oiseau.

Sous la clarté douteuse du réverbère tout proche, je vois mieux son visage : il ne porte aucune blessure apparente, il est calme et beau, mais exceptionnellement pâle. Son crâne a probablement cogné sur un pavé, et il demeure assommé par le choc. Cepen-

dant, c'est en avant qu'il est tombé, bras étendus. La tête n'a donc pas heurté le sol.

Je passe le seuil de la maison, mon frêle fardeau sur les bras. J'avance avec précaution dans un long couloir perpendiculaire à la rue. Tout est noir et silencieux.

Sans avoir rencontré d'autre issue — porte intérieure ou bifurcation — j'arrive à un escalier de bois. Il me semble apercevoir une faible lueur au premier étage. Je monte à pas lents, car j'ai peur de trébucher, ou de toucher quelque obstacle invisible avec les jambes ou la tête du gamin, toujours inanimé.

Sur le palier du premier étage donnent deux portes. L'une est close, l'autre entrebâillée. C'est de là que provient une vague clarté. Je pousse le battant avec mon genou et j'entre dans une chambre de vastes dimensions, avec deux fenêtres sur la rue.

Il n'y a pas d'éclairage dans la pièce. C'est seulement la lumière des réverbères qui arrive de l'extérieur, par les vitres sans rideaux ; elle est suffisante pour que je distingue le contour des meubles : une table en bois blanc, trois ou quatre chaises dépareillées, au siège plus ou moins défoncé, un lit de fer à l'espagnole et une grande quantité de malles, aux formes et tailles diverses.

Le lit comporte un matelas, mais pas de draps ni de couvertures. Je dépose l'enfant, avec toute la

délicatesse possible, sur cette couche rudimentaire. Il est toujours sans connaissance, ne donnant aucun signe de vie, hormis une très faible respiration. Son pouls est presque imperceptible. Mais ses grands yeux, restés ouverts, brillent dans la pénombre.

Je cherche du regard un bouton électrique, un commutateur, ou quelque chose d'autre pour donner de la lumière. Mais je ne vois rien de ce genre. Je remarque, alors, qu'il n'y a pas une seule lampe — plafonnier, abat-jour ou ampoule nue — dans toute la pièce.

Je retourne jusqu'au palier et j'appelle, à mi-voix d'abord, puis plus fort. Aucune réponse ne parvient à mes oreilles. Toute la maison est plongée dans un silence total, comme abandonnée. Je ne sais plus quoi faire. Je suis abandonné moi-même, hors du temps.

Puis une idée soudaine ramène mes pas vers les fenêtres de la chambre : où allait l'enfant dans sa brève course ? Il traversait la chaussée, d'un bord à l'autre, en droite ligne. Il habite donc peut-être en face.

Mais, de l'autre côté de la rue, il n'y a pas de maison : seulement un long mur de brique, sans aucune ouverture discernable. Un peu plus loin sur la gauche, c'est une palissade, en mauvais état. Je reviens à l'escalier et j'appelle de nouveau, toujours en vain. J'écoute les battements de mon propre

cœur. J'ai l'impression très forte, cette fois, que le temps est arrêté.

Un léger craquement, dans la chambre, me rappelle vers mon malade. Arrivé à deux pas du lit, j'ai un mouvement de stupeur, un recul instinctif : le garçon est exactement dans la même position que tout à l'heure, mais il a maintenant un grand crucifix posé sur la poitrine, une croix de bois sombre avec un christ argenté, qui va des épaules jusqu'à la taille.

Je regarde de tous les côtés. Il n'y a personne, que le gamin étendu. Je pense donc d'abord que celui-ci est, lui-même, l'auteur de cette macabre mise en scène : il simule l'évanouissement, mais il bouge quand j'ai le dos tourné. J'observe de tout près son visage ; les traits sont aussi figés que ceux d'une figure de cire, et le teint est aussi blafard. Il a l'air d'un gisant sur une tombe.

A ce moment, relevant la tête, je constate la présence d'un deuxième enfant, debout au seuil de la chambre : une petite fille, âgée d'environ sept à huit ans, immobile dans l'encadrement de la porte. Ses yeux sont fixés sur moi.

D'où vient-elle ? Comment est-elle arrivée ici ? Aucun bruit n'a signalé son approche. Dans la clarté douteuse, je distingue néanmoins nettement sa robe blanche, à l'ancienne mode, avec un corsage ajusté et une large jupe froncée, bouffante mais assez raide, qui retombe jusqu'aux chevilles.

« Bonjour, dis-je, est-ce que ta maman est là ? »

La fillette continue à me regarder en silence. Toute la scène est tellement irréelle, fantomatique, pétrifiée, que le son de ma propre voix sonne étrangement faux pour moi-même, et comme improbable, dans cet espace frappé d'enchantement, sous l'insolite lumière bleuâtre...

Comme il n'y a pas d'autre solution que de hasarder encore quelques mots, je prononce, à grand-peine, cette phrase banale :

« Ton frère est tombé. »

Mes syllabes tombent, elles aussi, sans éveiller de réponse ni d'écho, comme des objets inutiles, privés de sens. Et le silence se referme. Ai-je vraiment parlé ? Le froid, l'insensibilité, la paralysie commencent à gagner mes membres.

A L'AMBIANCE MYSTERIEUSE ET TROUBLANTE

1. Enumérez tout ce qui contribue à créer une ambiance mystérieuse et troublante dans le passage que vous venez de lire.
2. Pourquoi le petit garçon est-il sorti de chez lui selon vous? Pourquoi reste-t-il immobile après être tombé?
3. Pourquoi n'y a-t-il pas d'éclairage dans la maison, croyez-vous?
4. Le crucifix posé sur la poitrine du garçon, d'où vient-il à votre avis?
5. Comment la jeune fille est-elle arrivée?

B CHERCHEZ LES PHRASES

Cherchez les expressions ci-dessous dans le texte et donnez-en un équivalent en anglais selon leur contexte:

1. Tout à coup un enfant fait irruption à dix mètres devant moi.
2. En pleine course, il trébuche sur un pavé saillant et tombe dans une flaque de boue noirâtre.
3. Tout son corps est pareil à une poupée de chiffon.
4. Il est d'une maigreur excessive, léger comme un oiseau.
5. Son crâne a probablement cogné sur un pavé, et il demeure assommé par le choc.
6. Il est toujours sans connaissance, ne donnant aucun signe de vie, hormis une très faible respiration.
7. Je pense donc d'abord que celui-ci est, lui-même, l'auteur de cette macabre mise en scène: il simule l'évanouissement, mais il bouge quand j'ai le dos tourné.

C

FAITES UNE LISTE de toutes les phrases qui invoquent a) la lumière; b) le bruit (ou l'absence de bruit).

D

COMME DANS LES REVES ...

Imaginez que vous êtes le héros de ce livre.

1. Vous arrivez enfin chez vous. Racontez à un ami ce qui vous est arrivé cet après-midi.
2. En travaillant avec un partenaire, simulez la conversation entre vous et la jeune fille. Commencez par les mots «Ton frère est tombé».
3. Pendant votre absence ce jour-là on a commis un vol dans la rue où vous habitez. Tous les habitants de la rue doivent rédiger un rapport pour la police dans lequel ils doivent donner des précisions sur ce qu'ils faisaient au moment du vol. Rédigez votre rapport afin d'éviter tout soupçon.
4. Ecrivez un mot à Djinn pour vous excuser de ne pas avoir été à la gare du Nord à l'heure de l'arrivée du train d'Amsterdam.

Cassette

Je ne sais vraiment pas ce que je vais faire

M. Delmas n'a pas eu de chance cette année. Il a dû se faire faire un traitement dentaire très important pour lequel il fallait payer cher. Par conséquent, il ne lui reste pas beaucoup d'argent pour aller en vacances.
Ecoutez ce qu'il dit et décidez si les énoncés ci-dessous sont vrais ou faux.

A VRAI OU FAUX

1. M. Delmas va partir en Grèce cette année.
2. Il ira certainement dans les Pyrénées.
3. Il a l'intention de faire du camping.
4. Il y ira probablement à la fin du mois de juillet ou pendant le mois d'août.
5. Il va se promener dans les montagnes.
6. Il sera seul pendant ce temps.
7. Avant de partir il doit résoudre une difficulté dûe à l'administration française.

B TRANSCRIPTION Transcrivez le passage entier.

C GRAMMAIRE

1. Etudiez la transcription que vous avez faite. Relevez toutes les phrases qui se rapportent à la notion de **projets**. Notez-les sous la section *Functions* de votre classeur. Ajoutez des phrases apropriées en même temps à la section *Expressing uncertainties, doubts etc.*

2. **J'avais l'intention de ... mais ...**

   Racontez à votre partenaire des projets qui n'ont abouti à rien. Vous pouvez donner libre cours à votre imagination, si vous voulez:
   ...J'avais l'intention d'aller faire des recherches sous-marines mais je n'avais pas de maillot.

3. **Une chose est sûre, c'est que je (+ temps futur) ...**
   J'ai l'intention de (+ l'infinitif) ...

   Avez-vous des projets sûrs, pour le weekend / les vacances? Racontez-les à votre partenaire.

D LES PROJETS D'AVENIR

En vous appuyant sur les phrases que vous avez relevées pour exprimer les intentions, les doutes et les incertitudes, racontez à votre partenaire ce que vous comptez faire dans la vie.

E POSER VOTRE CANDIDATURE

Vous posez votre candidature pour un emploi d'été qui peut éventuellement vous préparer pour un métier qui vous intéresse. Ecrivez un paragraphe sur vos projets en expliquant de quelle façon vous considérez que l'emploi pourrait vous intéresser.

If you're not sure, say so!

(Don't just stand there looking vague!)

En utilisant les phrases que vous avez notées, discutez les photos suivantes avec votre partenaire.

Qu'est-ce que c'est selon vous?

Qu'est-ce qu'ils construisent?
Où est-on?

Qui sont ces personnes?
Que fait la femme aux cheveux blonds dans la vie?
De quoi parlent-ils?
Pourquoi la femme à droite a-t-elle de l'argent dans la main?
Simulez la conversation entre le petit garçon et la femme à droite.
Pour vérifier vos réponses, rapportez-vous aux **Solutions.**

6 *Faut-il les laisser faire de l'autostop?*

CONTRASTES Aller en avion/bateau/train/car/voiture/vélo ou ... à pied?!

KEYPOINTS
- *Arguing for and against; guessing the meaning*
- *Seeking and giving information; expressing personal opinions*
- *Subordinate clauses; word order in reported speech*

Document

Le guide pratique du voyageur

Vous feuilletez «Le guide pratique du voyageur» publié par la S.N.C.F. quand vous voyez la publicité reproduite ici.

A RESUME

LISEZ LES DEUX PREMIERES SECTIONS et résumez en anglais les différences entre **le carré jeune** et **la carte jeune.** Vos informations peuvent se présenter sous la forme d'une liste de deux colonnes ou bien d'un paragraphe selon vos préférences.

Liste

le carré jeune	*la carte jeune*
....	....
....	....
....	....

Paragraphe

Tandis qu'avec le carré jeune on peut bénéficier de ..., ...

B LISEZ LE RESTE DE L'ARTICLE et décidez quelle carte vous conviendrait mieux si vous voyagiez:

1. Avec vos parents
2. Avec quatre amis
3. Pendant un mois en Europe
4. Pendant deux mois en France.

Donnez les raisons de votre choix.

C JEU DE ROLE

Avec un partenaire simulez la conversation que vous auriez à l'agence de voyage si vous vous renseigniez sur la carte jeune.

Prix Jeunes

POUR VOYAGER TOUTE L'ANNÉE : LE CARRÉ JEUNE

• Pour les jeunes de 12 à moins de 26 ans.

• Pour 4 voyages à trajet simple avec 50 % de réduction pour les départs en période bleue et 20 % pour les départs en période blanche.

• Réduction valable un an sur tout le réseau grandes lignes de la S.N.C.F. en 1re comme en 2e classe.

• Possibilité d'acheter autant de Carrés Jeunes* dans l'année que souhaités.

• Délivré immédiatement dans les gares et agences de voyages, sur présentation d'une pièce d'identité.

VOUS VOYAGEZ L'ÉTÉ : LA CARTE JEUNE

• Pour les jeunes de 12 à moins de 26 ans.

• 50 % de réduction pour tout voyage sur le réseau de la S.N.C.F., sauf banlieue de Paris, en 1re comme en 2e classe, même sur des trajets simples.

• 1 couchette gratuite utilisable sur les lignes de la S.N.C.F. conjointement avec le billet.

• 50 % de réduction pour un aller et retour sur les navires Sealink entre Dieppe et Newhaven.

• Réduction sur la plupart des services de tourisme S.N.C.F.

• 2 nuits gratuites dans les "Points d'Accueil Jeunes" (PAJ), pour ceux qui campent.

Il suffit de commencer chaque trajet en période bleue du calendrier voyageurs, du 1er juin au 30 septembre.

La carte JEUNE* est délivrée immédiatement dans toutes les gares et agences de voyages. Munissez-vous d'une pièce d'identité et d'une photo.

MAIS VOUS POUVEZ BÉNÉFICIER D'AUTRES PRIX RÉDUITS

Pour vos grands voyages en France, toute l'année, le BILLET SÉJOUR.

Une réduction de 25 % est accordée pour tout voyage aller et retour ou circulaire totalisant au moins 1000 km en 1re ou en 2e classe.

Chacun des trajets doit commencer en période bleue du calendrier voyageurs. L'aller et le retour doivent chacun comporter un trajet ferroviaire d'au moins 200 km.

Le voyage de retour peut être entrepris, soit à partir du 5e jour suivant celui du départ, soit après une période comprenant un dimanche ou une fraction de dimanche.

• Période d'utilisation de ce billet : 2 mois.

• Possibilité d'arrêts en cours de route à condition de repartir chaque fois en période bleue.

• Le BILLET SÉJOUR vous fait bénéficier d'une réduction sur la plupart des services de tourisme S.N.C.F.

Vous pouvez l'obtenir sur simple demande, dans toutes les gares et agences de voyages.

Vous voyagez avec votre conjoint, votre frère ou sœur, vos parents, utilisez la carte COUPLE/FAMILLE.

• 50 % de réduction (sauf banlieue de Paris) à partir de la 2e personne payant le plein tarif (1).

• Réduction sur la plupart des services de tourisme S.N.C.F.

Il suffit de commencer chaque trajet en période bleue (2 personnes), en période bleue ou blanche (3 personnes et plus) du calendrier voyageurs.

La carte COUPLE/FAMILLE est établie gratuitement sur présentation du livret de famille (ou d'un certificat de concubinage) et d'une photo de chaque personne. La carte est valable 5 ans.

Vous partez à plusieurs, prenez un BILLET MINIGROUPE.

• 25 % de réduction pour un voyage aller et retour (sauf banlieue de Paris), en 1re classe comme en 2e classe, si vous êtes 5 personnes ou plus.

Il suffit de commencer chaque trajet en période bleue du calendrier voyageurs et de réserver au moins 2 jours à l'avance.

La réduction est accordée immédiatement lors de l'achat de votre billet.

Pour aller à l'étranger, la carte INTER-RAIL.

• Circulation en 2e classe, sans achat de billets, pendant 1 mois, dans 20 pays étrangers.

• Réduction de 50 % sur les lignes S.N.C.F..

• Réduction sur la plupart des services de tourisme S.N.C.F.

La carte INTER-RAIL* est délivrée à toute personne de moins de 26 ans dans toutes les gares et agences de voyages. Munissez-vous d'une pièce d'identité.

* Voir l'encart "Tarifs" du "Guide pratique du voyageur S.N.C.F.".

(1) Sont assimilés à la première personne payant plein tarif :
• dans les groupes familiaux composés exclusivement d'enfants de moins de 12 ans, un enfant de 4 à 12 ans ayant payé le tarif normal (50 % du prix du billet place entière) ;
• les titulaires d'abonnements ordinaires à libre circulation ou à demi-tarif dans les limites de la validité de leur carte et du parcours couvert par cette dernière.

période bleue et période blanche *this refers to the coloured sections of railway time tables (the blue period is the less busy time and therefore cheaper in certain circumstances)*

délivré *issued, not delivered*

une pièce d'identité *any document proving your identity*

D VOYAGES A LA LUNE!

Nous sommes en l'an 2501. Vous êtes employé(e) dans une agence de voyages et vous devez écrire une publicité pour annoncer des prix avantageux sur les voyages vers la lune avec la S.N.V.S. (la Societé Nationale de Vols Spaciaux). En imaginant une société aussi exotique que possible, rédigez un brouillon de la brochure avec des tarifs préférentiels pour des groupes spécifiques. Utilisez les phrases tirées des informations S.N.C.F. fournies. Après avoir décidé de la meilleure façon de présenter vos informations – sur une feuille simple, sous forme de dépliant à deux ou à trois faces etc., recopiez-les. Passez vos informations aux autres dans la classe. Ils doivent décider quel billet leur convient!

Study skill

Asking for information

A LOCUTIONS-CLES

Voici quelques phrases qui peuvent vous êtres utiles quand vous voulez vous renseigner:

Je voudrais } savoir ...
J'aurais voulu }

... à quelle heure } part le prochain train pour Paris
... sur quel quai }
... qu'est-ce qu'on joue aujourd'hui
... quand commence la prochaine séance
... s'il y a toujours des places libres
... si c'est en version originale
... } si / où } on peut faire du canöe

B GRAMMAR

Note that in French, unlike English, the verb does not go to the end in reported speech:
Je voudrais savoir quand commence le film.

Fr. **Où est la gare?**
Eng. (Where is the station?)
Fr. Je voudrais savoir **où est la gare**.
Eng. (*I'd like to know* where the station *is*.)

C EXERCISE

Try saying you'd like to know:

1. What time the film starts
2. What it is about
3. How much the tickets are
4. Where the cinema is
5. Who is going with you.

D TU ES DEJA ALLE EN FRANCE?

Parlez à votre voisin du voyage et du moyen de transport que vous avez utilisé.

E JEUX DE ROLE

1. Vous êtes allé à l'agence de voyage et vous avez noté les informations dans la grille suivante sur les cars, les trains et les avions qui partent pour l'Angleterre. Parlez à votre voisin des avantages et des inconvénients de chaque moyen de transport. Mettez-vous d'accord sur celui que vous allez prendre.

	prix (aller simple)	**dép.**	**arr.** (heure locale)
l'avion	911 F	Paris – Charles de Gaulle 12.30	Londres – Heathrow 12.30
le train + ferry	320 F	Gare du Nord 13.35	Londres – Victoria 19.58
le car	250 F 50	Place de la Madeleine 20.20	Londres – Victoria 07.50

2. Imaginez que vous venez d'arriver en France. Chez un ami on vous demande si le voyage s'est bien passé. Simulez la conversation avec votre voisin, en disant si vous irez en voiture/car/train/avion la prochaine fois.

Cassette

Le décollage

A VOICI L'ANNONCE qu'on fait juste avant le décollage d'un avion. Ecoutez **deux fois** et notez les **six** instructions qu'on vous donne.

B TRANSCRIBE THE PASSAGE as accurately as you can (remembering to make adjectival endings agree!)

C GRAMMAR

What verbs do **soyez** and **veuillez** come from? What part of the verb are they? (If you are not sure, check up in *Nuts & Bolts* para. **2**.3.)

D WRITE DOWN any of the words in the passage which you think are 'false friends', i.e. which *look* like English words you are familiar with but which have a different meaning (e.g. **conducteur** = driver, *not* conductor). At the same time make a list of 'real friends' (e.g. **une orange** = an orange) and a third list of words which you recognise because they look like an English word but we don't usually use that word and would choose a more down to earth word in English

(e.g. **commencer**: to commence/to begin). Compare your lists to see how useful a knowledge of English is in understanding French.
Look up any words you do not know in a good dictionary.

E Les hôtesses de l'air ne savent pas quoi faire. La version anglaise de l'annonce enregistrée s'est perdue et quelques passagers ne comprennent pas le français. Traduisez verbalement la transcription que vous avez faite dans la section **B** comme si vous annonciez le message par le haut-parleur de l'avion.

Cassette

L'atterrissage

A Voici le message qu'on vous donne juste avant l'atterrissage de l'avion. Ecoutez-le avec soin plusieurs fois. Décidez si les phrases suivantes ont le même sens que les phrases françaises que vous venez d'écouter. Cela vous aidera de noter les phrases françaises pertinentes.

1. You should go back to your seat now.
2. Check that your hand-luggage is under your seat.
3. You should loosen your seat-belt.
4. As soon as the signal is given, you can smoke.
5. You should leave your seat as soon as the aircraft has come to a standstill.
6. You should remain seated until the 'Fasten seat-belts' sign is turned off.
7. Check that you haven't left any hand luggage.
8. We hope that you will enjoy your return trip.

B GRAMMAR

Dès que le signal en sera donné (As soon as the signal is given)

Notice the use of the future tense here where English would use the present tense. If you think about it, French is more 'accurate' because we are talking about the future.

C EXERCISES

1. How would you say:

   a) When the summer holidays are finished ...
   b) As soon as the cake is ready ...
   c) When Jacques arrives ...
   d) When we leave for the party this evening ...
   e) As soon as the plane takes off ...

   Make up suitable endings for each sentence and compare them with those of the others in your group.

2. **Vous ne devez pas quitter votre place**

   What else shouldn't you do on a plane? Make up as many examples as you can.

D GET YOUR TENSES RIGHT

True story: A French friend told me of an occasion where the air-hostess got her tenses wrong and used the future rather than the conditional:

Le pilote vous dira de sauter par une des sorties de secours. Veuillez rester très calme et ne gonflez le gilet de sauvetage qu'au dernier moment.

You can imagine the effect on the passengers!

In pairs write a similar passage which will give the passengers a fright. Use phrases and expressions from the passages you heard on tape as a model to tell **mesdames et messieurs** politely what they should do. Then read out your passage to the other members of the group.

Document *La femme pilote ne décolle pas de la réalité*

A LISEZ CET ARTICLE et complétez les phrases suivantes:

1. Le métier de pilote est idéal pour une mère de famille parce que…
2. Quand elle sort de l'avion dans un pays étranger, Danielle Decure aime bien…
3. Pour préparer le vol, elle doit …
4. Comme passe-temps chez elle, Danielle …
5. Les pilotes-hommes se méfient de son livre parce que …

La femme pilote ne décolle pas de la réalité

«Le métier de pilote est idéal pour une mère de famille», affirme, sans rire (pas tout à fait vrai, ses yeux rient toujours), Danielle Décuré qui vient de publier: «Vous avez vu le pilote? C'est une femme!» … «On passe la moitié de son temps chez soi avec un salaire qui permet de s'offrir une personne de confiance.» Démonstration?

«Prenons un exemple, le mois d'octobre 1981 me paraît assez typique. 1er octobre: réunion pour parler de notre uniforme (il n'en sortira absolument rien – vous savez que je suis très opposée à son aspect «militaire» et que j'ai toujours refusé de porter la casquette). Dimanche 4 octobre: décollage à 17 h. retour à 22 h. Mardi 6: visite médicale. Nous en avons une tous les six mois avec analyse sanguine, radio des poumons, électrocardiogramme, examen de la vue, de l'ouïe, vérification de l'équilibre nerveux, etc. Samedi 10: Alger, décollage à 8 h (je me lève à 5 h). Retour à 13 h 20. Dimanche 11: Nice-Londres-Nice. Décollage à 9 h. retour à 19 h. Lundi 12: Le Caire. Décollage à 17 h 40. Retour le 13 à 16 h 30. Mardi 14: Nice, 20 h. Mercredi 15: retour de Nice à 9 h. Jeudi 16: décollage pour où? (Tiens, je ne l'ai pas marqué!) à 13 h 30. Retour à 20 h 30. Dimanche 19: séance au simulateur de révision des manœuvres de secours. Lundi 20: Madrid. Décollage à 17 h 20. Retour à 22 h. Mercredi 22: Lisbonne. Décollage à 13 h 40. Retour à 21 h. Jeudi 23: Alger. Décollage 14 h 40. Retour à 20 h. Vendredi 24: Tel Aviv. Décollage 10 h 35. Samedi 25: retour de Tel Aviv à 22 h 30. Repos jusqu'à la fin du mois.

Faites le calcul, c'est vrai, moitié moitié: moitié à la maison, moitié dans le ciel.» Et les départs, et les bagages, ça se passe comment? «Quand je pars pour la journée, je prends juste ma sacoche bleu marine avec mes documents et une mini trousse de toilette. Si mon absence est plus longue, j'ai une housse de voyage avec, à demeure, un pantalon, une robe, un T-shirt, tout cela infroissable. Plus un maillot de bain et une paire de chaussures plates. J'adore marcher. En sortant de l'avion, je prends une douche et je pars … visiter souvent seule. Mon emploi du temps, les jours de vol: je pars deux heures et quart avant le décollage. J'arrive à Roissy. Je vais tout de suite dire bonjour aux

continued on next page

gens du planning pour voir s'il y a des changements au programme. Ensuite, je passe à ma boîte aux lettres où je trouve des notes de service.
Vient la préparation du vol. Je consulte la météo, au départ, en vol, à l'arrivée, les prévisions de changements. Les pistes sont-elles toutes ouvertes? balisées? Les fréquences radio ont-elles changé? Tout cela il faut l'avoir dans la tête et être capable de s'en souvenir instantanément. Ensuite, on nous annonce le prix du pétrole. En fonction de ce prix, des vents, de la météo, du poids de l'avion, nous déterminons la quantité de carburant dont nous avons besoin. Le commandant de bord et le copilote boivent un café. Le mécanicien navigant est déjà dans l'avion en train de procéder à ses nombreuses vérifications, les hôtesses et le steward sont à bord. Nous nous installons dans le cockpit – dernières vérifications – les passagers embarquent, le fret suit. On nous apporte le poids de l'avion. En fonction de ce poids, nous calculons la vitesse de décollage. Moteur ...»
Nous faisons confiance à Danielle Décuré. Si l'on est capable de faire tout ça, on peut gérer sans sourciller un trois pièces cuisine, mari, enfants. Danielle a pourtant choisi délibérément la solitude. Elle est célibataire et ça lui plaît. Et elle ne porte pas en permanence, écrit sur le front: «Je suis pilote de ligne» ... Chez elle, on se croirait plutôt en visite du côté d'un peintre du dimanche: chevalet, pinceaux, des tableaux partout. L'un d'eux représente un uniforme bleu marine avec une casquette galonnée ... A force de rencontrer des misogynes, Danielle est peut-être devenue un rien misanthrope ... Une misanthrope pleine de bonne humeur qui rit du mot d'un de ses camarades, pilote, à propos de son livre: «Je ne veux surtout pas ramener ça chez moi ...», a dit cet homme prudent. C'est qu'elle pourrait donner des idées aux femmes sans ailes, Danielle! **P.R.**

B GUESS THE MEANING

radio des poumons *x-ray of the lungs*
des notes de service *official instructions and information*
des mysogynes *sexist men*

Guessing the meaning from the context is just as, if not more, useful when reading as when listening – and you can usually look up the word in a dictionary to make sure you're right. See if you can guess what the following words mean from their context in the passage about the pilot, then look them up in a good dictionary and/or discuss them with your teacher. What other words in the context helped you decide what the word or phrase meant? How much did you rely on common sense? or on it being like an English word?

une personne de confiance
la casquette
analyse sanguine
examen ... de l'ouïe
faites le calcul ...
une sacoche
infroissable
la météo
les pistes
balisées
s'en souvenir
le fret
la vitesse (de décollage)
(on peut) gérer sans sourciller
célibataire
chevalet
ailes

C DISCUSSION

Et vous? Est-ce que le métier de pilote vous attire?

D

IMAGINEZ que vous êtes pilote de ligne. Vous êtes mère/père de famille. Vous êtes à l'étranger et vous voulez envoyer une carte postale à votre fils/fille. En étudiant l'emploi du temps de Danielle pour le mois d'octobre 1981, choisissez une date et écrivez la carte postale.

Se renseigner – par écrit

In the reading tasks which follow, once again remember to use the techniques of skimming and scanning which you learnt in Unit 2.

Lisez la lettre ci-dessus envoyée au magazine «Girls» et la réponse de «Geneviève». Répondez aux questions.

Document

Marie 16 ans

"Où trouver la carte jeunes?"

Chère Geneviève,
Tout d'abord bravo pour ta rubrique qui est vraiment géniale. Je suis certaine que tu pourras me renseigner. J'ai entendu parler de l'existence d'une carte jeunes. Je voudrais savoir à quoi elle donne droit et comment on peut se la procurer. Certainement que ta réponse à mon problème intéressera d'autres lectrices. Je te remercie d'avance et je t'embrasse.

Ma chère Marie,
Tu as parfaitement entendu : la carte jeunes lancée par le premier Ministre le vingt mai donne droit à diverses réductions dans divers secteurs : sports, spectacles, cinéma, restauration, hébergement. Elle coûte cinquante francs et n'est distribuée qu'aux moins de vingt cinq ans. Tu pourras de la procurer dans un centre d'information jeunesse (C.I.J.) ou au guichet des banques du C.I.C. ou du Crédit Mutuel. Il te faudra présenter un document attestant que tu es née après le 31 décembre 1959 et de te munir d'une photo d'identité. Pour nos lectrices étrangères, je rajouterai, que même de passage en France, elles y ont droit également.

A LA LETTRE DE MARIE

1. Quelles phrases vous donnent l'impression qu'il s'agit d'une correspondance informelle?
2. Quelles phrases pourraient vous être utiles à vous et dans quel contexte? Recopiez-les dans la section appropriée de votre classeur.

B LE REPONSE DE GENEVIEVE

1. Pourquoi auriez-vous interêt à obtenir une carte jeune lors d'un séjour en France?
2. Comment peut-on se la procurer?
3. Les anglais y ont-ils droit s'ils ne passent que quelques jours ou semaines en France? Trouvez la coquille dans la réponse de Geneviève!

C INFORMEZ-VOUS!

Informez-vous auprès des autres dans la classe. Envoyez à quelqu'un d'autre dans votre classe un petit mot qui ressemble à la lettre de Marie. Vous devez poser à cette personne une question sur un sujet dont elle a quelques connaissances (les cours de Karaté / d'art dramatique; le film qu'on passe actuellement au cinéma / ce soir à la télé; le match de foot / hockey – où? et quand? etc.).
Il/elle doit vous répondre en vous donnant (autant que possible) les informations que vous voulez.

Document

Faut-il les laisser faire de l'autostop?

Avez-vous fait de l'autostop?
Vous est-il arrivé des histoires désagréables? Ou, au contraire, avez-vous trouvé que c'était un moyen très convenable de voyager?
Lisez l'article ci-contre et répondez aux questions suivantes.

A SELON VOUS

1. Croyez-vous que les jeunes filles qui font du stop «courent au devant des ennuis»?
2. Pourquoi les filles ne doivent-elles attendre qu'un quart d'heure tandis que les garçons doivent attendre quelquefois des heures?
3. Que pensez-vous des associations comme Allostop ou Provoya. Quels sont les avantages, les inconvénients?

B RESUME

Résumez en anglais les règles élémentaires de sécurité.

C FAUT-IL LES LAISSER FAIRE DE L'AUTOSTOP?

Imaginez que vous êtes mère/père de famille. Permettriez-vous à votre fille ou à votre fils de faire de l'autostop?

D JEU DE ROLE

1. Avec un partenaire, prenez les rôles d'oncle/tante et de garçon/fille. Le parent avait interdit à l'enfant de faire du stop. En arrivant chez lui un soir vers la tombée de la nuit, son oncle le voit sortir d'une voiture inconnue ... Simulez la conversation qui s'ensuit.

2. Vous faites de l'autostop. Vous voulez aller à Aix-en-Provence. Un camion s'arrête. Heureusement, c'est un routier très sympathique, brave père de famille. Simulez, avec votre partenaire, la conversation avec lui.

Faut-il les laisser faire de l'auto-stop?

Des témoignages et des conseils que vos enfants doivent lire

Question : que représente, pour un automobiliste moyen, une femme seule qui fait du stop à la tombée de la nuit, moulée dans son jean et les seins nus sous son tee-shirt ?

Réponse : faut-il vraiment vous la donner ? C'est ce qui s'appelle courir au devant des ennuis, pour le moins ! Malheureusement, les milliers de jeunes filles qui se lancent sur la route des vacances, pouce en l'air et sourire aux lèvres, ne semblent pas toujours s'en rendre compte. D'où une série de malentendus qui finissent parfois tragiquement.

Ecoutez le témoignage de Maddy, 26 ans, infirmière : « Il y a quatre ans, avec une amie, on est rentrées d'Espagne en stop parce qu'on n'avait plus d'argent. **A Perpignan, à huit heures du soir, on a trouvé dans un « routier » un camionneur qui a accepté de nous conduire jusqu'à Lyon. Il avait vraiment l'air d'un brave père de famille,** et nous sommes parties sans hésiter. **Mais vers minuit, j'ai été réveillée en sursaut par les cris de ma copine. Le camion était arrêté.** Je ne sais pas ce qui s'est passé dans la tête de cet homme en nous voyant endormies, mais il essayait de l'embrasser de force. **J'ai hurlé et tapé des poings avec elle. Alors, il s'est arrêté, surpris et furieux.** On aurait dit qu'il ne comprenait pas pourquoi on refusait... » **Maddy et son amie se sont faites débarquer sur le bas côté, et en ont été quittes pour la peur. Mais toutes n'ont pas cette chance,** comme le prouve la rubrique des faits divers dans la presse.

Sans aller jusque-là, toute jeune femme lucide et réaliste doit être consciente qu'il y a des risques.

Et puis, soyons honnêtes : ce n'est quand même pas un hasard si les filles, seules ou à deux, attendent rarement plus d'un quart d'heure pour trouver un automobiliste complaisant. Pour les garçons, cela peut durer des heures ! Ces demoiselles, d'ailleurs, le savent bien et n'hésitent pas à jouer de leur charme, comme le fait remarquer un commissaire de police parisien : « Mais dites-moi, lorsqu'une jeune fille se promène au bord des routes en short ou en mini-jupe, c'est bien pour montrer ses jambes et être plus "sexy" ? Alors, qu'elle ne s'étonne pas si ça marche parfois... trop bien ! »

Cela ne veut pas dire que tous les automobilistes sont des violeurs en puissance, ni que l'auto-stop devrait être interdit aux femmes. Mais il ne faut pas le pratiquer n'importe comment. Avant tout, **lorsqu'on est seule, il ne faut pas hésiter à s'adresser à un organisme spécialisé,** comme Allostop ou Provoya. Cela fait vingt ans qu'ils fonctionnent sans accros, à la satisfaction générale.

Le principe de ces associations : mettre en relations des automobilistes et des jeunes auto-stoppeurs qui partent dans la même direction. Leur but : mettre tout le monde en confiance et faire partager les frais du voyage. Le conducteur ne doit pas faire de bénéfices et le passager ne paie jamais plus du quart des frais (essence et péages des autoroutes).

Cette formule intelligente, qui rassure et arrange tout le monde, a connu, ces dernières années, un succès considérable. En 1977, on comptait 11 000 jeunes et 7 500 voitures. Aujourd'hui, les auto-stoppeurs qui ont recours à cette technique sont plus de 30 000 par an, pour 15 000 automobilistes qui offrent leurs services. Bien sûr, **ces associations ne peuvent garantir la moralité des uns ou des autres. Mais elles relèvent l'identité, le numéro de la voiture, le jour et l'heure du départ : c'est quand même une sécurité.** Aussi bien pour les conducteurs, qui hésitent souvent à prendre des inconnus dans leur véhicule, que pour leurs passagers. Et surtout leurs passagères : « Généralement, on vient me chercher devant chez moi », explique Gisèle, 22 ans. Cela fait cinq ans qu'elle voyage par l'intermédiaire d'Allostop, et elle s'en déclare ravie. « Je téléphone une semaine à l'avance pour donner mon nom, mon adresse, la date à laquelle je souhaite partir et la direction. On me recontacte pour me fixer un rendez-vous précis. Mes parents sont rassurés... » ■

Quelques règles élémentaires de sécurité

- **Pour une fille, ne jamais faire du stop seule, ni la nuit.**
- **Surveiller sa présentation** et sa tenue vestimentaire, pour éviter tout malentendu avec des hommes seuls.
- **Bien se faire voir :** cette précaution est indispensable pour ne pas risquer d'être fauchée par une voiture, en particulier la nuit.
- **Choisir son emplacement :** un endroit où les voitures ne roulent pas trop vite et peuvent se garer sans danger.
- **Ne jamais se placer sur les autoroutes** ni sur leurs bretelles d'accès, c'est interdit.
- **Emporter peu de bagages.** Le sac à dos bien en évidence met en confiance les automobilistes.
- **Ne jamais monter dans une voiture surchargée,** en mauvais état, ou dont le conducteur semble ivre ou fatigué : en cas d'accident, vous risquez de ne pas être remboursé.
- Regarder l'automobiliste qui s'arrête en face, lui parler, établir le contact. **Ne vous précipitez jamais tête baissée dans la première voiture qui s'arrête. Observez d'abord.**
- Un dernier détail : **attention aux voitures dont les quatre portes se bloquent d'un coup en appuyant sur un bouton.** En cas de problème, il faut pouvoir s'enfuir...

Document *La voile a vraiment le vent en poupe*

La voile a vraiment le vent en poupe

■ On a beau le tourner dans tous les sens, l'examiner sous tous ses aspects, inverser les facteurs, modifier les données, le problème se ramène toujours à trois éléments simples, rigoureux, inéluctables:

• Le prix du carburant ne cesse de monter. Or, le fuel marin représente aujourd'hui le tiers du coût d'exploitation d'un cargo moyen. En 1980, 25 000 navires de tous types et de tous tonnages ont transporté à travers les océans deux milliards de tonnes de pétrole brut, de charbon, de minerai, de produits chimiques, de grains, de bois, de matériaux de construction et d'objets manufacturés. Pour cela, ces 25 000 navires ont brûlé plus de 4 millions de barils de pétrole chaque jour, ce qui représente au total le quart de la consommation des États-Unis et environ le septième de la consommation du monde non communiste. Qui plus est, en 1980, le prix du baril était 10 fois plus élevé qu'en 1973!

• Les palliatifs mis en œuvre jusqu'ici ont atteint les limites du supportable: l'augmentation des tarifs, le recours aux subventions gouvernementales, la suppression des lignes les moins rentables (au détriment souvent des besoins des pays en voie de développement), le ralentissement général de la vitesse des navires (pour économiser le carburant), peuvent difficilement être poussés plus loin sans porter un coup fatal au transport maritime.

• Les alternatives au pétrole ont fait long feu: le nucléaire est aujourd'hui pratiquement abandonné pour la propulsion des navires marchands, à la suite de l'opposition (justifiée) des populations des ports; quant au charbon, son avantage économique est moindre qu'on le croyait, à cause notamment du volume important qu'il occupe dans les soutes du navire, et du coût du trajet vers les points de réapprovisionnement (surtout pour les flottes appartenant à des pays non charbonniers).

Reste donc . . . le vent! C'est le vent qui propulse aujourd'hui des remorqueurs à voiles dans la baie de Chesapeake (côte est des États-Unis). C'est le vent qui pousse sur les routes de grand cabotage de l'Asie le *Shinaitoku Maru*, petit pétrolier expérimental à voiles lancé par la firme japonaise "Nippon Kokan". Le navire, qui a coûté 2,3 millions de dollars, améliore sa rentabilité à chaque nouvelle augmentation du prix du pétrole et se rapproche de l'objectif de ses constructeurs: une économie annuelle de carburant de l'ordre de 500 000 dollars.

C'est encore le vent qui fera avancer le *Patricia A*, une vieille coque de cargo de 450 t gréée en goélette, à laquelle la compagnie "Ocean Carrier Corporation", de San Francisco, a appliqué toutes les astuces de la technologie moderne pour démontrer que la voile, peut être rentable de nos jours avec un gréement non traditionnel. Dès 1973, le président d'"Ocean Carrier", Hugh C. Lawrence, s'était fait le chantre du retour à la voile: «Le vent est gratuit, non polluant et inépuisable», disait-il. Aujourd'hui il ajoute, en technologue iconoclaste, que le gréement des derniers clippers, tant vanté il y a un siècle, était sûrement ce que l'homme pouvait inventer de plus inefficace, de plus lent, de plus compliqué et de plus dangereux. Son *Patricia A*, lui, utilisera des mâts en acier et des voiles en dacron (traité pour être insensible à l'effet des ultraviolets). Ces voiles seront envoyées ou ferlées en deux minutes, grâce à un système automatique (sur lequel il se montre malheureusement avare de détails précis). La coque sera peinte à l'époxy afin d'assurer un meilleur glissement dans l'eau et d'empêcher l'adhérence des organismes marins (la coque des anciens clippers, en fer ou en acier, ne pouvait pas être doublée de cuivre et se tapissait rapidement de végétation et de coquillages, ce qui ralentissait considérablement la vitesse du voilier). Un moteur diesel de 360 chevaux donnera au *Patricia A* une vitesse de 9 nœuds par calme plat et facilitera les manœuvres au port. Actuellement, le navire entame ses premiers essais. Bilan espéré: 60% d'économie de carburant, soit 220 000 dollars épargnés chaque année.

A CHOISISSEZ PARMI CES MOTS ceux dont les significations ont un rapport: par exemple: le coût, le prix – tous les deux ont un rapport avec l'argent. Faites-en des groupes de deux ou trois mots et puis comparez vos groupes avec ceux des autres membres de la classe.

le carburant	la vitesse	le prix	le charbon
le tarif	le pétrole	le nucléaire	le septième
la consommation	le quart	brûler	le fuel
monter	le ralentissement	le coût	
le tiers	l'augmentation	rentable	

B TRAVAILLEZ EN GROUPE. Voici les mots pour divers types de bateaux. Expliquez ce qu'ils font et ce qui est leur caractéristique principale. Un de ces mots désigne un type général qui n'a pas de caractéristique particulière. Lequel?

un cargo; un navire; un remorqueur; un pétrolier; un clipper; un voilier;

C TROUVEZ L'ANGLAIS pour ces expressions dans leur contexte:

a) on a beau le tourner dans tous les sens . . .
b) qui plus est . . .
c) les alternatives au pétrole ont fait long feu
d) quant au charbon . . .
e) à la suite de l'opposition des populations des ports
f) reste donc . . . le vent!
g) toutes les astuces de la technologie

D TRADUISEZ LE PASSAGE: «Ces voiles seront envoyées et ferlées . . .» jusqu'à «. . . la vitesse du voilier».

Choisissez deux ou trois expressions où la façon de s'exprimer en français est très différente de la structure anglaise. Comparez vos expressions avec celles d'autres membres de la classe et avec les **Solutions.**

E TRAVAIL ECRIT

1. Expliquez pourquoi le nucléaire et le charbon ne sont pas acceptables pour faire tourner les moteurs de navire.

2. Quelle est la différence entre les vieux clippers et le voilier de Hugh Lawrence?

3. Décrivez l'attrait qu'ont les voiliers que n'ont pas les navires mus par le pétrole.

4. Regardez les tableaux des arguments pour et contre.
Est-ce qu'on y a mis tous les arguments possibles?
Est-ce que vous en trouvez d'autres à ajouter?
Lesquels sont les plus convaincants, les pour ou les contre? Pourquoi?

5. Si vous travailliez pour une compagnie de bateaux quelles suggestions feriez-vous pour économiser le carburant? Est-ce que vous essayeriez d'améliorer ce que la compagnie fait déjà ou chercheriez-vous une solution plus radicale? Ecrivez un rapport pour votre directeur-général.

7 *Peut-être que si j'avais fermé le placard ...*

CONTRASTE Ce que vous auriez dû faire (mais vous ne l'avez pas fait!)

KEYPOINTS

- *Structuring an argument; delivering a talk*
- *Making things sound lively; offering advice and giving instructions.*
- *The perfect, pluperfect and past conditional tenses*

Spot revision

A GRAMMAR

Remember the past participle agrees . . .

1. with the subject when the verb is conjugated with **être**:

Elle est déjà parti**e**.
Ils sont arrivé**s** à neuf heures.

2. with the preceding direct object:

a) when the verb is conjugated with **avoir**

Où est ma veste? Tu ne **l'**as pas vu**e** quelque part?
Quelle veste? **Celle** que tu as porté**e** hier soir?

b) when the verb is reflexive:

Elle s'est levé**e** tôt.

B FAUTES D'ORTHOGRAPHE

Lisez la lettre publiée ci-contre qui a été envoyée par deux teenagers français à leurs correspondants anglais. Mais attention! Vous verrez que les français aussi ont des difficultés à trouver les terminaisons correctes des verbes. Nous avons signalé les fautes (dont la plupart sont des fautes de verbe) par le symbole: **[!]** Par groupe de trois ou quatre personnes, discutez les fautes d'orthographe des jeunes filles.

C REPONSE

En imaginant que vous êtes le/la correspondant(e) de Julie et Céline, répondez à leur lettre en leur donnant vos nouvelles.

Chère Jenny et cher Danny.

! Nous espérons que vous avez passer de bonnes vacances dans notre pays. Et que vous avez trouvé le paysage agréable.

Nous, nous sommes partis en Angleterre. Au bord de la mer, il ne faisait pas très chaud, mais nous nous

!! sommes bien amusér. Nous nous sommes inscrit dans un club, pour quelques jours, et avons pratiqué nos sports préférés : le tennis, le ski nautique, l'équitation

! et bien d'autre encore.

Ma soeur s'~~est~~ trouvé un copain, ils s'entendent très bien ensemble. Moi j'ai retrouvé toutés mes amies

! que j'avais connue auparavant.

! Nous sommes revenues en France la semaine dernière

! pour ne pas s'ennuyer nous avons assisté à beaucoup de concerts modernes américains

Je vous passe ma soeur car elle aimerait vous écrire un petit mot.

Fattey Julie

Et oui ! C'est moi Céline. Ma sœur a déjà dit beaucoup de choses. Au fait ! On revient en Angleterre au prochaine vacances (à Pâques)

! Mon copain dont vous a parler ma sœur tout à l'heure s'appelle Gill, il est très sympa et très comique.

! Je vais vous faire un grosse bise ainsi que ma sœur Julie

À bientôt chers correspondants. Céline

D SONDAGE – jeunes anglais en France

Vous êtes directeur d'une agence de voyages en France. Vous voulez organiser un nouveau stage pour des jeunes anglais mais il faut d'abord vous renseigner sur leurs goûts, les régions qu'ils préfèrent, les passe-temps qu'ils choisissent. Renseignez-vous chez les membres de votre classe qui sont déjà allés en France. Demandez-leur …

1. où ils sont allés – et si la région leur a paru attrayante
2. où ils ont logé – et s'ils auraient préféré une autre forme de logement
3. ce qu'ils ont fait
4. s'ils se sont bien amusés.

Notez leurs réponses sur une feuille de papier.

RENNES

Découverte de la Côte d'Emeraude à bicyclette

Tous niveaux. Age minimum 16 ans.

14 jours: **1900 F**

du 13 au 27.07

du vendredi diner au vendredi après-midi.

Programme:
Circuit par étapes de 50 à 90 km par jour, avec hébergement en gîtes et en Auberges. Découverte des sites remarquables de Dinan, St-Malo, Mont St-Michel.

Le prix comprend:
pension complète, encadrement, prêt vélo (avec 2 sacoches).
Réduction pour les participants ayant leur propre vélo.

Matériel à apporter:
duvet, chaussures.

Tirez vos conclusions

Après avoir discuté avec votre partenaire de ce qu'ont dit les jeunes anglais, inventez un stage de vacances qui conviendrait à la plupart des gens.

Suivant le modèle donné ici, rédigez-en l'annonce qui apparaîtra dans le magazine de la F.U.A.J. (Fédération Unie des Auberges de Jeunesse).

Cassette

Le jour du vol

A

MADAME RAUGEL EST PROFESSEUR. Un jour elle est rentrée chez elle à midi comme toujours mais . . . que s'est-il passé? Ecoutez bien l'enregistrement et remplissez pour elle la formule ci-dessous en la recopiant sur une feuille blanche.

Déclaration de vol

Nom: ....

Objets volés: ....

....

....

....

....

....

Circonstances du vol:

....

....

....

B

TRANSCRIPTION

Ecoutez de nouveau l'enregistrement, en notant les phrases qui manquent dans la transcription ci-dessous. Il faudra arrêter et rembobiner plusieurs fois pour y arriver. Attention aux terminaisons des verbes!

Quand je ....[1] j'ai eu comme une . . . une double . . . si vous voulez, une appréhension. J'ai constaté le vol à deux niveaux. Comme ....[2], j'ai été étonnée de voir mon courrier sur l'escalier, le courrier répandu un peu partout. Malheureusement la concierge laisse le courrier sur le paillasson et la seconde étape . . . si vous voulez dans ma réalisation que j'avais été volée ....[3] alors, brisée, brisée, plus de serrure, plus rien et ....[4], les draps étaient déroulés, les serviettes déroulées, les armoires tout ouvertes, les lettres de ma fille, de Patricia, ...[5] depuis quelques quarante, trente-cinq ans de ma mère que nous échangions pendant la guerre – tout cela répandu. Ce tiroir-là de mon bureau ouvert, répandu, mes photos ....[6] les photos de mes parents, de mes enfants, tout pêle-mêle, il y en avait une épaisseur comme ça dans toutes les pièces et ....[7] parce qu'ils ont dû entendre l'ascenseur qui montait et eux se sauver par l'escalier.

Alors, ils ont vu la manche de mon manteau de fourrure qui dépassait ....[8] Peut-être que si j'avais fermé – non pas à clé ... je n'ai pas de clé – le placard, ...[9] ils n'auraient pas été tentés. Ils ont pris mes skis. ....[10] Ils ont pris de véritables bijoux et ils ont pris de la pacotille qui ne vaut pas une livre et qu'ils ont pris pour de l'or. Ils ont pris un petit sac où j'avais des souvenirs, des images de première communion de mes camarades de classe quand j'avais dix ans, de mes sœurs, de mes enfants. Ils ont pris des cartes d'officier et des cartes – pas vraiment d'identité mais des cartes d'association de mon père qui aurait maintenant plus de cent ans, enfin pas tout à fait mais enfin presque. Donc, ils ont pris sans discernement.
[...]
Alors, plus que le montant du vol qui était important – les assurances remboursent très peu ....[11] donc je suis remboursée à peu près 20% de valeur, mais c'est le sentiment que ....[12] partout dans ce qui était quelque chose d'intime pour vous et de moralement précieux.

C CHERCHEZ LES PHRASES

Dans la transcription que vous venez de compléter, cherchez les phrases françaises qui correspondent aux phrases anglaises suivantes:

1. I realised I had been robbed in two stages (literally on two levels).
2. Letters I have kept for 35 or 40 years.
3. All higgledy-piggledy.
4. They must have heard the lift coming up.
5. If I had pushed the sliding door, they wouldn't have been tempted.
6. They thought it was gold.
7. More than the total cost of the theft which was high...
8. Personal belongings and things which had sentimental value.

D GRAMMAR

It makes you think.
Look back to the equivalents you found in **C**. and ponder these additional points!

1. Note that here a noun in French has been translated into a new clause in English. The French language thrives on nouns and it is often more natural to translate these using a verb, adjective or new clause in English. How would you translate these phrases:
   a) J'ai eu comme une double appréhension.
   b) Il attend la rentrée des classes avec impatience.
   c) On ira ensemble au cinéma dès ton retour.
   d) Les jeunes enfants sont sous la dépendance totale de leurs parents.

2. Note again that the past participle agrees with the preceding direct object. When people are talking, you can't always tell whether the past participle has an **-e (s)** on the end or not. This is because most past participles end in a vowel:

Où est la voiture? Je l'avais laissée devant la mairie.
Quand je suis rentrée la chercher on l'avait remorquée! Après l'avoir récupérée, je l'ai vendue.

When the past participle ends in a consonant, however – **mis**, **pris**, **fait**, **dit**, **écrit**, **ouvert**, **découvert** – there is an audible difference. When you add the **-e(s)** the consonant is sounded. Compare:

Où as-tu mis la voiture?/Je l'ai mis**e** dans le garage.
J'ai ouver**t** la porte./La porte était ouver**te**.

Now you practise:
In each case, say you've already done it:

a) Ecris la lettre! Je l'ai déjà écrite!
b) Mets la carte à la poste! ...
c) Ouvre la valise! ...
d) Prends le cachet d'aspirine! ...
e) Fais la vaisselle! ...

3. Whilst not all agreements are heard in the spoken language, it is important to try to get them right when you're writing to someone. With this in mind translate this snippet from a letter:

Thanks so much for the letter you sent last week. I gave it to Charles and he thought it was very funny. What films have you seen recently? They are showing a horror film and a Chabrol film at the cinema here at the moment but I've already seen them!

4. **avoir dû faire quelque chose**

Note the construction used to say that something *must have* happened – see if you can make up some other examples.

The robbers must have ...
a) gone up in the lift
b) brought some tools with them
c) broken down the door
d) spent a long time searching through Mme Raugel's house
e) escaped by the stairs.
How would you say that ...
f) the caretaker must have seen them go in
g) the neighbours must have heard something
h) someone must have seen them go out with bags and skis and a fur-coat.

5. *The hypothetical situation ...*

Si j'avais fermé le placard, ils n'auraient pas pris le manteau.

You always wish you'd done or said something else after the event! You've just sat an oral exam. You think you did very badly. Talk about what would have happened if...
a) you'd done more work beforehand
b) you'd had an early night last night
c) you'd had a glass of wine before you went in!

Spot revision

Check on the formation of the pluperfect and conditional perfect tenses (*Nuts & Bolts* para. **2.2.10.**) and on the usage of these tenses (paras. **2.4.8.** and **2.4.10.**).

6. Faux amis

Note the interesting use of **important** in the passage – it's certainly not just a translation of English *important*.

In the passage there are several examples of **faux amis**, that is words which look like English words but have additional or different areas of meaning. Read the transcription of the first part of the passage and see if you can work out the meaning of...
a) la journée (*no, not journey!*); b) sensible; c) cours; d) le courrier.

E GUESS THE MEANING

Even if you have never met the words below before, see if you can guess their meaning from the context. Write down a translation of them:
a) le paillasson
b) l'étape
c) la serrure
d) répandu
e) la manche
f) tout à fait
g) fouiller

F A QUESTION OF STYLE

Listen to Mme Raugel once more and think about why her account of the theft has the impact it does and what makes it a particularly lively account.

See if you can find examples of:
a) repetition
b) enumeration (making a long list of things)
in the part of the text which has been transcribed in exercise **B.**

G TWO SIDES TO IT

For Mme Raugel things happen in pairs:
elle a constaté le vol **à deux niveaux**
elle a trouvé **les draps déroulés**, **les serviettes déroulées**
elle trouve insupportable le sentiment que quelqu'un **a mis ses yeux**, **a mis ses mains** dans ce qui était quelque chose **d'intime** et **de moralement précieux**

Repeating things in this way can make an account more dramatic.

Talk about a visit to France in which you mention two things you saw, two things you visited, two sports you enjoyed, e.g.:

Je me suis bien amusé(e). J'ai vu la Tour Eiffel, j'ai vu l'Arc de Triomphe, on a visité Versailles, on a visité les châteaux de la Loire...

N.B. This technique is more effective in the normal way, if used *sparingly*.

H JEU DE ROLE

Imaginez que vous avez perdu votre porte-monnaie. Vous l'avez vu pour la dernière fois quand vous avez payé un carnet de tickets de métro. Vous l'avez cherché partout et vous vous êtes renseigné à la station de métro mais on ne l'a pas vu. Heureusement il y avait très peu d'argent dedans. Vous allez au commissariat de police où vous devez décrire l'objet et comment vous l'avez perdu. Simulez la conversation avec votre partenaire.

Study skill

Presenting information

The technique of using pairs – listen to politicians for examples – is sometimes used to give force to an argument. In this case you can add:

a) **Non seulement ... mais** { **encore ...** / **aussi ...** }

You can also use pairs to *contrast* two points. In this case, you can add:
b) **D'un côté ... d'un autre côté ...**

Using a) or b) as appropriate, join the sentences below adding a conclusion of your own.

1. Les examens représentent une manière très efficace de juger le travail effectif des élèves.
   Il est possible de les remplacer par des contrôles qui permettent de mieux évaluer leurs connaissances.
   Selon moi, ...
2. Fumer du tabac est une habitude très nocive.
   La fumée pollue l'atmosphère pour les non-fumeurs.
   A mon avis ...
3. La production de l'énergie nucléaire est économique.
   Les centrales nucléaires doivent être remplacées tous les vingt ans.
   Je suis de l'opinion que ...

Document

Il faut que le logement ne paraisse pas inoccupé

Madame Raugel ne semble pas être la seule victime d'un cambriolage. L'article tiré du journal «France-Soir» en atteste. Lisez-le et répondez aux questions qui suivent.

SPECIAL SECURITE

Les petits «trucs» qui évitent les cambriolages

Suivez ces conseils et, peut-être votre logement ne sera-t-il pas « visité » pendant les vacances

DANS quelques jours, quelques semaines au plus tard, vous allez être des dizaines de millions à partir en vacances. A vous ruer vers la mer, la montagne ou, pour les plus veinards, vers les pays étrangers. En laissant votre appartement ou votre pavillon sans occupants pendant deux, trois ou quatre semaines.

Etes-vous bien certain qu'à votre retour vous n'allez pas retrouver votre porte ou vos fenêtres fracturées, et vos biens les plus précieux déménagés par des cambrioleurs sans scrupule ?

Depuis quelques années le cambriolage est devenu, en France, une sorte de sport national qui tente de plus en plus de filous. Ils le pratiquent d'autant plus facilement que, d'une manière générale, il est assez facile de fracturer une vitre, de forcer une porte ou même d'entrer par une ouverture que, par oubli, on a laissé entrebaillée. C'est pratiquement sans effort et les risques sont minimes.

Dissuasion

D'une année sur l'autre le nombre de cambriolages augmente en moyenne de 20 %.

La situation est tellement préoccupante que les pouvoirs publics se sont mis à publier régulièrement des conseils pour faire échec aux cambrioleurs, que les compagnies d'assurances expliquent à leurs clients, les négligences à ne pas commettre

Dans la dernière lettre mensuelle qu'il a adressée à ses clients, le Crédit industrielle et commercial (C.I.C.) donne un certain nombre de conseils et de précautions élémentaires pour renforcer les points faibles de son logement : **faire blinder la porte d'entrée et faire installer une bonne serrure comportant au minimum trois points d'ancrage : faire protéger les fenêtres par des volets résistants ou des barreaux ; installer, si possible, une alarme sonore qui est particulièrement dissuasive dans la plupart des cas.**

Deuxième grande règle : il faut que le logement ne paraisse pas inoccupé. Avec un minimum d'imagination on y arrive. Si, par exemple, votre boîte aux lettres déborde de courrier cela signifie indéniablement que vous n'occupez pas momentanément votre logement. Il est donc plus habile de demander à un voisin de vider régulièrement votre boîte. Il est possible également de faire installer ou même d'installer soi-même, en achetant du matériel électrique dans un grand magasin parisien comme le B.H.V., une minuterie qui allumera périodiquement une lampe ou un poste de radio.

Il n'est pas prudent de laisser, pendant son absence, des objets précieux chez soi. Mieux vaut les déposer dans un coffre à la banque car les contrats d'assurances (multirisques habitation) ne couvrent les vols précieux que d'une façon limitée.

Ces précautions sont élémentaires, mais elles doivent être prises. Malheureusement, elles sont de plus en plus insuffisantes à décourager les cambrioleurs. Il faut aller plus loin, de plus en plus loin.

les veinards (fam.) *the lucky ones*
des filous (fam.) *rogues, villains*

A COMPREHENSION

Apres avoir lu le texte une fois, répondez à ces questions générales:

1. Le journal France-Soir pourquoi a-t-il décidé de publier cet article à la fin du mois de juin?
2. Dans le deuxième paragraphe, comment les auteurs font-ils appel aux émotions des lecteurs pour qu'ils poursuivent leur lecture?
3. De quoi parle le reste de l'article?

B ANALYSE DE TEXTE

1. Résumez en anglais les arguments des deux premiers paragraphes de l'article.
2. Traduisez en anglais le paragraphe qui commence: Depuis quelques années ...
3. Qu'aurait dû faire Madame Raugel, pour empêcher les voleurs d'entrer?
4. De quelle façon les cambrioleurs se rendent-ils compte que la maison est inoccupée?
5. Dans les derniers paragraphes du texte cherchez la phrase équivalente française aux phrases anglaises ci-dessous:
   a) Have your front door reinforced!
   b) It mustn't look as if your house is unoccupied (there is no one at home).
   c) So it is wiser to ask a neighbour to empty your letter-box regularly.
   d) It is not a good idea to leave precious objects in your house while you are away.
   e) Much better to put them in the bank.
   f) Everyone should take these precautions.

Notez sous la section appropriée de votre classeur les phrases qu'on utilise pour donner des conseils.

C GRAMMAR – the present subjunctive

1. **Il faut que** + the subjunctive

Note the use of the subjunctive in example b) above.
It is often easier and less cumbersome simply to use **il faut** + the infinitive:
il faut aller au marché pour avoir des légumes frais
but sometimes, if you wish to make the subject of the action more specific you must use **il faut que** + the subjunctive:
il faut que vous alliez au marché ...

2. *Formation of the subjunctive*

The present subjunctive of regular verbs is formed by taking the stem of the present participle and adding **-e, -es, -e, -ions, -iez, -ent.**
(For the full story see *Nuts & Bolts*, para. 2.2.8.)
Having said that, of course the verbs you will most want to use are the irregular ones! Especially **aller**, **faire**, **avoir** and **être**. Look them up in *Nuts & Bolts* para. 2.3. and simply memorise them!

D LA PATE BRISEE – que faut-il qu'on fasse?

You are explaining how to make shortcrust pastry to some French friends. Using **il faut que** with the subjunctive as above, how would you say:

1. You must buy butter, flour and eggs.
2. And you must also have a little salt and some very cold water.
3. The butter must be very fresh . . .
4. And your hands must be as cold as possible.
5. In fact you must keep all the ingredients as cold as possible.
6. You must rub in (**pétrir**) 200 grams of flour.
8. You must beat the egg yolk (**le jaune d'œuf**) with a little water.
9. Add the water and egg.
10. You must use a knife at first to mix the egg and the flour.
11. You must knead (**travailler**) the pastry gently.
12. You must put the pastry in the fridge.
13. The pastry must be very cool when you roll it out (**étendre au rouleau**).

E Whilst it was useful practising those subjunctives (!) it would be very monotonous if you used **il faut que . . .** for every sentence. You can ring the changes by substituting:

Il faut + infinitive **On doit . . .**	(You have to) (It is necessary to) (You must . . .)
Il est plus habile de . . .	(It is a better idea to . . .)
Il n'est pas prudent de . . .	(It is not wise to . . .)
Il {vaut / vaudrait} mieux . . .	(It {is / would be} best to . . .)
Il n'y a qu'à . . .*	(The only solution is to . . .)
Il est nécessaire de . . .†	(It is necessary to . . .) (You need to . . .)
Il ne suffit pas de . . .	(It is not enough to . . .)

Go through the instructions once more substituting one of the structures above for **il faut que . . .** in each case.

F TOUT EST EN ORDRE

En utilisant les expressions suivantes pour structurer le texte, écrivez un paragraphe dans lequel vous montrez ce qu'il faut faire pour réussir la pâte brisée:

D'abord, . . . Ensuite, . . . Après, . . . Enfin, . . .

G EN UTILISANT LA MEME METHODE expliquez comment faire quelque chose que vous savez bien faire – préparer un curry par exemple ou jouer au cricket!

*very common in spoken French;
†formal/written French

Study skill

Make it convincing!

In order to make an argument convincing, you should first collect together all the facts you know of which support your case. These can be presented as a simple list or, if appropriate, by using

Non seulement ... mais { **encore ...** / **aussi ...** } (Not only ... but also ...)

or

D'un côté ... d'un autre côté ... (On the one hand ... on the other hand ...)

If you have many facts to assemble, it is best to use the phrases below to link them together:

1	2
D'abord (first of all ...)	**En premier lieu** (first of all)
Ensuite (next, ...)	**En second lieu** (secondly)
De plus (again ...)	**En troisième lieu** (thirdly)
En outre (moreover ...)	
Par ailleurs (on top of this ...)	
Enfin (finally)	**En dernier lieu** (finally)

This gives the listener or reader a sense of 'getting' somewhere by the end of your arguments. You can use expressions in List 1 in combination with expressions from List 2 in order to provide variety. Having informed the listener or reader of the background to your subject, you can advise them on different ways of remedying the situation by using any of the expressions listed on page 80.
(Note that some are more appropriate when you are speaking, some when writing.)

Document

Protection de la nature

Vous allez en France pour faire un stage d'été avec des jeunes Français de onze à treize ans. Vous allez faire des randonnées dans la nature et on vous a prié de donner quelques conseils aux jeunes sur la protection de la forêt. Vous devez faire mention des dangers d'incendie et les informer sur ce qu'il faut et ce qu'il ne faut pas faire pour éviter la destruction de la nature. Vous consultez la brochure ci-dessous issue par le Ministère de l'Agriculture. Etudiez-la soigneusement en notant les points principaux (pour des techniques de prise de notes voir pp. 37–8). Préparez-vous à présenter ces informations au groupe de jeunes.

LA FORET

La Forêt fabrique le bois, elle nous donne des fleurs et des champignons, de frais ombrages, de l'air pur.

Elle protège le sol contre l'érosion de l'eau et du vent. Elle retient les avalanches, filtre les sources, réduit les inondations.

Elle est le refuge des animaux sauvages, des insectes, des plantes rares.

Elle est pour l'homme moderne un espace de silence, de détente et d'activités sportives. Elle permet au citadin le contact avec la nature. Mais la forêt est fragile. Elle est dégradée par la fréquentation exagérée des hommes, souillée par leurs déchets, détruite par le feu, les parasites, le développement de l'urbanisation et la pollution des zones industrielles.

A LA FORET EST FRAGILE

Ce soir, dès l'arrivée des jeunes à l'auberge de jeunesse, vous allez presenter votre discours sur la protection de la nature. Mais vous avez le trac! Vous décidez de le faire à deux avec votre partenaire. Après avoir décidé qui d'entre vous va s'occuper de tel ou tel aspect du problème, présentez vos arguments à la classe. Utilisez les phrases et les expressions que vous avez apprises dans cette unité mais **n'écrivez pas tout ce que vous allez dire.** Il sera très utile d'avoir écrit **les gros titres** (rien de plus!) sur une carte postale et de répéter (sur cassette si possible) ce que vous allez dire. Vous aurez trois minutes pour parler!

Le feu est le principal ennemi des forêts méditerranéennes. L'incendie en parcourt chaque année environ 30.000 hectares.

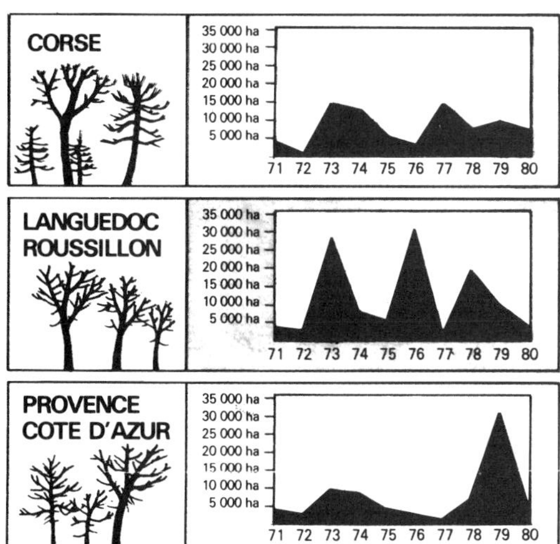

La forêt brûle parce qu'elle est composée de végétaux très inflammables, soumise à un climat sec et à des vents violents, mais l'insouciance et l'imprudence de l'homme sont presque toujours à l'origine du feu.

B JEU DE ROLE

Plus tard vous faites une randonnée dans la forêt avec quelques jeunes. Dans le groupe il y en a une qui est en train de fumer (ce que vous trouvez d'ailleurs totalement imbécile – surtout à son âge) et elle jette son mégot dans la forêt sans l'éteindre. Simulez avec votre voisin la conversation que vous auriez avec elle.

C DISSERTATION – règles de prudence en forêt

Rédigez une dissertation dans laquelle vous résumez tous les arguments que vous venez de présenter. Structurez-la de la façon suivante:

1. Faites une liste des raisons pour lesquelles les forêts sont bénéfiques pour l'humanité.
2. Donnez quelques exemples de la destruction causée par des incendies.
3. Finalement, donnez des conseils sur la protection de la forêt et dites en concluant que la cause principale du feu est l'imprudence des gens.

8 La génération de mes parents – la première réaction, c'était de dire «vous»

CONTRASTES Le tutoiement et le vouvoiement
La stylistique dans la langue écrite: vive la différence!

KEYPOINTS
- *Discussion and debate; recognising different styles of writing and speaking*
- *Saying what you think*
- Qui/que/dont; *verb constructions; uses of reflexive* se; celui-ci/celui-là

Facts about language

More than one French

As you saw in Unit 3 the French speak and write differently depending on where they are and who they are talking to. You have probably shown *your* ability to 'code-switch' already by using **tu** with your young French friends and **vous** to their parents. You may also have picked up informal words like **extra**, **génial** and **sensass** which you automatically don't use with the older generation or in more formal contexts. In this Unit you'll be looking at different ways of speaking and writing depending on who is being addressed, in what context and with what aim in mind.

Cassette

Quand? Où? Qui?

Vous allez écouter cinq passages tirés de la vie quotidienne des Français. Recopiez la table sur une feuille blanche. Ecoutez **une fois** les cinq extraits sur cassette. Après chaque extrait arrêtez la bande et remplissez la grille (à la page 86) en fournissant les informations suivantes:

1. Selon vous, qui parle? A qui? Quel âge ont les participants? (vieillard/teenager/personne d'un certain âge?) Quelle relation y a-t-il entre eux? (mari/femme; vendeur/client; ami/ami etc.?)
2. Où et dans quel contexte entendrait-on de tels propos?
3. Pourquoi parle-t-on? (pour des raisons sociales? commerciales?)
4. Comment avez-vous su directement de quoi il s'agissait? Essayez de préciser les points principaux qui vous ont amené à dire ce que vous avez dit.

Extrait	*Qui?*	*A qui?*	*Age*	*Relation*	*Où?/Dans quel contexte?*	*Pourquoi?*	*Points principaux*
1							
2							
3							
4							
5							

Facts about language

Varieties of the language

The different types of language we use are known as *varieties* of the language. The way that speakers change their language depending on who they are talking to is known as *sociolinguistic* variation; the way the written language changes is often known as *stylistic* variation.

I expect you had no difficulty in filling in the blanks in the listening exercise above until you had to give the **points principaux.** You just knew what it was but couldn't say why. Sometimes there are changes in grammar and vocabulary but often it is simply the attitude or tone of voice of the speakers which gives away the setting and relationship between them.

As a foreigner you are not expected to have a great range of varieties of the language at your finger-tips but you should be aware that they exist and that some fashionable words used between young people who know each other well might not be acceptable in the more formal context of an office or shop. You will not be expected to produce written work in a number of styles (except perhaps for fun). However, writing letters (whether for business or pleasure), writing essays and making a stab at publicity brochures or newspaper articles are essential and interesting ways of developing your ability to communicate in the foreign language.

Again, when you are reading, it is useful to be aware that the writer is using words and expressions which you may not be able to use when speaking (especially if you are studying older texts). It is best to try these new-found phrases out on a native speaker.

Finally, variation adds to the fun of language – no doubt you have had an embarrassing moment when you have selected the wrong vocabulary item in France and caused great hilarity. Deliberate breaking of the rules, whilst it can be very offensive, can also be very funny.

Le tutoiement et le vouvoiement

Le choix entre le «tu» et le «vous» constitue un des points les plus difficiles de l'étiquette française, même entre les Français. L'usage a evolué énormément et continue à changer ... J'ai demandé à plusieurs Français de différentes générations quelle était la position actuelle selon eux.

Cassette

La première réaction, c'était de dire «vous»

Mme Benech est professeur et mère de famille. Elle a une quarantaine d'années. Ecoutez l'extrait dans lequel elle explique comment la situation a évolué depuis l'époque où elle était jeune.

A RESUME

Résumez ce qu'a dit Mme Benech sur la différence entre le comportement de la génération de ses parents et des jeunes actuels. Ecrivez un paragraphe qui commence:

Mme Benech a dit que, quand elle avait l'âge de ses enfants, ...
(maximum 40 mots)

B JUMBLED ENDINGS

This exercise will help you focus on how the structure of the spoken language is built up and how we refer back and repeat elements, giving old information again before adding new information.

Phrases 1 to 5 are in the correct order. Without listening to this section of the passage at this stage, write down Mme Benech's words finding the correct ending a) b) c) d) or e) in each case to build up the whole message.

1. Moi, mes collègues au lycée
2. et que je vouvoierai toujours
3. que je tutoie
4. parce qu'ils faisaient partie d'un groupe de plus jeunes
5. Donc, j'arrivais, on me tutoyait

a) que j'ai presque tutoyé tout de suite
b) qui se tutoyaient entre eux
c) il y en a que je vouvoie
d) je les tutoyais
e) et il y en a d'autres

Check your solution by listening to that section again.

C MAKING THE CONNECTION

In order to understand:
On me tutoyait, je **les** tutoyais

you have to know what the **on** and **les** refer back to: **mes collègues au lycée.** In the passage you have just written down in Ex. **B** underline all the words which stand for **mes collègues au lycée.** Explain why **qui** and why **que** are used in each case (If in doubt check up in *Nuts & Bolts* para. 3.3. and 3.3.1.)

D LANGUE PARLEE/LANGUE ECRITE

Compare the transcription of the tape with the summary you have written in Ex. **A**. What difference can you see between them? What sort of redundancy (see page 5) can you detect in the spoken language which did not appear (or at least oughtn't to have done!) in your written paragraph.

Cassette

Les jeunes se tutoient entre eux

A Isabelle Benech a vingt ans. Ecoutez ce qu'elle dit au sujet du tutoiement et répondez aux questions suivantes. Si on a vingt ans tutoie-t-on:
a) les jeunes?
b) les gens qui ont 29 ans?
c) les gens qui ont 45 ans?

B REPHRASE IT

This exercise will force you to focus on the way people correct themselves, backtrack and repeat things when they talk.

1. Tout en écoutant de nouveau l'enregistrement, recopiez le passage suivant en remplissant les blancs:
Maintenant les jeunes vouvoient ... se tutoient ....[1] je pense trente ans quoi et après enfin nous par exemple quand ... quand on a vingt ans, ...[2] et après on les vouvoie et simplement ....[3], on ne tutoie pas d'emblée ....[4].

2. Notez bien où ...

a) Isabelle se corrige:
Les jeunes vouvoient ... se tutoient (faute de sens)
Les gens jusqu'à ... des gens qui ont jusqu'à (faute de grammaire)

b) Isabelle hésite, en montrant son incertitude devant la question:
Jusqu'à **à peu près ... je pense** trente ans **quoi** et après **enfin nous par exemple quand** ... quand on a vingt ans ...

c) Elle répète la même idée sous forme différente:
Simplement quand on les connaît bien, on les tutoie à ce moment-là.
On ne tutoie pas d'emblée quelqu'un qui a quarante ou cinquante ans.

C DEVINEZ LE SENS

Selon leur contexte devinez le sens des mots et des expressions suivants. Donnez-en une expression correspondante en anglais:

a) même sans se connaître
b) jusqu'à
c) à peu près
d) à ce moment-là
e) d'emblée.

Cassette

Le rapport professeur–élève

Gérault a 23 ans. Il veut devenir professeur. Il a ses propres idées sur l'utilisation du **tu** dans la salle de classe. Ecoutez l'extrait et répondez aux questions qui suivent:

A COMPREHENSION

1. Que signifie «toute relation qui implique un certain pouvoir d'une personne sur une autre»? Donnez quelques exemples de telles relations.
2. En général, qu'est-ce que les professeurs utilisent vis-à-vis de leurs élèves, le «tu» ou le «vous»?
3. Qu'est-ce qu'il pense faire, Gérault, quand il sera professeur?

B

TRANSCRIVEZ la dernière partie de l'extrait à partir de: **Oui, mais ce que je veux dire...**

C

TRADUISEZ EN ANGLAIS le passage que vous venez de transcrire.

D QUAND JE SERAI PROFESSEUR...

Note the use of the future tense when English would use the present tense. Make up several sentences of your own which correspond to this pattern.

E DEBAT

Mettez-vous par groupes de cinq à six personnes pour discuter les questions suivantes.

Que pensez-vous de l'avis de Gérault quand il dit qu'on se doit de créer une certaine distance entre les gens? Croyez-vous par exemple que les professeurs devraient être des amis avec qui les élèves coopèrent ou bien qu'ils devraient se tenir à quelque distance des élèves qui doivent leur obéir?

A votre avis le patron à l'usine devrait-il se montrer compatissant envers les ouvriers, prêt à accepter leurs avis et leurs décisions, ou au contraire devrait-il se charger de toute la responsabilité pour eux?

Que feriez-vous si vous étiez professeur ou patron?

Moyens linguistiques

A mon avis ...
D'après moi ...
Quant à moi ...
Moi { je crois que ... / je pense que ... / j'estime que ... }
J'ai l'impression que ...
A ma connaissance ...

Je n'en sais rien!
Je n'ai pas d'opinion sur la question!
Aucune idée!
Je n'en ai pas la moindre idée!

Document

Trésors de la politesse française

Lisez le passage reproduit ici, extrait d'un livre qui s'appelle «Trésors de la politesse française». Répondez aux questions.

Jusqu'à une époque toute récente, on apprenait aux étudiants étrangers à n'utiliser que la forme vous. De cette façon, ils étaient assurés de ne pas commettre d'impairs. De fait, il est parfaitement correct de vouvoyer en toutes circonstances et de laisser aux autres l'initiative du tutoiement.

Dans la vie publique, officielle, le vous est obligatoire. Des avocats, des ministres, des diplomates se vouvoient dans l'exercice de leurs fonctions, même quand ils sont suffisamment liés par ailleurs pour se tutoyer dans le privé. On recommande généralement d'éviter de tutoyer un ancien camarade dont on serait devenu le subordonné, ou du moins d'attendre qu'il prenne l'initiative du tutoiement.

Cependant, depuis quelques années, on assiste à une progression très nette du tu. C'est un tu égalitaire, affectueux, complice, le tu de la camaraderie, de la solidarité. A la télévision, on tutoie les vedettes, interviewers et interviewés se tutoient comme s'ils se connaissaient depuis toujours.

Et pourtant, là encore, l'existence des deux formes permet un certain nombre de nuances. On tutoie une « idole de la chanson » mais on dit vous à une « grande dame du cinéma ».

Dans la famille, le tu s'est généralisé. Les enfants tutoient leurs parents et souvent même les amis de ceux-ci. Certains couples se vouvoient, mais c'est très rare, et les manuels font remarquer, à juste titre, que cela peut donner lieu à des situations sinon gênantes, du moins surprenantes, quand, par exemple, un ami de la femme lui dit tu alors que son mari la vouvoie. A l'école, nombre d'instituteurs se font tutoyer par leurs élèves, dans un effort pour abolir les relations d'autorité et pour rapprocher les enfants de leurs éducateurs. Il y a quelques années encore, une fillette qui avait sa mère pour institutrice, la vouvoyait en classe, afin de ne pas se distinguer de ses camarades. Aujourd'hui, telle institutrice d'école maternelle s'inquiète parce qu'un de ses élèves, venant d'un milieu où l'on se vouvoie, n'arrive pas à lui dire tu... On notera que depuis La Salle, c'est-à-dire depuis quelque trois siècles, le désir d'améliorer les relations entre maîtres et élèves semble nécessairement amener un changement dans la forme qu'ils emploieront les uns envers les autres. Pour La Salle (voir p. 67), le vouvoiement réciproque devait, en introduisant un certain respect de la part des maîtres envers leurs jeunes élèves, protéger ceux-ci. De nos jours, c'est au tutoiement mutuel que l'on demande un résultat analogue.

Cependant, le tu n'est pas toujours affectueux et rassurant. Il peut, en effet, être signe de colère ou de mépris. Dans un embouteillage, les tu fuseront entre gens qui en d'autres circonstances, se vouvoieraient. Le tu à sens unique, adressé à quelqu'un par qui on s'attend à être vouvoyé en retour, et qui est le tu des anciens maîtres à leurs serviteurs, est, de nos jours, considéré comme très insultant.

A tel point que les commissariats de police se sont vus récemment adresser une circulaire rappelant que l'usage du vouvoiement était de rigueur lors des enquêtes.

commettre d'impairs *to get something socially wrong*
les tu fuseront = il y aura beaucoup de "tu"

A RESUME

Résumez le contenu du passage **en anglais** (maximum 150 mots.)

B TRADUCTION

Traduisez le premier paragraphe en anglais.

C EQUIVALENTS

Cherchez dans le texte les phrases françaises qui correspondent aux phrases anglaises suivantes. Notez les phrases anglaises et françaises côte à côte et étudiez-en les différences:

1. Even if they are sufficiently good friends outside work to call each other **tu** in private.
2. Nevertheless in recent years people have been using **tu** more and more.
3. As if they had always known each other.
4. So as not to be different from her friends.

Spot revision

D GRAMMAR

1. **Dont (+ de qui)**

un ancien camarade dont on serait devenu le subordonné ...

Check up that you remember how this relative pronoun works (*Nuts & Bolts* para. 3.3.3.), then fill in the blanks in the sentences below with **qui**, **que** or **dont.**

a) L'homme .... habite en bas de chez moi est informaticien.
b) Je n'ai jamais aimé parler des choses .... je n'ai pas vraiment connaissance.
c) Mais j'ai voulu lui demander de me recommander un programme .... j'avais besoin pour mon travail.
d) Et il a su m'indiquer tout de suite le programme .... je devais obtenir.

2. Verb constructions

Note down in your loose-leaf file illustrations of the following verb constructions which you will find in the text. Give a translation and make up an example of your own for each one. (The items are in the order of their appearance in the text.)

a) apprendre à quelqu'un à faire quelque chose
b) être assuré de faire quelque chose
c) il est correct de faire quelque chose
d) recommander de faire quelque chose
e) assister à quelque chose
f) donner lieu à quelque chose

3. Uses of reflexive **se**

You will be familiar with the use of reflexive **se** to translate *oneself*, e.g.: **se laver** (to wash oneself). **Se** is also used in the following two ways ...

a) to express *each other*:
Intervieweurs et interviewés se tutoient comme s'ils se connaissaient depuis toujours.
On s'aime. (We are in love with each other.)
b) to express the passive:
Dans la famille le tu s'est généralisé.
Nombre d'instituteurs se font tutoyer par leurs élèves.

4. **Le vouvoiement réciproque devait, en introduisant un certain respect de la part des maîtres envers leurs jeunes élèves, protéger ceux-ci.**

Ceux-ci usually means *these ones (here)*.
Ceux-là usually means *those ones (there)*.

In terms of text, *these ones* = the nearest ones in the passage, i.e. *the latter* whilst *those ones* = *the former*.

J'adore les huîtres et les moules. Celles-ci se mangent cuites.
Celles-là se mangent crues.

Check up that you know all the forms of **celui** (*Nuts & Bolts* para. 3.4.1.).

E STRUCTURE

Look at the passage as a whole. The arguments are subtle and contradictory in parts. Note down (in English) what the contradictions are and what phrases are used to indicate them.

F FAITES LE LIEN

Say in each case what the word in bold refers back (or forward) to.

Exemples **ils** étaient assurés de ne pas commettre d'impairs (*line 3*) = étudiants étrangers
il est parfaitement correct (*line 4*) = vouvoyer en toutes circonstances et de laisser aux autres l'initiative du tutoiement

1. **ils** sont suffisamment liés . . . (*line 10*)
2. **il** prenne l'initiative . . . (*line 13*)
3. comme s'**ils** se connaissaient depuis toujours (*line 19*)
4. Et souvent les amis de **ceux-ci** (*line 26*)
5. **Cela** peut donner lieu à des situations gênantes (*line 29*)
6. **la** vouvoyait en classe (*line 36*)
7. **ils** emploieront les uns envers les autres (*line 44*)
8. protéger **ceux-ci** (*line 48*)

G RE-TRANSLATION

Without looking back to the original re-translate the passage in Ex. **B** above. Afterwards, compare your re-translation with the original.

Document

Exercices de style

Dans son livre «Exercices de style», Raymond Queneau raconte quatre-vingt-dix-neuf fois, de quatre-vingt-dix-neuf manières différentes la brève histoire d'un jeune homme rencontré dans un autobus! Nous en reproduisons cinq. Lisez-les et répondez aux questions.

RÉCIT

Un jour vers midi du côté du parc Monceau, sur la plate-forme arrière d'un autobus à peu près complet de la ligne S (aujourd'hui 84), j'aperçus un personnage au cou fort long qui portait un feutre mou entouré d'un galon tressé au lieu de ruban. Cet individu interpella tout à coup son voisin en prétendant que celui-ci faisait exprès de lui marcher sur les pieds chaque fois qu'il montait ou descendait des voyageurs. Il abandonna d'ailleurs rapidement la discussion pour se jeter sur une place devenue libre.

Deux heures plus tard, je le revis devant la gare Saint-Lazare en grande conversation avec un ami qui lui conseillait de diminuer l'échancrure de son pardessus en en faisant remonter le bouton supérieur par quelque tailleur compétent.

SURPRISES

Ce que nous étions serrés sur cette plate-forme d'autobus! Et ce que ce garçon pouvait avoir l'air bête et ridicule! Et que fait-il? Ne le voilà-t-il pas qui se met à vouloir se quereller avec un bonhomme qui — prétendait-il! ce damoiseau! — le bousculait! Et ensuite il ne trouve rien de mieux à faire que d'aller vite occuper une place laissée libre! Au lieu de la laisser à une dame!

Deux heures après, devinez qui je rencontre devant la gare Saint-Lazare? Le même godelureau! En train de se faire donner des conseils vestimentaires! Par un camarade!

A ne pas croire!

un godelureau (fam.) = un jeune homme élégant

RÉTROGRADE

Tu devrais ajouter un bouton à ton pardessus, lui dit son ami. Je le rencontrai au milieu de la Cour de Rome, après l'avoir quitté se précipitant avec avidité vers une place assise. Il venait de protester contre la poussée d'un autre voyageur, qui, disait-il le bousculait, chaque fois qu'il descendait quelqu'un. Ce jeune homme décharné était porteur d'un chapeau ridicule. Cela se passa sur la plate-forme d'un S complet ce midi-là.

Raymond Queneau, «Exercices de style» ()

HÉSITATIONS

Je ne sais pas très bien où ça se passait... dans une église, une poubelle, un charnier? Un autobus peut-être? Il y avait là... mais qu'est-ce qu'il y avait donc là? Des œufs, des tapis, des radis? Des squelettes? Oui, Mais avec encore leur chair autour, et vivants. Je crois bien que c'est ça. Des gens dans un autobus. Mais il y en avait un (ou deux?) qui se faisait remarquer, je ne sais plus très bien par quoi. Par sa mégalomanie? Par son adiposité? Par sa mélancolie? Mieux... plus exactement... par sa jeunesse ornée d'un long... nez? menton? pouce? non : cou, et d'un chapeau étrange, étrange, étrange. Il se prit de querelle, oui c'est ça, avec sans doute un autre voyageur (homme ou femme? enfant ou vieillard?) Cela se termina, cela finit bien par se terminer d'une façon quelconque, probablement par la fuite de l'un des deux adversaires.

Je crois bien que c'est le même personnage que je rencontrai, mais où? Devant une église? devant un charnier? devant une poubelle? Avec un camarade qui devait lui parler de quelque chose, mais de quoi? de quoi? de quoi?

PRÉCISIONS

Dans un autobus de la ligne S, long de 10 mètres, large de 3, haut de 6, à 3 km. 600 de son point de départ, alors qu'il était chargé de 48 personnes, à 12 h. 17, un individu de sexe masculin, âgé de 27 ans 3 mois 8 jours, haut de 1 m. 72 et pesant 65 kg. et portant sur la tête un chapeau haut de 35 centimètres dont la calotte était entourée d'un ruban long de 60 centimètres, interpelle un homme âgé de 48 ans 4 mois 3 jours et de 1 m. 68 de hauteur et pesant 77 kg., au moyen de 14 mots dont l'énonciation dura 5 secondes et qui faisaient allusion à des déplacements involontaires de 15 à 20 millimètres. Il va ensuite s'asseoir à quelque 1 m. 10 de là.

57 minutes plus tard il se trouvait à 10 mètres de la gare Saint-Lazare, entrée banlieue, et se promenait de long en large sur un trajet de 30 mètres avec un camarade âgé de 28 ans, haut de 1 m. 70 et pesant 71 kg. qui lui conseilla en 15 mots de déplacer de 5 centimètres, dans la direction du zénith, un bouton de 3 centimètres de diamètre.

Raymond Queneau, «Exercices de style» (© Editions Gallimard)

A LE SENS DES MOTS

Retrouvez dans la colonne **B** les phrases qui reprennent le sens des phrases en gras dans la colonne **A**.

A

1. Il portait **un feutre** mou.
2. Un autre voyageur le **bousculait.**
3. Il lui conseillait de **diminuer l'échancrure de son pardessus.**
4. Probablement par la **fuite** de l'un des deux adversaires.
5. Il **se précipita** vers une place assise.
6. Ce que nous étions **serrés**!
7. **A ne pas croire!**

B

a) Ils se sont échappés.
b) L'autobus était bondé.
c) Il avait mis un chapeau.
d) Quelqu'un le poussait.
e) C'était incroyable.
f) Il devait remonter le bouton supérieur de son manteau.
g) Il se dépêcha pour s'asseoir.

B SELON VOTRE STYLE A VOUS

Reproduisez oralement les éléments principaux de l'histoire.

C JEUX DE ROLE

1. Travaillez avec votre partenaire. Imaginez qu'un d'entre vous est le narrateur de l'histoire tandis que l'autre est le jeune homme qui l'a soi-disant bousculé. Simulez la conversation entre ces deux personnages.
2. Simulez la conversation entre le jeune homme au cou long et l'ami qui lui donne des conseils sur la position du bouton de son pardessus.

On perd beaucoup en supprimant une des caractéristiques de notre langue

Cassette

Agée d'une soixantaine d'années, Mme Raugel vient de prendre sa retraite. Elle était professeur de français au lycée Claude Monet à Paris. Elle a des idées tout à fait à elle en ce qui concerne le tutoiement et le vouvoiement. En en regrettant la suppression pourtant elle représente parfaitement les sentiments de sa génération.

A L'ETE LES PETITS GARÇONS avaient les culottes courtes

Ecoutez le passage et répondez aux questions:

1. Selon Mme Raugel, est-ce que les professeurs tutoient leurs élèves?
2. Jusqu'à quel âge?
3. Pourquoi est-ce que Mme Raugel tutoie les petits garçons tandis qu'elle vouvoie les petites filles?
4. A son avis si on est socialiste aurait-on plutôt tendance à tutoyer ou à vouvoyer des gens?
5. Mme Raugel dit que «le tutoiement c'est quelque chose de ______ hein» et que «c'est quelque chose qui dénote ______ quelqu'un». Recopiez en transcrivant ses paroles.
6. Qu'est-ce que les enfants ne comprennent plus à cause de l'évolution du tutoiement et du vouvoiement d'après Mme Raugel?

B TRADUCTION

Ecoutez une deuxième fois la dernière partie du passage (Alors, maintenant entre amis...), tout en lisant la transcription. Traduisez les phrases suivantes:

1. Bref, on voit souvent dans les livres et dans les tragédies spécialement ce passage du «tu» au «vous».
2. Mais ils sont dingues? Ils se disent «tu», ils se disent «vous»? Pourquoi?
3. Un roman du début du siècle.
4. On s'aime assez, on va pouvoir se dire «tu» maintenant. Maintenant que l'on s'aime que l'on sait qu'on est tout l'un pour l'autre, on va passer du «vous» au «tu».

9 *Quand j'exagère, ils m'enguirlandent un peu*

CONTRASTES Parents/enfants

KEYPOINTS
- *Narrative essay-writing*
- *Talking about how you get on with people; being angry and fed up; expressing conflicts*
- *The past historic*

Document *Le temps de l'adolescence*

Le poème reproduit ici a éte tiré de la collection «Adolescence en poésie» présentée par Christian Poslaniec et Dominique Verdier. Lisez-le et répondez aux questions.

QUINZE ANS

Quinze ans, déjà on quitte un peu l'enfance,
Ou, du moins, on le croit ! . . .
On se prend pour « quelqu'un ».
On aime critiquer, s'opposer à outrance.
On veut tout démolir et créer à la fois.
On aime furieusement,
Sans nuance, sans remords,
Puis tout à coup, on n'aime plus.
On regrette de vivre et on souhaite la mort.

On sombre alors dans un grand abattement.
On se sent seul, incompris;
Et on a mal.
On rêve d'évasion, de bonheur vite gagné,
D'îles merveilleuses où l'on vit sans soucis.
On ne parle à personne, on boude et on se plaint.

C'est l'âge des tourments.

Mais voilà qu'un beau matin,
On se rend compte enfin
Que l'on ne connait rien ! . . .
Alors on balaie les tourments,
Et, bien vite, on se prépare à devenir grand
En abandonnant ses quinze ans . . .

Catherine

A L'ADOLESCENT, COMMENT EST-IL selon Catherine? Est-il calme? Est-il responsable?

Donnez cinq exemples des **sentiments** de l'adolescent. Donnez trois exemples du **comportement** de l'adolescent.

B Selon votre expérience à vous, quels sont les sentiments de l'adolescent?

Vous vous sentez incompris?
Vous avez mal?
Vous rêvez d'évasion?
Est-ce que vous vous comportez quelquefois comme l'adolescent du poème? Vous ne parlez pas? Vous boudez? Vous vous plaignez? Est-ce qu'il y a eu une occasion ou vous l'avez fait récemment? Pourquoi?

Si vous n'êtes plus adolescent: connaissez-vous un(e) jeune de cet âge? Dans quelles conditions est-ce qu'il/elle se comporte ainsi?

Cassette

Ils sont un peu embêtants, quoi

Johan Vekermans est belge, il a quatorze ans. Trouve-t-il qu'il s'entend bien avec ses parents? Ecoutez le passage sur la cassette et répondez aux questions.

A COMPREHENSION

1. D'après Johan est-ce que ses parents sont raisonnables?
2. Sur quel sujet est-ce qu'ils se disputent?

B EQUIVALENTS

Ecoutez encore une fois l'extrait. Cherchez les phrases françaises qui correspondent aux phrases anglaises suivantes. Arrêtez la bande pendant que vous notez la phrase.

1. I get on very well with my parents.
2. When I go a bit too far, they tell me off.
3. I've been doing the piano for a very long time now.
4. I don't like the piano anymore.
5. In fact you can't really do what you like . . .
6. . . .because you're told what pieces to play.
7. I wouldn't normally be allowed to take the exam this year.
8. I really worked hard.
9. My teacher told me I still couldn't go in for the exam.
10. It's rather disappointing.
11. I would have liked to have had a bit of a rest.
12. I was a bit fed up.
13. It's rather annoying.

C GRAMMAR

Note the following translation points illustrated in Ex. **B** ...

1. The use of the past perfect continuous (*I've been -ing*) in English and the way you say it in French:

   J'apprends le français depuis six ans.

2. The use of **on** more naturally translated by the passive in English:

   On nous a dit de nous asseoir.

3. The different translations of **pouvoir**:

   Nous ne pourrons pas sortir ce soir (= nos parents ne nous laisseront pas).
   Je ne peux pas vous aider (= incapable physiquement).

4. The difference in feel between the perfect tense **j'ai travaillé** and the imperfect **je travaillais**:

   J'ai travaillé très fort pendant un mois.
   Je travaillais nuit et jour.

5. **J'aurais voulu** followed by straight infinitive in French, but more naturally by past infinitive in English:

   J'aurais voulu y aller le soir.

Document — *Nous t'écrivons pour une amie*

Lisez la lettre publiée dans le magazine «Girls».

A

DISCUTEZ, par groupe de trois ou quatre personnes, des questions suivantes. D'après vous, ...

1. Est-ce que les parents ont raison de ne pas laisser sortir une fille de douze ans?
2. Doit-elle avoir le droit de sortir au cinéma?
3. Est-ce que les conseils de Geneviève sont justes?

B JEUX DE ROLE

1. Imaginez que vous êtes Betty. Vous téléphonez à l'amie dont on parle dans la lettre pour voir si elle peut sortir ce soir. Elle vous dit qu'elle n'a pas le droit. Simulez la conversation entre vous.
2. Vous téléphonez après à votre amie Margot. Simulez la conversation dans laquelle vous expliquez la situation de votre amie et vous décidez ce qu'il faut faire.

3. Imaginez que vous êtes les parents de la jeune fille de douze ans. Simulez la conversation dans laquelle vous décidez s'il faut la laisser aller au cinéma ou pas.

C ECRIVEZ UNE LETTRE du même genre à Geneviève Murat dans laquelle vous cherchez des conseils. Echangez votre lettre contre celle de votre partenaire qui doit vous donner une réponse. Notez que le style de l'original est **très** informel. Imitez-le ou bien, si cela vous convient mieux, affectez un style moins familier, en utilisant le «vous» et des phrases plus formelles. (Au lieu de **Grosses bises** vous mettrez par exemple **Amicalement.**)

Geneviève Murat, notre psychologue, est là pour t'aider. N'hésite pas à lui confier ton problème.

Betty, Margot

"Nous t'écrivons pour une amie"

Chère Geneviève,
Nous t'écrivons au sujet d'une amie. Elle a douze ans et ses parents ne la laissent pas sortir. Elle n'a pas le droit d'aller au cinéma ou de se balader avec ses copains. Nous sommes désespérées car nous sommes obligés de rester avec elle pour ne pas qu'elle s'ennuie mais ce n'est pas amusant. Que faut-il faire ? Bravo pour ta rubrique et grosses bises.

Chères Betty et Margot,
Dur, dur pour vous, mais votre gentillesse envers votre amie est le signe que vous savez comprendre les problèmes des autres. Il faut donc aussi comprendre ceux des parents de votre amie, dont les hésitations sont normales. Pour les convaincre, il faut entreprendre une action collective et leur expliquer qu'à trois, vous ne risquez rien à aller au cinéma ou à faire une balade. A condition de leur promettre de rentrer à l'heure dite et de vous y tenir dès la première fois, ils céderont. Bonne chance.

Document

Tu n'as pas honte?

Lisez l'extrait de l'article intitulé «Les Parents Martyrs».

LES PARENTS MARTYRS

PAR FRÉDERIC CHARPIER

Agressés, roués de coups, torturés par leurs enfants, ils taisent leur honte et leur misère.

Par un soir de décembre 1983, confortablement installé dans son fauteuil, Thierry Barbey*, cadre supérieur dans une entreprise agro-alimentaire, s'apprêtait à passer la soirée devant la télévision. Près de lui, sa femme Laura faisait des mots croisés. Leur fils Éric, quinze ans, un peu à l'écart, était courbé sur un devoir de mathématiques. « Jusque-là, raconte Laura, tout était paisible dans notre appartement. Rien ne laissait prévoir cette affreuse scène... » Éric commença à marmonner et à s'agiter. Soudain, il abattit violemment son poing sur la table et se dressa en hurlant que « ce prof lui cassait les pieds avec ses problèmes à la c... ». Son père lui ordonna de se calmer et d'aller terminer ses devoirs dans sa chambre. C'est alors que tout explosa : « Dis plutôt que je te dérange ! » vociféra Éric en lui envoyant au visage ses livres et ses copies. Abasourdi, Thierry se leva et s'avança vers son fils. Sans un mot, Éric lui décocha en pleine figure un coup de poing qui le fit vaciller. Son arcade sourcilière se mit à enfler et à saigner. Livide, il s'appuya contre le mur, incapable de dire un mot. Ce fut Laura qui intervint : « Tu n'as pas honte ? » cria-t-elle à son fils. Crachant des grossièretés, l'adolescent prit sa mère aux épaules et se mit à la secouer, la menaçant d'une « bonne correction ». Finalement, il sortit en claquant la porte.

Jamais Éric n'avait été aussi brutal, mais ce n'était pas la première fois qu'il menaçait ou bousculait ses parents. « Cette fois, la coupe était pleine, raconte Thierry Barbey, nous avons décidé d'emmener notre fils consulter un psychiatre. Nous pensions qu'il était mentalement perturbé. Mais le plus préoccupant, en définitive, c'est que ce spécialiste n'a pas trouvé chez lui de troubles mentaux. » Doué d'une grande force physique, fréquentant une bande de jeunes qui jouaient aux durs, Éric était simplement une brute. « Le plus pénible, reconnaît Laura, a été d'avouer que nous ne le maîtrisions plus et que nous avions fini par en avoir peur. »

* Pour des raisons évidentes, les noms des personnes citées dans cet article ont été modifiés.

une entreprise agro-alimentaire *a company concerned with farming and food*
ses problèmes à la c... (fam.) *his bloody stupid problems* c... = con (*an obscene word much more frequently used in French than its equivalent in English*)
Dis plutôt que je te dérange *just tell me I'm getting in your way then!*

A TRADUCTION

On vous a demandé de reproduire l'article pour des lecteurs anglais. Traduisez-en le premier paragraphe jusqu'à «... cette affreuse scene». Faites tout particulièrement attention au style anglais. Il faut donner l'impression que l'article original était en anglais.

B REDEFINITIONS

Trouvez dans la suite du texte les mots et les expressions dont les phrases suivantes sont les redéfinitions:

1. Eric s'est mis à grommeler
2. Il en avait marre de ses problèmes!
3. Etonné
4. Eric l'a frappé.
5. Il s'est adossé contre le mur.
6. «Tu ne rougis pas?»
7. En disant des gros mots ...
8. Il s'en est allé en fermant violemment la porte.
9. Ça y était cette fois!
10. Ce qui nous rendait encore plus inquiets ...
11. Etant très fort
12. A la fin il nous effrayait.

C GRAMMAR

The past historic

The past historic is used instead of the perfect *in writing only*. Look at *Nuts & Bolts* para. **2.2.13.** to find out how the past historic is formed.

Note that a) the past historic is used along with the imperfect in the same way as the perfect (see *Nuts & Bolts* para. **2.4.7.** for details) and b) when inverted commas are used to show what people said the verbs are in the perfect, not the past historic. Read the passage again, looking carefully at all the verb forms. Write all the verbs down in a list and put beside each whether they are past historic, perfect, or imperfect and why.

D WRITE A REPORT

Go back to the description which Mme Raugel gives of the burglary at her house (Unit 7, pp. 73–4). Read the transcription of what she said, listening to the passage on the tape. Write a report of the events, using the *past historic* and the *imperfect*.

E TEMOIGNAGES

Recopiez le passage suivant en remplissant les blancs. Choisissez l'expression appropriée dans la liste:

s'arme
se plaignant
une adolescente
d'un coup de poing
d'exceptionnel
interdise
a interdit
la malheureuse
de la part
brutalement
choquante

Si ....[1] qu'elle apparaisse, la situation de la famille Barbey n'a rien ....[2]. D'autres parents sont victimes d'agressions physiques ....[3] de leurs enfants. A Avignon, c'est un garçon de seize ans, qui, ...[4] de ne pas avoir assez d'argent de poche, projette sa mère contre un mur si ....[5] que les médecins diagnostiqueront un traumatisme crânien. A Paris ....[6] de quinze ans, furieuse qu'on lui ....[7] de partir en vacances avec un garçon, ...[8] d'un tisonnier et en frappe sa mère à l'avant-bras; ....[9] devra rester plâtrée plusieurs semaines. A Versailles, un garçon de dix sept ans fracture ....[10] la mâchoire de son père et continue à le rouer de coups parce qu'il lui ....[11] de sortir un soir.

Study skill

Narrative-writing or how to write a good story

Whilst teachers, examiners and your fellow-students do not expect you to write like a famous French author you should be able to (genuinely) hold their interest! You now have lots more varied and interesting ways of expressing yourself than you did when you were presented with a series of pictures and told to 'tell the story in your own words'. For one thing, if you wish to, you can use the past historic. This will immediately give your writing a more 'literary' feel. For another, you should have more vocabulary and linking words at your disposal. Finally, you should be thinking more about style, how to introduce an element of surprise into your story or catch the readers' interest at the beginning so that they are compelled to go on reading. One of the hallmarks of really good writers is that they can make very simple everyday events sound interesting. Take the first sentence of one of Guy de Maupassant's short stories: **Devant la porte de la ferme, les hommes endimanchés attendaient.** Our interest is alerted in several ways – we wonder why the men are **endimanchés** (in their Sunday best), what they are waiting for, where the women are. In one sentence he has managed to create an aura of mystery and suspense which makes us want to continue reading.

There should also be a deeper level of analysis of events, showing perhaps how a particular event has led you to have a general belief about certain things. Guy de Maupassant again, talking about fear:

La vraie peur, c'est quelque chose comme une réminiscence de terreurs fantastiques d'autrefois. Un homme qui croit aux revenants, et qui s'imagine apercevoir un spectre dans la nuit, doit éprouver la peur en toute son épouvantable horreur. Moi, j'ai deviné la peur en plein jour, l'hiver dernier, par une nuit de décembre.

Having talked about what fear is in general terms, he goes on to talk about a specific event in which he felt fear. Our interest is aroused and a framework has been provided within which the experience can be assessed.

Here is a simple account of a fire:

Un jour je rentrais chez moi à pied quand j'ai vu une maison qui était en flammes. Au premier étage un petit garçon criait à une fenêtre. «Au secours! Au secours!» a-t-il hurlé. Je suis allée en courant à la cabine téléphonique la plus proche et j'ai téléphoné aux pompiers. En dix minutes ils sont arrivés. Ils ont vite monté une échelle et ils ont sauvé le pauvre petit garçon.

Contrast it with this introduction to a more sophisticated account of the same event:

On mène en général une vie tranquille et plus ou moins heureuse. Ceci ne rend que plus bouleversants les événements imprévus qui viennent couper le calme presque ininterrompu de nos jours. Prenons par exemple ce qui m'est arrivé l'autre jour. Je rentrais chez moi chargée de deux gros sacs en plastique bourrés de provisions. J'étais fatiguée. J'en avais marre. Comme je continuais à marcher tête baissée, pensées ailleurs, j'ai cru sentir une odeur de brûlé...

The account would be drawn to a conclusion by mentioning the effect which this **événement imprévu** had had on the author's mood. In other words the event has been put in a particular perspective and it is this perspective which makes the writing interesting.

A A VOUS MAINTENANT!

Choisissez un des titres suivants. Ecrivez environ 200 mots là-dessus.

1. Racontez un rêve qui vous a impressionné.
2. Une soirée formidable.
3. Une aventure sous-marine.

B L'INCENDIE

1. Votre maison est en flammes. Vous avez juste le temps de saisir les **cinq** objets de votre choix. Mais lesquels? Faites-en la liste.
2. A chaque membre de la classe de lire sa liste à haute voix en justifiant son choix. Les autres doivent lui poser des questions comme «Pourquoi as-tu pris le congélateur?!» «Tu n'as pas voulu prendre ta montre de plongée?» etc.

Cassette

Le revers de la médaille

Marcel et Claire Vekermans ont quatre garçons dont deux adoptés. Johan, qu'on a écouté au commencement de cette unité, est leur fils cadet. Les parents parlent des humeurs de leurs fils adolescents et des difficultés d'être parent en général. Ecoutez Marcel qui parle d'abord.

A RESUME

Résumez en anglais:
a) ses propos sur les humeurs des garçons (50 mots)
b) ses propos sur ce qui est important pour les enfants (30 mots)

B TRANSCRIPTION

Recopiez la transcription suivante en remplissant les blancs, sans écouter de nouveau le passage:

Je suis toujours partagé entre le fait de me dire que ce qui est le principal pour les enfants, c'est qu'ils aient ....[1], et que c'est déjà un bagage extrêmement utile dans la vie d'avoir eu une enfance heureuse. Alors ça, oui c'est ....[2]. Et alors je me dis oui, mais une enfance heureuse où tout est toujours bien, où tout le monde est toujours ....[3], où on ne doit jamais faire ....[4], à la limite où on ne travaille pas beaucoup, on se laisse fort aller à ses impulsions et à ....[5], je me dis ça, c'est ....[6], où ils ne travaillent pas beaucoup, ils font pas bien leur piano, ils (n') ....[7] pas beaucoup pour l'école euh. Alors là je me dis, bon, ce n'est pas tout d'être heureux dans la vie il faut encore acquérir ....[8], une possibilité d'être autonome dans son travail et des choses comme ça. Donc, j'oscille entre ces deux ....[9]. Il y a des jours où l'un l'emporte, des jours où ....[10].

C ECOUTEZ L'EXTRAIT une fois de plus.

Faites la comparaison entre les expressions que vous avez utilisées pour remplir les blancs et ce qu'a dit en réalité Marcel.

Notice how you helped yourself to decide which word was missing – by reading on or back in the text to get a good idea of the context. You could then make an educated guess as to what the missing word was from the other words with similar meanings round about.

The same technique applies to guessing the meanings of words you do not know in a text. Check up their meaning in a dictionary by all means. But look carefully at the context you find them in – which words they seem to go with and how they fit grammatically with each other. This will help you to use the word yourself in its proper context.

D FAITES UNE LISTE

de toutes les expressions qu'utilise Marcel dans l'extrait transcrit dans l'exercice **B** pour exprimer **une opposition** ou **un conflit.**

E JEUX DE ROLE

En utilisant les expressions trouvées dans l'exercice **D**, imaginez que vous êtes...

a) Le parent d'un tout petit bébé: Vous devez décider si vous voulez rentrer au travail à plein temps ou renoncer au travail pour voir grandir l'enfant. Votre partenaire prendra le rôle de votre meilleur(e) ami(e) avec qui vous partagez vos sentiments. (Voir page 23: donner des conseils.)

b) Un(e) étudiant(e) qui doit choisir s'il/elle veut continuer ses études encore deux années pour se donner plus d'ouvertures ou s'il/elle préfère prendre dès maintenant un travail avec un très bon salaire mais peu d'intérêt. Votre partenaire prendra le rôle de votre professeur au collège.

Cassette

Tant pis, je ne vais rien dire aujourd'hui

A

ECOUTEZ la dernière partie de l'extrait où Claire Vekermans parle du rôle du parent vis-à-vis de ses enfants.

Continuez les phrases suivantes, en exprimant dans vos propres mots les sentiments de Claire:

1. On vit dans une société où ...
2. Le parent a évidemment un rôle difficile qui est ...
3. Il ne l'a pas fait dans le but d'approfondir et de ... avec un esprit d'effort mais ...
4. C'est parfois assez dur pour le parent de ...
5. Quand on est plus fatigué alors ou bien ... ou bien ...

B A VOUS DE JUGER

Ecoutez une dernière fois les deux extraits que vous avez étudiés au cours de cette unité. Johan et Marcel et Claire parlent (d'une manière indirecte dans le cas de Marcel et de Claire) d'un conflit qui est survenu récemment. Lequel?

Qui a eu raison selon vous?

C LES PARENTS IDEALS

1. Quelles sont les qualités des parents idéals: Etudiez la liste de qualités données ci-dessous. En commençant par la qualité la plus importante, mettez-les en ordre d'importance selon vos idées à vous:
   a) Le sens de l'humour
   b) La capacité de dire «non»
   c) La patience
   d) La générosité
   e) La disponibilité
   f) Savoir écouter
   g) L'indulgence
   h) La capacité d'insister sur les devoirs désagreables

2. Par groupes de trois ou quatre personnes, discutez l'ordre dans lequel vous avez mis les qualités et dressez une liste commune.
3. Choisissez un chef de groupe pour représenter la décision de votre groupe à la classe. Discutez vos décisions avant d'arriver à une liste commune pour toute la classe.

D DISSERTATION

Ecrivez 250 mots environ sur **un** des sujets suivants:

ou «Faut-il les priver du match?» Lisez la lettre ci-dessous. Que feriez-vous si vous étiez parent?

Faut-il les priver de match?

« Dois-je laisser mon fils assister à un match de football ? », se demandent certains parents, après la tragique rencontre Juventus-Liverpool. Il serait excessif de le lui interdire brutalement. En revanche, il convient de lui donner quelques conseils. Le premier : ne pas se placer dans un groupe de fanatiques visiblement ivres. Le deuxième et le plus important : lui faire comprendre que le sport, ce n'est pas la guerre et que même si l'équipe adverse gagne, son honneur est sauf. ■

ou Le rôle du parent est plus difficile que celui de l'adolescent.

10 *Je dois dire qu'il n'y a pas vraiment de suspense*

CONTRASTES La critique des films: ce qu'on dit et ce qu'on écrit

Les publicités – sont elles informatives ou plutôt mensongères?

KEYPOINTS
- *The hidden persuaders – how do they do it?*
- *Expressing likes and dislikes; talking about people's characters*
- *The passive voice – present tense;* être *verbs – the exception to the rule*

Document — Poulet au vinaigre

M. Delmas était allé récemment au cinéma voir un film de Claude Chabrol qui s'appelle «Poulet au vinaigre». Voici l'annonce pour le film qui était parue dans «Pariscope». Lisez-la et répondez aux questions.

A

POULET AU VINAIGRE. 1984. 1h50. Film policier français en couleurs de Claude Chabrol avec Jean Poiret, Stéphane Audran, Michel Bouquet, Jean Topart, Lucas Belvaux, Pauline Lafont, Caroline Cellier.
A travers une enquête policière, l'auteur filme les dessous d'un gros bourg apparemment sans histoires où une mauvaise plaisanterie a tourné au drame. Un polar acide tiré du roman « Une mort en trop » de Dominique Roulet. ♦UGC Marbeuf 108

A VOTRE GOUT?

1. Croyez-vous que ce film vous plairait?
2. Quel genre de film est-ce que vous préférez en principe?
3. Est-ce que vous avez des acteurs favoris? des réalisateurs favoris?

B

SONDAGE

Est-ce que les westerns vous plaisent? Vous décidez de monter un club pour les fans du cinéma à votre lycée. Mais quel genre de film préfèrent-ils? Mettez-vous par groupes de six personnes. Posez des questions à chaque membre du groupe afin de remplir un formulaire comme celui ci-dessous:

Quel genre de film préfères-tu?

Nom	J'adore ...	J'aime assez ...	Je n'aime pas tellement ...	Je déteste ...	J'ai vu récemment ...	Cela m'a plu/ ne m'a pas plu
1.						
2.						
3.						
4.						
5.						
6.						

Au départ des résultats du sondage, toute la classe doit décider des dix films qu'il faut commander.

Cassette

La distribution est excellente

C

M. DELMAS EXPLIQUE que le film «Poulet au vinaigre» l'a déçu. Ecoutez et décidez si les énoncés suivants correspondent à ce qu'il dit:

1. M. Delmas s'enthousiasme pour les films du réalisateur Claude Chabrol.
2. Chabrol est un des réalisateurs de la «nouvelle vague» de cinéma français avec Truffaut et Godard.
3. Chabrol est le metteur en scène le plus célèbre de la nouvelle vague.
4. Le trait distinctif de ses films est la satire sociale.
5. Il se moque des valeurs hypocrites de la bourgeoisie provinciale.
6. Les films sont légers, pleins de bonne humeur.
7. On ne tue jamais personne dans les films de Claude Chabrol.
8. «Poulet au vinaigre» est un film policier.
9. Le film n'est pas passionnant.
10. Les acteurs jouent mal.

D

DEFINITIONS

En écoutant une deuxième fois le passage, trouvez les expressions dont les phrases suivantes sont les définitions.

1. Quelqu'un qui fait un film, c'est un ....
2. On peut parler de la technique on bien de la .... d'un film.
3. Un style mordant, c'est un style ....
4. On critique quelqu'un qui est radin pour sa ....
5. Un commentaire fait sur les coutûmes des gens s'appelle ....
6. Un film qui ne répond pas à vos espérances est un film ....
7. La sélection des acteurs pour des rôles dans un film, c'est ....
8. Un film qui est hors du commun est un film ....

E

GRAMMAR

1. *The present passive*

Note that the present tense of the passive voice is formed using the perfect tense of **être** + the past participle – just like English.

Chabrol est très connu (Chabrol is very well known)
Le film est annoncé comme policier (The film is billed as a detective film)

2. **Être** verbs – the exception to the rule

When is an ADVENT verb not an ADVENT verb?
The word **ADVENT** is a convenient acronym for remembering verbs conjugated with **être** in the perfect tense:

A rriver (and its opposite) → **partir**
D escendre → **monter**
V enir (and **devenir, revenir**) → **aller**
E ntrer → **sortir**
N aître → **mourir**
T omber → **rester**

But when these verbs have a direct object – when you take something out or bring something down, they are conjugated with **avoir**:

Chabrol a sorti un film (Chabrol has brought out a film)
J'ai déjà descendu ma valise (I've already brought down my suitcase)

Document

«Poulet au vinaigre» – Cuisine de province

POULET AU VINAIGRE
Cuisine de province

Français (1 h 50). Réal. : Claude Chabrol ; avec Jean Poiret, Michel Bouquet, Stephane Audran, Lucas Belvaux, Jean Topart.

Un boucher. Un médecin. Un notaire. Une petite ville de province où les dimanches, au sortir de la messe, les notables endimanchés donnent le bras à leurs honorables et laides épouses...

Oui, bien sûr, à n'en point douter, nous voilà dans l'univers de Claude Chabrol, dont *Poulet au vinaigre* marque le renouveau dans un genre pourtant peu nouveau pour lui : la satire sociale.

Certes, à le considérer d'un œil indolent, le film s'apparente à un « polar », regorgeant de disparitions inexplicables, de chantages crapuleux, de spéculations immobilières écœurantes que découvre, peu à peu, ainsi que le veut la tradition, l'œil d'un inspecteur de police plutôt fufute. Baptisé Lavardin par Chabrol et le scénariste Dominique Roulet, celui de *Poulet au vinaigre* est un grand amateur d'œufs sur le plat et de coups de pied en vache.

Mais il n'est pas besoin d'être Sherlock Holmes (ni même Lavardin, son émule) pour deviner, dès les premières minutes de *Poulet au vinaigre* que, fidèle à sa réputation facétieuse, Chabrol tourne, le plus sérieusement du monde, une histoire sans grand intérêt tout en peignant, en douce, par touches légères, en éparpillant ça et là des détails humoristiques, un portrait de groupe avec monstres.

Chabrol, on le sait bien, c'est notre Balzac à nous. Plutôt que de tourner bien, il préfère aligner à toute allure (trop vite souvent, mais, parfois, plus soigneusement qu'il ne veut le laisser croire) des fragments épars d'une sorte de comédie humaine du XXe siècle. Si aucun film de Chabrol n'est un vrai chef-d'œuvre (*Poulet au vinaigre*, pas plus que les autres), les films de Chabrol rassemblés (ceux, du moins, qui prennent la province comme décor, et nos mœurs comme cible) finissent par constituer un tout, un puzzle grinçant que chaque film révèle un peu plus clairement, un peu mieux.

un polar (fam.) = un roman policier
plutôt fufute (fam.) *rather crafty*
faire des coups de pied en vache *to act in an underhand manner*
Balzac: Eugénie de Balzac (*nineteenth-century novelist famous for his detailed descriptions of everyday life*)
la comédie humaine *many of Balzac's novels included the same characters and formed a continuous story; he gave them the title «La comédie humaine«*

A COMPREHENSION

Lisez l'article sur «Poulet au vinaigre». Répondez aux questions.

1. Quels sont les personnages principaux dans le film?
2. Est-ce que la satire sociale est un genre nouveau pour Claude Chabrol?
3. Pourquoi le film ressemble-t-il à un policier?
4. Quel est le sujet du film en réalité?
5. Que signifie l'auteur de l'article quand il parle d'une sorte de comédie humaine du XXe siècle?
6. L'auteur de l'article, prétend-il que tous les films de Claude Chabrol sont des chefs d'œuvre?

B ANALYSE de la structure du passage

1. Notez comment l'auteur varie la longueur de ses phrases – des phrases très courtes au commencement de l'article aux très longues avec des commentaires entre parenthèses du paragraphe final. Quel effet cela produit-il selon vous?

2. Notez sa façon de renforcer l'argument du premier paragraphe:
Oui, bien sûr, à n'en point douter ...
et après, de quelle manière il fait des concessions:
Certes, à le considérer d'un œil indolent ...
pour revenir à son point principal:
Mais il n'est pas besoin d'être Sherlock Holmes ...

3. a) Quel est l'argument des deux premiers paragraphes?
b) Quel point concède-t-il dans le troisième?
c) Sur quel argument revient-il avec sa remarque sur Sherlock Holmes?

C TRADUCTION

On va passer «Poulet au vinaigre» dans un cinéma près de chez vous. Le gérant du cinéma vous a prié de traduire les trois premiers paragraphes de l'article pour qu'il puisse monter la publicité pour le film devant le cinéma. Traduisez-les en vous assurant que le texte qui en resulte est le moins «franglais» possible!

D QUEL FILM AVEZ-VOUS VU RECEMMENT?

Rédigez **ou** une dissertation dans laquelle vous racontez l'histoire du film que vous avez vu
ou l'annonce et la critique du film que vous avez vu en suivant les modèles que vous venez d'étudier.
(250 mots maximum)

The hidden persuaders – how do they do it?

Document

Les publicités

La publicité* nous donne des informations. La publicité alimente nos fantaisies. Le problème, c'est qu'elle fait les deux choses en même temps. Comment dissocier les vérités factuelles des rêves que nous nous faisons de la vie? Evidemment les psychologues inventent les publicités exprès dans le but de nous persuader à ces deux niveaux: au niveau intellectuel et aussi au niveau sentimental.

A REGARDEZ LES PUBLICITES reproduites à la page 112. Travaillez avec un partenaire. Décidez:
Quels sont les moyens utilisés pour nous persuader d'acheter ces produits-là?
Qu'est-ce que ces publicités suggèrent? Est-ce qu'elles sont en rapport direct avec le produit? Comment réagissons-nous, nous acheteurs?

Moyens linguistiques

On nous présente avec des images … { paisibles / surprenantes / sécurisantes / amusantes }

{ On fait appel à … / On évoque … / Cela fait penser à … } { des sentiments de … / des sensations de … } { pureté / beauté / majesté / bonne santé / jeunesse / être en forme }

{ Cela donne / On a } l'impression que

si on { boit / mange } X, on deviendra { plus … / moins … }

Si on conduit une X, { on ira plus / ce sera }

{ jeune / sain / actif / heureux / intéressant / amusant / vite }

B CES PUBS RISQUENT-ELLES de vous convaincre d'acheter le produit (malgré vous!)?

*Notez qu'on parle des «pubs» (dans des magazines), des «annonces publicitaires» (à la radio) et des «spots publicitaires» (à la télévision).

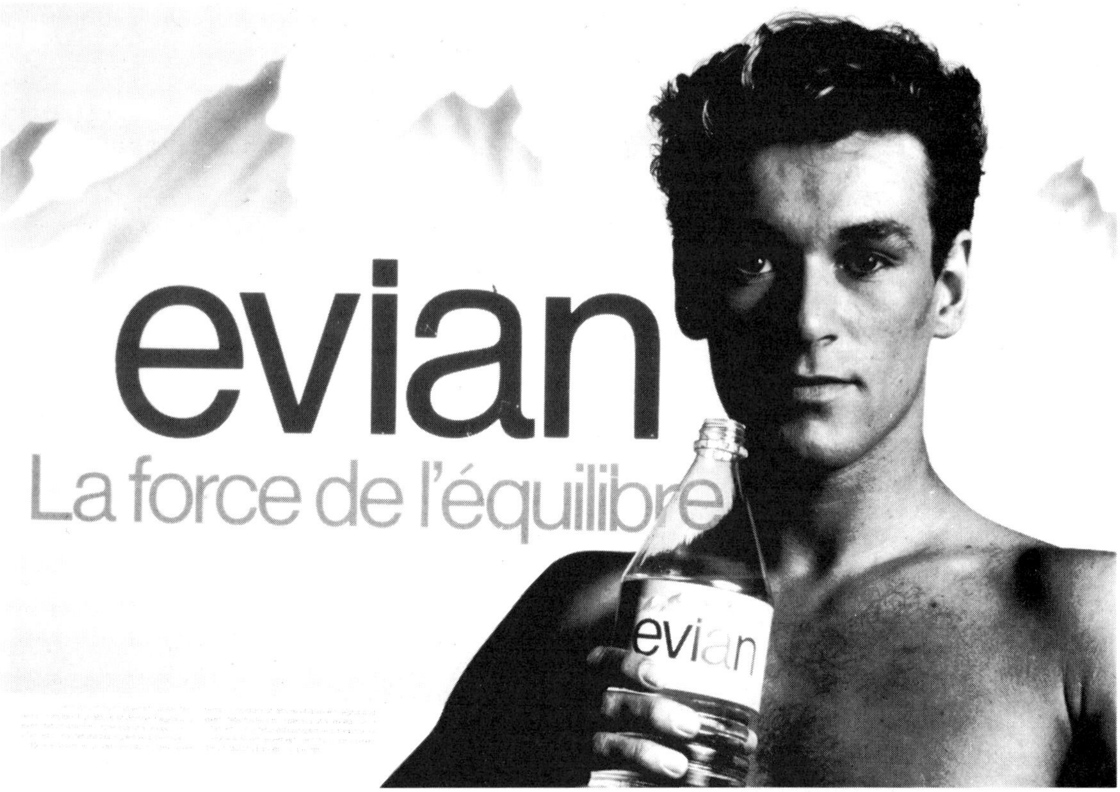
evian
La force de l'équilibre
evian

LE LAPIN
QUI FAIT VROOM.
59.550 F.*
GOLF RABBIT GTI DE VOLKSWAGEN
*Tarif au 1.7.83. Année modèle 84. Consommations : 5,9 l à 90 km/h, 7,7 l à 120 km/h, 10,6 l en ville.

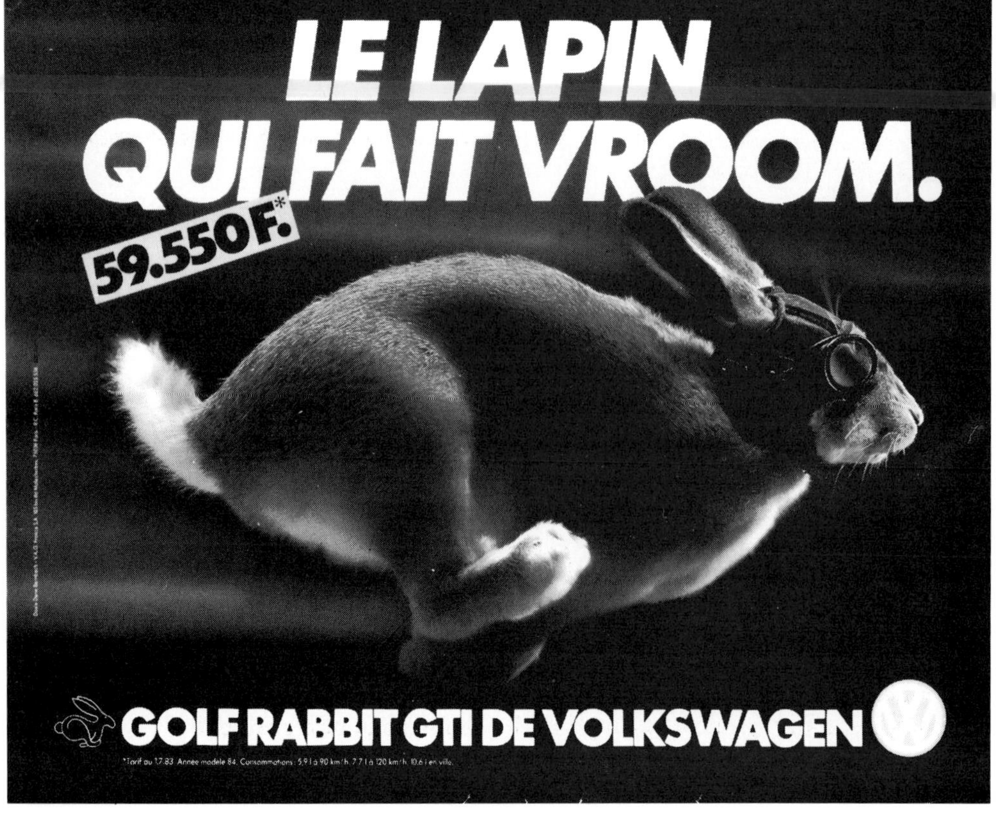

Document

Quel étudiant êtes-vous?

Ce test (aux pages suivantes) a été publié dans le journal «Etudiant» à la fin de l'année scolaire juste avant les grandes vacances. (Voir vocabulaire à la page 116.)

Lisez le test et choisissez les réponses qui vous paraissent appropriées selon vos goûts et vos tendances à vous. Reportez-vous à la grille aux **Solutions** pour lire votre profil.

A ETES-VOUS D'ACCORD?

1. Le profil que vous a donné le test, vous paraît-il juste?
2. Lisez le profil de votre partenaire et celui d'autres amis dans la classe. Correspondent-ils à la personnalité des gens que vous connaissez?
3. Quel profil attribueriez-vous à des gens que vous connaissez bien – vos meilleurs amis, les membres de votre famille, votre petit(e) ami(e)? Choisissez quelqu'un qui est proche de vous. En suivant le style du test écrivez un profil de cette personne.
4. Faites une liste des mots et des expressions qu'on utilise pour décrire les personnalités (têtu, rebelle etc) sous tous les profils. Incorporez la liste sous la section *Functions* de votre classeur, intitulée *Describing people*.
5. Ce genre de test est-il utile selon vous? Cela vous intéresse de participer à ce genre de test psychologique? Prenez-vous le résultat au sérieux ou cela ne vous fait-il que rigoler en fin de compte?

B CARACTERISTIQUES D'UN ETUDIANT REUSSI

1. Ecrivez les chiffres 1 à 10 sur une feuille de papier. A côté de chaque chiffre, écrivez une des caractéristiques suivantes, en commençant par la caractéristique la plus importante selon vous.

têtu	facile à influencer
méthodique	insatisfait
pratique	heureux
efficace	créatif
sensible	branché

2. Avec un partenaire, arrivez à une liste commune en discutant les caractéristiques ainsi:

Je crois que J'estime que Je trouve que A mon avis	être	pratique sensible créatif etc.	est plus important qu'être	efficace branché heureux	parce que

3. Par groupes de quatre à six personnes, essayez de dresser une autre liste commune.

4. Finalement le chef de chaque groupe doit expliquer à la classe ce que vous avez découvert au sujet des personnalités des gens en faisant cet exercice.

TEST

QUEL ETUDIANT ÊTES-VOUS ?

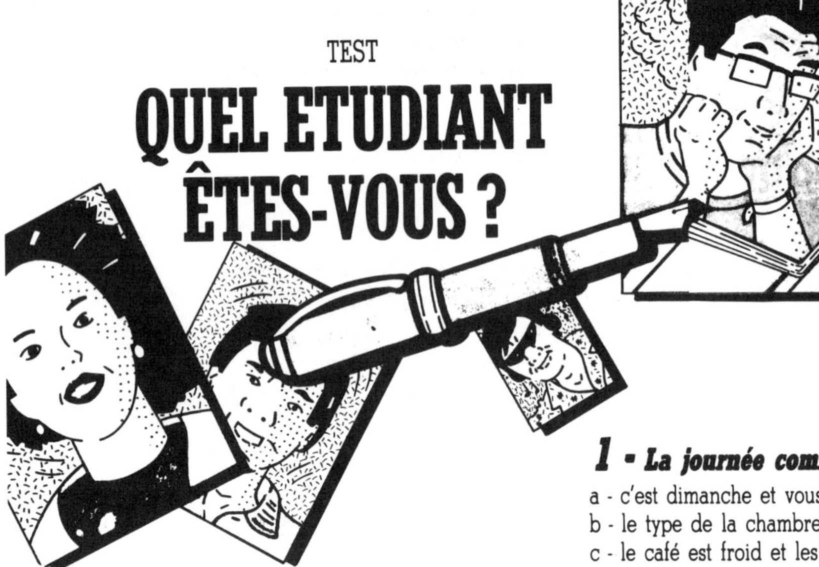

On a osé : on vous aborde de front ! Aussitôt lâché le crayon, on vous demande de le reprendre. Et pour quoi faire ? un bilan. Après un an de dur labeur, vous vous demandez sûrement où vous en êtes ? Même si ce n'est pas le cas, n'hésitez pas... Et dans quelques minutes, vous saurez quel étudiant vous êtes. Peut-être vous surprendra-t-il ? Mais n'oubliez pas que tout cela n'est qu'un jeu : pas d'affolement et bonnes vacances !

1 - La journée commence mal, pourquoi ?

a - c'est dimanche et vous n'avez rien à faire
b - le type de la chambre voisine est rentré beurré en pleine nuit
c - le café est froid et les toasts ont brûlé
d - votre petit(e) ami(e) a embarqué toutes vos fringues pour se venger
e - Truffaut est mort

2 - En attendant le bus ou le métro

a - vous regardez les affiches de pub autour de vous
b - un walkman sur les oreilles, vous êtes ailleurs
c - vous tapez du pied avec impatience
d - vous aimeriez mieux circuler à bicyclette
e - vous déployez votre attaché-case sur vos genoux

3 - Quelqu'un tombe devant vous dans la rue

a - vous passez sans rien voir
b - vous râlez parce qu'il a failli vous faire tomber
c - vous ne savez pas quoi faire
d - vous vous précipitez pour l'aider
e - vous le regardez s'étaler

4 - Accoudé au comptoir d'un café

a - vous descendez machinalement tout le contenu du sucrier
b - mine de rien, c'est le troisième café qu'un copain vous paye
c - vous essuyez soigneusement la cuiller avant de vous en servir
d - vous vous brûlez la langue en buvant votre café trop vite
e - vous discutez le coup avec votre voisin

5 - Vous êtes attiré(e) par des fringues dans une vitrine

a - vous entrez pour voir de plus près
b - pas le temps : vous relevez les heures d'ouverture
c - il n'y a aucun bleu assorti à votre lampe de bureau
d - la boutique est déserte, vous n'osez pas entrer
e - aucun intérêt, vos copains ont les mêmes

6 - Il commence à faire faim

a - vous allez chez Mac Donald, c'est propre et rapide
b - vous traversez la ville pour aller à votre resto favori
c - vous allez au restau-U, parce qu'aujourd'hui c'est le jour du couscous
d - vous grignotez seulement : en attendant le pot et le buffet bien garni où vous êtes invité(e)
e - une cure de Toblerone, c'est bon pour l'effort intellectuel

7 - Finalement, vous avez votre après-midi libre

a - vous allez voir le dernier Wim Wenders
b - ma chemise pour une sieste
c - vous traînez à la cafét
d - vous allez voir une voyante
e - vous allez vous faire couper les cheveux

8 - Mais vous vous apercevez que vous n'avez plus un sou sur vous

a - les banques c'est fait pour ça
b - les copains sont là pour ça
c - eh, merde !
d - vous vous prenez à rêver à une société sans argent
e - tant pis, vous allez voir une expo gratuite

9 - Vous tombez sur quelqu'un que vous n'avez pas envie de voir

a - vous ne le voyez vraiment pas
b - il vous saute au cou et vous voilà embarqué(e) dans un mauvais plan
c - vous avez trois rendez-vous loin d'ici
d - vous vous en sortez en lui donnant un numéro de téléphone au hasard
e - vous mettez vos lunettes noires

10 - Vous êtes invité(e) à dîner, vous vous habillez

a - vous vous sapez
b - comme d'habitude
c - vous vous arrangez pour savoir comment les autres seront
d - vous piquez des fringues à un copain (une copine) pour l'occasion
e - vous changez de T-Shirt

11 - Sur le point de partir, un des invités vous prévient que chacun doit apporter un cadeau

a - vous nettoyez un cendrier que vous entourez d'un ruban
b - vous lui demandez conseil
c - vous attrapez soudain la grippe
d - vous achetez votre livre préféré
e - ça vous amuse d'acheter le disque le plus ringard que vous trouvez

12 - Mais en passant sur un pont, le vent emporte votre foulard

a - c'est vraiment pas le moment, vous êtes en retard
b - merde, c'était pas le vôtre
c - vous le regardez s'envoler et glisser au fil de l'eau
d - vous courez après
e - vous filez en acheter un autre

13 - En cours de route, vous êtes soumis à un contrôle d'identité

a - vous créez un attroupement en refusant de montrer vos papiers
b - vous n'avez pas vos papiers mais présentez en souriant votre carte du Club des Amis de la Forêt
c - vous vous fichez du flic en exhibant la douzaine de cartes que vous avez sur vous
d - vous sortez fièrement votre beau portefeuille tout neuf
e - vous tendez vos papiers

14 - Au moment de passer à table, vous vous asseyez

a - à côté de la personne qui vous a invité(e)
b - à côté d'un copain (une copine) que vous n'avez pas vu(e) depuis les vacances
c - à côté de l'inconnu(e) qui vous a ouvert la porte
d - à côté du prof d'archéologie qui a l'air passionnant
e - où ça vous plaît

15 - Pendant le dîner, les autres encensent un film que vous avez détesté

a - finalement, il n'était peut-être pas si mal
b - vous ne dites rien, mais pas question de changer d'avis
c - vous démontez point par point les arguments avancés
d - vous tournez la discussion en ridicule
e - leurs arguments ne valent pas ceux des critiques

16 - La soirée commence à languir

a - ras-le-bol, vous vous tirez
b - on va prendre un dernier verre à la maison
c - allez, tout le monde en boîte
d - vous avez déjà un plan pour continuer ailleurs tout seul
e - vous vous en foutez : vous avez découvert un journal passionnant

C L'INFLUENCE DES GENS

Choisissez quelqu'un qui a influencé votre vie – un(e) ami(e), une(e) prof., votre grand-mère etc. Pensez à l'influence de cette personne, à sa personalité, aux raisons pour lesquelles il/elle vous a «influencé» et à l'effet qui s'est produit sur vous. Mettez-vous par groupes de quatre à cinq personnes – à chacun leur tour de parler de la personne qui a changé leur vie.

D DISSERTATION

Ecrivez 250 mots sur un des sujets suivants:

1. Les publicités ne sont qu'un piège dangereux. Elles n'ont aucune valeur informative.
2. Un film qui a changé ma vie.
3. La personne que j'admire plus que toutes les autres.

---

aussitôt laché le crayon *as soon as you've put your pencil down*
1 beurré (fam.) = ivre
fringues (fam.) = vêtements
2 pub = publicité *advertising, advertisement*
3 vous râlez (fam.) = vous protestez vigoureusement
4 vous descendez *you pocket*
6 resto (fam.) = restaurant
restau-U (fam.) = restaurant universitaire *student restaurant*
le pot (fam.) *the drink*
une cure de Toblerone *a course of Toblerone (chocolate)*
7 Wim Wenders: cinéaste allemand
la cafét (fam.) = la cafétéria
8 une expo (fam.) = une exposition
9 vous voilà embarqué dans un mauvais plan (fam.) *now you're in for a bad time*
10 vous vous sapez (fam.) = vous mettez vos vêtements les plus élégants
vous piquez (fam.) *you pinch*
11 un ringard *an out-of-date, old-fashioned person*
13 vous créez un attroupement *you cause a hold-up*
vous vous fichez du flic (fam.) *you make fun of the policeman*
16 ras-le-bol (fam.) *completely fed up*
allez, tout le monde en boîte *right, let's all go to a nightclub*

11 *Mon rêve, c'était de voyager*

CONTRASTES Le décalage entre les rêves et la réalité

Croire/ne pas croire

KEYPOINTS
- *Translation into French*
- *Talking about beliefs; wondering about things; expressing tentative opinions; giving reasons for things*
- (ce) qui; (ce) que; (ce) dont; *the uses of the imperfect tense; reported speech; reflexive verbs (perfect tense)*

Cassette — *Ce n'est pas du tout ce que j'envisageais*

A RESUME

Ecoutez l'extrait tout entier une fois sans vous arrêter. Ecoutez une deuxième fois en notant les informations dont vous aurez besoin pour résumer le contenu du passage.

Résumez en français (maximum 110 mots) les rêves que Mme Raugel se faisait de la vie qui n'ont pas pu se réaliser.

B PRECISIONS

Lisez les questions ci-dessous. Ecoutez encore une fois le passage et répondez aux questions:

1. Qu'est-ce, un pilote de ligne?
2. Que fallait-il pour avoir un brevet de pilote?
3. Que fallait-il pour avoir le droit de transporter les passagers?
4. Que font les assistantes que Mme Raugel aurait voulu imiter?
5. A-t-elle été fière de sa licence en français? Pourquoi (pas)?
6. Quels sont les détails précis de ce qu'avait projeté Mme Raugel pour le mois de septembre '39?
7. Avec qui est-elle restée en contact?

C REMPLISSEZ LES BLANCS

Sans écouter le texte sonore recopiez les phrases suivantes avec la forme correcte des verbes entre parenthèses ou avec des pronoms corrects: qui/que/dont (voir *Nuts & Bolts* paras. 3.3.1. and 3.3.3.); ce qui/ce que/ce dont .

1. Très petit on a des rêves .... naissent souvent d'images, ... naissent de regarder .... font des grandes personnes.
2. Je (s'apercevoir) que les heures de vol (coûter) très cher.

3. Il (falloir), pour avoir son brevet de pilote . . . vingt-sept heures de vol, ... n'est pas énorme.
4. Je ne (pouvoir) m'inscrire nulle part avant dix-huit ans. Alors je (se contenter) de faire une licence de français.
5. Nous (être) deux anglais, mes deux correspondants canadiens .... l'une est toujours ma correspondante.
6. Autre rêve qui ne (pouvoir) pas se réaliser.
7. Je (rester) en très bonnes relations avec un des Allemands.
8. Nous (se voir) pendant la guerre.
9. Mes correspondants canadiens, j'ai continué à les voir; j'ignore ce que .... (devenir) les autres.
10. Après la fin de la guerre je (vouloir) voir un peu le Canada. J'y (aller).
11. Je (se marier), je (vouloir) avoir plusieurs enfants, je n'en (avoir) que deux par suite de circonstances.
12. Je (devoir) me mettre à travailler à 40 ans. Ce n'est pas du tout .... je (envisager).

D LETTRE

Imaginez que vous soyez un des Anglais avec qui correspondait Mme Raugel (Suzanne). Elle vous écrit en proposant un tour des Ardennes en compagnie d'Italiens, de Canadiens, d'Allemands, de Hollandais etc. Renseignez-vous sur la région en consultant les cartes et les guides dans la bibliothèque et répondez à sa lettre, en lui donnant une impression de vos goûts et de vos préférences pour les vacances.

E JEU DE ROLE

Un coup de téléphone

Comme Mme Rangel vous avez fait des projets de faire un tour des Ardennes. Au dernier moment vous êtes obligé(e) de rester chez vous. Vous donnez un coup de fil à vos amis français. Avec votre partenaire simulez la conversation dans laquelle vous exprimez votre déception que le tour des Ardennes doit être annulé et vos espérances pour le futur.

Document — *Les rêves: une enquête faite par «Marie Claire»*

Lisez l'article intitulé «Vos prémonitions».

Or, n'y a-t-il pas beaucoup plus de médiums cachés que de sujets officiellement reconnus médiums ? Pour le démontrer, nous avons effectué une petite expérience. Nous avons publié dans « Marie Claire » et dans « Le Figaro » l'annonce suivante :

> **Vous est-il arrivé de renoncer à un voyage à la suite d'un rêve prémonitoire et d'échapper ainsi à un accident ?**
> **Avez-vous eu en rêve des pressentiments qui se sont réalisés, reçu en dormant des messages qui vous ont aidé dans votre vie ?**
> **Si oui, résumez brièvement votre expérience, elle sera précieuse pour une recherche à but non lucratif.**
> **Ecrire à journal MARIE CLAIRE, service Courrier, 11 bis, rue Boissy-d'Anglas, 75008 Paris.**

Et pour ces deux annonces, parues une fois chacune, nous avons reçu une bonne centaine de lettres. Les rêves prémonitoires, avons-nous ainsi découvert, sont bien plus répandus qu'on ne le croit. De cet abondant courrier, nous avons extrait les témoignages les plus frappants.

VOS PREMONITIONS

VOS PREMONITIONS. "Je rêve de ma meilleure amie, morte. Le lendemain soir, je lui trouve un drôle d'air. Elle avait avalé des barbituriques. J'ai réussi à la sauver."

L'AMIE RESSUSCITEE

« En avril 1977, je fus réveillée en pleine nuit par la violence d'un rêve... J'entendais le fracas d'un accident et je sentais en moi tout l'irrémédiable de cette catastrophe... Mon mari étant absent cette nuit... j'ai pensé à un accident... mais le lendemain... il était là...

Aussi n'y ai-je plus pensé...

Hélas, je crois que c'était un avertissement du ciel... car peu de jours après, c'est mon fils âgé de dix-huit ans qui mourait d'un terrible accident de la route.

Ainsi, la deuxième prémonition m'a trouvée en « éveil »...

Le 28 juin dernier, dans la nuit, je rêve que je tiens dans les bras ma meilleure amie... morte. Le lendemain, à 22 h 55, je lui trouve un drôle d'air... Mon rêve de la veille fait « tilt », je la gifle pour la tenir éveillée et lui fait avouer qu'elle a avalé des barbituriques.

Aussitôt, j'appelle le médecin ; elle était tombée dans le coma. Les pompiers arrivent et la transportent à l'hôpital. Grâce à ce rêve, elle a été sauvée... parce que le premier rêve m'avait sensibilisée.

Mais ces rêves ne se rapportent jamais à moi, ils concernent ceux que j'aime le plus. »

Mme Annie Dupichaud-Morisot.
Chinon

LE TRAJET DE VENIN

« Une nuit, j'ai rêvé qu'une guêpe me piquait. Je voyais le trajet que suivait le venin montant rapidement vers le cœur. Je savais que je risquais de mourir. Je luttais de toutes mes forces. Et pour une raison inconnue, le venin n'atteignait pas son but.

Le surlendemain, à la suite d'une multi-injection, le venin (en l'occurrence l'iode) qu'on m'avait injecté provoqua un collapsus et mon cœur faillit s'arrêter. Là encore, je luttais de toutes mes forces.

Le médecin agit avec sang-froid et efficacité et le venin n'atteignit pas son but.

Marie-José Stanek. Verdun

MON ORAL DE PSYCHO

« C'était en juin 1955, je rêvais dans la nuit que je ne serais pas à l'heure le lendemain matin pour passer un oral de psycho, à la fac d'Aix-en-Provence.

Dans ce rêve, il était 9 h 15 et, en passant la porte, l'examinateur me disait : « Je regrette, je vous ai dit 9 h. Je pars à 9 h 30. Je ne peux plus vous écouter.

Je me suis réveillée, angoissée. Il était 5 h du matin et j'habitais Nice. Je comptais partir à 6 h 30 pour parcourir les 180 km qui me séparaient de la fac. Je décidais de partir tout de suite. A Cagnes, 15 km plus loin, je tombai en panne de voiture et dus attendre 7 h, l'ouverture d'un garage.

J'arrivai à 9 h 15 exactement dans le bureau de l'examinateur, lui racontai mon rêve et lui dit : « Votre pensée est bien celle de mon rêve, mais vous pouvez accepter de modifier votre comportement. » Il accepta, et c'est en 15 minutes que je passai l'épreuve. »

Mme Nedellec. La Croix Valmer

A ET VOUS? Cela vous arrive-t-il de rêver? Racontez un de vos rêves.

B DISCUSSION

Que pensez-vous des témoignages que vous venez de lire? Croyez-vous qu'une force extérieure peut exister qui guide nos vies inconscientes? Ou êtes-vous de l'avis que ce sont des coïncidences?

C L'INTERPRETATION DES REVES

Par groupes de quatre ou cinq personnes tout le monde doit raconter un rêve qui suit le modèle ci-dessous:

Vous vous promenez dans **une forêt** – décrivez comment c'est. Ensuite vous arrivez au bord d'**un point d'eau** – décrivez comment c'est. Après cela vous trouvez **une clé** – décrivez-la et dites ce que vous feriez avec cette clé. A la sortie de la forêt il y a **une barrière** – elle est comment? Qu'est-ce qu'il y a de l'autre côté? Qu'est-ce que vous décidez de faire?

Chaque membre du groupe doit donner ses réponses tandis que la personne à sa droite prend des notes.

Ensuite, reportez-vous aux **Solutions** pour en voir l'interprétation!

D GRAMMAR – the imperfect tense

Spot revision

Check that you know how to form the imperfect tense. See *Nuts & Bolts* para. 2.2.4. The imperfect is used for:

1. *Description*

(English might use the simple past in this case, e.g.: *I heard*, *I felt* etc., or the past continuous *I was living*)

J'entendais le fracas et je sentais en moi tout l'irrémédiable de cette catastrophe. Il était 5h. du matin et j'habitais Nice.

2. *Continuous action in the past*

(This is usually rendered by *was/were -ing* in English). Contrast this with actions which are completed for which perfect or past historic are used.

Je prenais une douche quand le téléphone a sonné.

Perfect

le téléphone a sonné (the phone rang)

Imperfect

Je prenais une douche
(I was having a shower) ....↓............ →

Je comptais partir à 6h30 ... Je tombai en panne de voiture et dus attendre 7h., l'ouverture d'un garage.

3. *Habitual action in the past*

(This is usually translated as *used to* in English.)

Tous les jours je me levais à 9h. le matin.

4. *Reported speech*

Jean-Luc: Je **vais** voir Martine ce soir.
Christine: Tu **dois** lui donner quelques fleurs.
Jean-Luc: Oui, parce qu'elle **prépare** le repas.
Christine: C'**est** à toi de cuisiner demain, alors.
Jean-Luc: Eh oui, je **suis** émancipé, moi – je **sais** tres bien cuisiner.

Jean-Luc a dit qu'il **allait** voir Martine ce soir-là. Alors, Christine lui a dit qu'il **devait** lui donner quelques fleurs. Jean-Luc **était** d'accord parce qu'elle **préparait** le repas. Christine a remarqué que c'**était** à lui de cuisiner le lendemain. Alors, Jean-Luc s'est exclamé qu'il **était** émancipé, lui et qu'il **savait** très bien cuisiner.

E ANALYSE des temps des verbes

Etudiez de près les temps choisis par des écrivains dans les lettres que vous avez lues à la page 119 («Vos Prémonitions»).

F TRADUCTION

La classe doit se diviser en deux groupes – Groupe 1 et Groupe 2. En travaillant avec un partenaire, les membres du Groupe 1 doivent traduire «L'amie ressuscitée» pendant que le Groupe 2 traduit «Mon Oral de Psycho». Après avoir vérifié avec les autres membres du groupe que la traduction est juste et après l'avoir mise au propre, échangez votre traduction contre une faite par l'autre groupe. **Sans** se référer au texte original **retraduisez le passage en français.** Quand vous êtes satisfaits de votre traduction, faites la comparaison entre ce que vous avez écrit et le texte original. Faites attention tout particulièrement aux temps utilisés. Discutez-en les différences avec votre partenaire et avec votre professeur. Il se peut qu'il y ait plusieurs versions correctes! Vous noterez aussi qu'il peut y avoir plusieurs interprétations des mêmes mots.

Document

Un roman-photo

A

Lisez cet extrait tiré du magazine «Nous deux». En utilisant les temps du passé (n'oubliez pas d'utiliser l'imparfait pour le discours rapporté) racontez l'histoire.

... ET FINISSENT FATALEMENT PAR SE RENCONTRER.
Vous ici?

J'aurais dû me méfier. Vos informateurs sont sans doute les miens.

SPONTANÉMENT, HÉLÈNE LE TUTOIE.
Tu m'as épiée pendant que je parlais au concierge du dix-huit...
Si tu as découvert qu'on peut le faire bavarder, c'est que toi aussi, tu m'espionnes!

Et tu as remarqué que, chaque matin, je passe d'abord chez lui. Il t'a certainement dit qu'il y a de nouveaux bureaux dans cet immeuble.

D'accord, nous nous sommes comportés comme deux agents secrets dans un mauvais feuilleton!

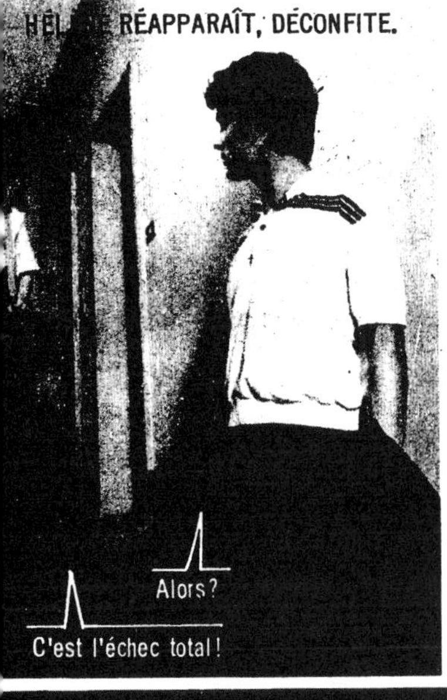

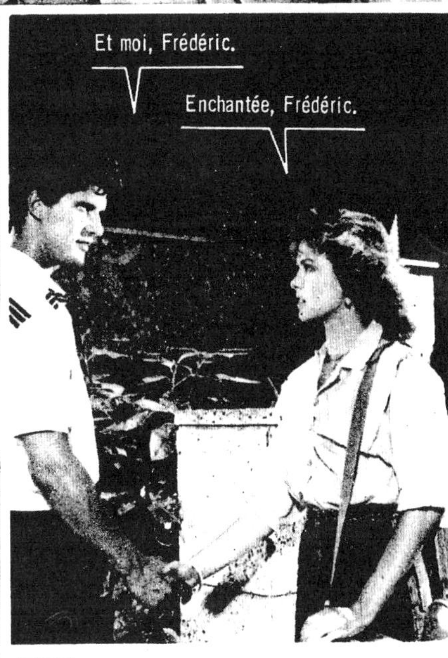

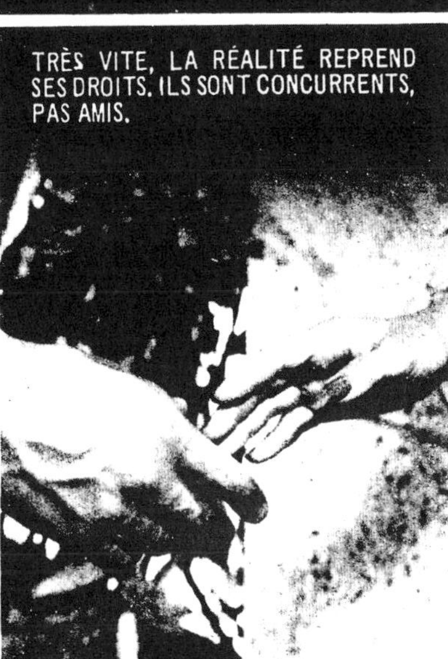

B ET LA SUITE . . . ?

ou Ecrivez l'histoire d'Hélène et de Frédéric comme si il n'y avait pas d'images. Inventez une conclusion.

ou Ecrivez le script pour la continuation de l'histoire en indiquant quelles photos doivent être faites avec quels sous-titres.

C TRADUCTION

Traduisez un des passages suivants:

Alice was beginning to get very tired of sitting by her sister on the bank, and of having nothing to do, when suddenly a White Rabbit with pink eyes ran close by her.

There was nothing so *very* remarkable in that; but when the Rabbit actually *took a watch out of its waistcoat-pocket*, and looked at it, and then hurried on, Alice started to her feet, and burning with curiosity, she ran across the field after it, and was just in time to see it pop down a large rabbit-hole under the hedge.

In another moment down went Alice after it, never once considering how in the world she was to get out again.

The rabbit-hole went straight on like a tunnel for some way, and then dipped suddenly down, so suddenly that Alice had not a moment to think about stopping herself before she found herself falling down what seemed to be a very deep well.

On the April night of the *Titanic* disaster, when I was five and it was Easter holiday time in Littlehampton, I dreamt of a shipwreck. One image of the dream has remained with me for more than sixty years: a man in oilskins bent double beside a companion-way under the blow of a great wave. Again in 1921 I wrote home from my psycho-analyst's: 'A night or two ago I had a shipwreck dream, the ship I was on going down in the Irish Sea. I didn't think anything about it. We don't have papers here as the usual thing, and it was not till yesterday, looking at an old paper, I saw about the sinking of the *Rowan* in the Irish Sea. I looked at my dream diary and found that my dream had been Saturday night. The accident had happened just after Saturday midnight.' Again in 1944 I dreamed of a V.1 missile some weeks before the first attack. It passed horizontally across the sky flaming at the tail in the very form it was to take.

Après avoir verifié votre traduction, regardez les **Solutions** (pour des traductions officielles).

D DISSERTATION

1. Avez-vous eu un rêve prémonitoire? Ecrivez une lettre à «Marie Claire» dans laquelle vous racontez ce qui s'est passé.
2. Avez-vous eu un rêve dans lequel vous tombez? Racontez-la.
3. Les rêves n'ont aucun rapport avec la réalité. Discutez.

Cassette *Enfin, moi, c'est comme ça que je le vois*

A

VERONICA ET CAROLINE, deux sœurs qui habitent à Bruxelles ont accepté de parler de leurs croyances.

Ecoutez-les, en notant les similarités et les contrastes entre les opinions des deux jeunes filles.

B

DISCUTEZ ce que vous avez noté.

Vos opinions à vous, correspondent-elles à celles de Véronica ou plutôt à celles de Caroline? Avez-vous d'autres idées? Voici une liste des expressions utilisées par les jeunes filles qui peuvent vous aider à formuler vos idées.

C

N'OUBLIEZ PAS de noter des phrases utiles sous la section *Functions* de votre classeur.

Expressing beliefs

Je ne suis pas croyante du tout.
Je n'ai jamais été croyante.
Je crois en Dieu.
Je crois à la religion.
Je n'y crois pas ...

Wondering about things

J'hésitais.
Je réfléchissais toujours à ce propos.
Je me suis posé plein de questions.

Expressing tentative opinions

J'ai l'impression que ...
Je veux dire que ...
Ce n'est pas que je ne crois pas en Dieu ...
Je ne suis pas persuadée qu'il y en a *non plus.
Je trouve que c'est une très belle histoire premièrement.
Moi, je trouve que c'est plutôt ...
Je crois que c'est plutôt intéressant ...
Enfin, moi, c'est comme ça que je le vois.

*Pour être «correcte» Caroline aurait dû utiliser le subjonctif après: Je ne suis pas persuadée que ... (il y en **ait** non plus). Il est de plus en plus commun que les Français omettent le subjonctif.

Being sure

Finalement je suis arrivée à la conclusion que …

Giving reasons

J'aime beaucoup les églises parce qu'elles sont très impressionnantes.
On la (la Bible) lit comme ça pas tellement parce que c'est la Bible (…) mais à part, comme une histoire.

D DEFINITIONS

Ecoutez une dernière fois le passage en étudiant dans leurs contextes les phrases ci-dessous. Donnez-en une définition **en français.**

1. Je n'aime pas tellement **prendre part.**
2. Je **réfléchissais** toujours **à ce propos.**
3. Ce n'est pas très **fondé.**
4. J'y allais, **pas tellement** parce que je croyais en Dieu.
5. J'adore **l'ambiance** qu'il y a dans les églises.
6. C'est un de mes endroits préférés, **d'ailleurs.**
7. On n'**a** pas **envie de** parler à des gens.

E VOS CROYANCES

Ecrivez quelques paragraphes dans lesquels vous parlez de vos croyances à vous. (250 mots maximum)

12 *Allez jouer au golf en Chine*

CONTRASTES Les différences entre les journaux français

KEYPOINTS
- *Listening to the news on French radio*
- *Writing a concise account; presenting facts*
- *The passive voice; the perfect tense*

Study skill

Listening to the radio

Apart from the contacts you have with French people living in England – whether they are assistants in a school or visiting friends – one of the most direct links you can have with France is by listening to the radio. Tune in to one of the French radio stations and you are across the channel without even moving from your arm-chair! But *beware* – whilst it is fun to listen for a while simply to immerse yourself in a totally French **ambiance**, you'll find French at top speed a struggle and often in-jokes are made which can be awkward even in your native language. So, take it gently. And don't be surprised if you don't understand very much to begin with!

A WHICH RADIO STATION?

It is best to start with France-Inter which you will find on 164 KHz long wave. You might also like to see if you can find the stations listed below:

La Radiodiffusion en France: Longueurs d'onde au Royaune Uni		
Emetteur	**KHz**	**Mètres Grandes ondes/ Petites ondes**
France-Inter	164	1829
Europe No. 1	182	1648
Radio Monte Carlo	218	1376
Radio Luxembourg	236	1271

B WHICH PROGRAMMES?

On the whole, it is easiest to begin with news broadcasts. There are advantages and disadvantages in listening to news items.

First the good news!

News items provide good listening practice because:

a) they are short – the **journal parlé** only lasts about 3 minutes
b) you will be familiar with some of the items because they are current events
c) newsreaders usually speak very clearly

d) the items are arranged according to a particular format (for more about this, see below page 134)
e) news items provide an excellent basis for extending your vocabulary – particularly vocabulary used in talking about contemporary France, which you will also need when reading newspapers

Next, the bad news!

News items are difficult to understand because:
a) the newsreader is reading out from a written text. This means that you have none of the clues you are given in normal conversation where hesitations, repetitions and rephrasing can help you to process the information.
b) the items must go out quickly, so the information has been pruned down to its bare essentials – the person who writes the items must be as concise as possible. Also the reader reads out the items as quickly as possible.

In this unit you will be given practice in using the positive aspects of news broadcasts (in terms of language learning) to help you overcome the difficulties mentioned above.

Cassette

Allez jouer au golf en Chine

A PREPARATION – Connaissances générales

La classe se divise dans deux équipes dont les membres ont le droit de conférer et de noter leurs réponses aux questions suivantes avant le commencement du concours. Un membre de chaque équipe répond à tour de rôle aux questions. Il gagne un point pour son équipe si sa réponse est juste. S'il ne sait pas répondre ou si la réponse n'est pas correcte, l'autre équipe aura le droit de gagner deux points si elle peut donner la réponse correcte.

1. Géographie/Sport

Quel est le nom qui ne convient pas dans les groupements suivants:
a) Midi-Pyrénées/Languedoc-Roussillon/Normandie/Provence.*
b) Nancy/Reims/Tours/Auvergne/Cambrai
c) Bourgogne/Poitou/Strasbourg/Charentes
d) Roland-Garros/Wimbledon/le Tour de France

2. Politique

Etablissez la correspondance entre chaque homme politique et son profil:

Raymond Barre	membre du Parti Socialiste
Jacques Chirac	ex-président de la France
Giscard d'Estaing	maire de Paris et premier ministre
Charles Hernu	membre du Parti Socialiste
Lionel Jospin	ex-premier ministre de la France

Pour vérifier votre réponse, regardez les **Solutions.**

*En cas de difficulté, consultez la carte à la page 145.

3. Définitions

Définissez les termes suivants:
a) une convention libérale
b) l'opposition
c) un enlèvement.

B LES GROS TITRES

1. Lisez les gros titres (*the main headlines*) donnés ci-dessous. Ils indiquent les informations qui sont rapportées au cours de l'émission que vous écouterez mais ils sont dans le désordre. Après avoir écouté **une fois** l'émission, recopiez les titres dans l'ordre correct.

L'union des trois.
L'enlèvement au Liban.
Le golf en Chine.
Assassinat à Neuil.
Le tennis.
Le bulletin météo.

2. Mettez-vous à deux

Ecoutez de nouveau l'émission et discutez avec votre partenaire des informations que vous avez pu capter pour chacun des gros titres que vous avez notés. Discutez-en avec les autres membres de la classe.

C QUESTIONS GENERALES

Ecoutez l'émission plus attentivement en vous arrêtant afin de répondre aux questions suivantes. Consultez la transcription du passage si vous voulez.

Le golf en Chine

1. Pourquoi les chinois ont-ils condamné le golf en 1949?
2. Pourquoi ont-ils changé d'attitude maintenant?

La météo

3. Va-t-on voir le soleil aujourd'hui?
4. Quelles sont les températures?
5. Combien d'heures de beau temps va-t-on voir?
6. Quand va-t-il commencer à faire plus beau?

Politique – France

7. De qui parle-t-on ici?
8. Dans quel contexte?
9. Quelle est l'attitude d'autres hommes ou femmes politiques à l'égard de cette «union des trois»? Favorable? Défavorable?

Crime – France

10. Que s'est-il passé à Neuil?
11. Pourquoi Joël Rexan a-t-il commis ce crime?

Crime – à l'étranger

12. Que s'est-il passé au Liban ce matin?
13. Pourquoi Jean-Michel Billédan a-t-il été relâché?

Sports

14. De quel sport parle-t-on?

D ENTRER DANS LES DETAILS . . .

1. Ecoutez encore une fois les deux premiers titres des informations.

Le golf

Notez les équivalents des phrases suivantes:
a) Pekin pense depuis longtemps que seuls les riches jouent au golf.
b) Les chinois veulent continuer à favoriser le tourisme. Le golf est une façon de plaire aux étrangers.

La météo

Tout en écoutant, remplissez les blancs dans le passage suivant:
Le soleil ....[1] est plutôt rare ce matin. On peut ....[2] trouver sur deux groupes de régions – les régions méridionales: Midi-Pyrénées, Languedoc-Roussillon, Provence. ....[3] vous pouvez aussi le voir le long des côtes de ....[4] sur la région du Nord-Ouest, la Bretagne, la Normandie, Le Nord ....[5] Paris maintenant. C'est le variable dans ....[6] sur toutes ces regions. ....[7], les nuages sont effectivement très nombreux – il pleut à Strasbourg, Nancy, Colmar, Rheims, Tours, Cambrai, des pluies qui vont gagner la Bourgogne, le Poitou, les Charentes, le Rhône-Alpes, l'Auvergne. Les températures ....[8] 16 à 18 degrés. En fait, le courant du Nord-Ouest est très bien établi. Tout au long de la semaine, nous allons assister à une succession de passages de pluies entrecoupés de ....[9] de beau temps. Le prochain arrivage est prévu dans la nuit sur les côtes de la Manche, bien entendu, en raison de ....[10] et c'est un temps frais qui se maintiendra pendant toute la période. Le prochain changement de temps avec ....[11] interviendra en fin de semaine à partir de vendredi.

2. **Photo B.-C.-G.**

Lisez la transcription du titre qui concerne «la photo B.-C.-G.».
a) Traduisez en anglais le passage qui commence «Devant les 4000 participants . . .» jusqu'à «l'union était au rendez-vous».
b) Résumez le passage entier en anglais comme si cela faisait partie des informations anglaises. (max 30 mots)

3. **Bal tragique/l'enlèvement au Liban**

Faites une liste de tous les mots qui ont un rapport avec le crime.

4. Roland-Garros

Cherchez les équivalents des phrases suivantes:

a) Therefore, so
b) To begin
c) To keep a close eye on
d) The person who beat Noah
e) That is to say, I mean
f) In the near future

E GRAMMAR

A noter:

1. La voix passive

News events often use the passive voice to talk about events which have occurred:

Le jeune homme a été arrêté par les gendarmes.
J.-M. Billédan a été capturé hier ... et relâché quelques heures après.

2. *Verbs taking an indirect object*

Note that you cannot form a passive with a verb which takes an indirect object – you must use **on**:

On lui avait interdit l'entrée au bal. (He wasn't allowed into the dance.)
On m'a donné une montre. (I was given a watch.)

F EXERCICES

1. Traduisez les phrases suivantes:
   a) We were shown where we had to go.
   b) I was asked if I wanted a cup of coffee.
   c) My husband was told to wait in the waiting room.
   d) He wasn't allowed to smoke.
   e) Finally, we were allowed to see each other.
   f) He was given the baby!

2. A chacun son tour de devenir speaker(ine)!

Avez-vous écouté le journal parlé (anglais) ce matin ou hier soir? A tour de rôle, donnez une information (en utilisant la voix passive autant que possible) ou internationale ou nationale ou locale.

Exemples Un terroriste a été assassiné en Amérique latine.
Une bombe a explosé près de la Nouvelle-Zélande.
On a conféré le prix Nobel à un scientifique hollandais.
Un vol a été commis par deux truands au supermarché «Presto».

Study Skill

Emissions de radio – comment les écouter

A

EN ETUDIANT un exemple typique du journal parlé de France-Inter, vous aurez une idée du contenu et du niveau de la langue qui s'utilise dans ce contexte. Notez aussi que les bulletins suivent en général un ordre d'émission assez strict.

1. Les actualités commencent souvent par quelque chose de sensationnel pour susciter l'intérêt des auditeurs, une anecdote amusante ou un événement hors du commun.
2. Ensuite il y a le bulletin météo.
3. Après cela viennent les informations politiques – la politique étrangère et intérieure et les crimes. Tous ces reportages sont variés pour susciter l'intérêt.
4. Les actualités se terminent d'habitude par le bulletin financier (au sujet de la valeur du dollar à la Bourse, par exemple.)

B

QU'EST CE QU'IL FAUT FAIRE MAINTENANT?

Cette session intensive vous aura montré comment écouter une émission de radio. Mais ce qui est intéressant dans une émission d'actualités, c'est qu'il s'agit d'informations qui adviennent le jour même d'où l'expression: «Les actualités». Pour avoir les informations de dernière heure, il faut écouter la radio tous les jours.

C

L'UTILISATION de la radio-cassette

Si vous possédez ou si vous pouvez emprunter une radio-cassette, profitez-en! Enregistrez le journal parlé (qui est diffusé toutes les heures). Cela vous permettra d'écouter plusieurs fois l'émission. Si vous n'écoutez qu'une fois, vous ne comprendrez que les grandes lignes, vous saurez dire plus ou moins de quoi il s'agit mais sans entrer dans les détails.

D

SESSION-RADIO

Unissez vos efforts!
Attention – cette session-radio prendra au moins 5 heures de classe!

1. L'amateur de radio dans la classe devra enregistrer le journal parlé.
2. Le/la professeur fait des copies, une copie pour chaque membre de la classe.
3. La classe écoute deux ou trois fois en entier le passage enregistré mais ne discute à ce stade que des grands titres.
4. En travaillant avec un partenaire les étudiants choisissent le titre qu'ils veulent transcrire. La transcription peut s'accomplir de deux façons:
   a) dans le laboratoire de langues
   b) en se servant d'une radio-cassette ou d'un Walkman dans la classe ou à la maison.

   Chaque étudiant(e) travaille seul(e) en consultant son partenaire pour vérifier qu'il/elle n'a pas fait de faute et, en cas de difficulté, en consultant le/la professeur.
5. Les étudiant(e)s mettent leurs transcriptions au propre et sur une autre feuille fournissent un vocabulaire et des exercices pour les autres membres de la classe. Ceux-ci peuvent comprendre:

a) Un résumé des informations-clé.
b) La traduction d'un passage selectionné.
c) Des redéfinitions de quelques phrases dans l'émission que les autres étudiants doivent trouver.
d) Un exercice où il faut remplir les blancs, en supprimant des mots ou des éléments grammaticaux intéressants.
e) Une grille dans laquelle les étudiants doivent remplir les détails d'un crime ou de la météo etc.
f) Des questions de compréhension – en français ou en anglais.

Le professeur/animateur doit co-ordonner ces activités et donner des conseils sur le genre d'exercices qui convient. Il/elle peut relever toutes les transcriptions et tous les exercices et les faire copier pour la fois suivante. Les étudiant(e)s qui ont inventé les exercices doivent «corriger» les réponses de leurs collègues!

E ET ENSUITE . . .

Les étudiant(e)s inventent un journal parlé de trois minutes qu'ils envoient – enregistré sur une cassette – à des amis en France. Cela pourra suivre le même ordre de présentation qu'une émission d'actualités officielle mais pourra donner des nouvelles plus personnelles ou locales si cela convient mieux. Les étudiant(e)s travaillent avec un partenaire pour écrire chaque titre, en choisissant un(e) «speaker(ine)» qui enregistrera le tout sur la cassette en français.

La presse française

A LES GRANDS QUOTIDIENS NATIONAUX

Les quotidiens les plus répandus en France sont «Le Monde», «Le Figaro» et «France-Soir».

«Le Monde» est un journal d'opinion renommé pour son objectivité. Les informations et les commentaires faits sur la politique étrangère lui ont donné – à juste titre – une réputation mondiale. «Le Monde» contient très peu de photos. Il paraît le soir. «Le Figaro» Moins intellectuel, «Le Figaro» donne plus d'importance aux faits divers et contient une grande section «Annonces Classées» où on peut chercher un emploi, un appartement, etc. «France-Soir» Journal à manchettes énormes qui comprend en même temps des articles sérieux et des articles sensationnels. Avec le plus grand tirage en France, ce journal populaire paraît (comme «Le Monde») le soir.

B JOURNAUX REGIONAUX

Chaque région est représentée par son journal – voire ses journaux – à elle. Développant la politique étrangère aussi bien que les faits divers particuliers à la région, les grands quotidiens régionaux égalent en tirage les grands quotidiens nationaux.

Nous reproduisons sur les pages suivantes deux exposés du même événement dont l'un a paru («à la une»*) dans «France-Soir» pendant que l'autre a été publié (à la page 6) dans «Le Monde».

*en première page

L'un des plus jeunes directeurs de supermarché a voulu résister aux gangsters à Savigny-sur-Orge (Essonne)

Abattu en défendant sa caisse

IL défendait sa caisse, mais surtout ses dix employés et une certaine conception trop peu partagée du sens des responsabilités. A vingt et un ans à peine, Manuel Gonçalves, gérant de la « supérette » Banco à Savigny-sur-Orge (Essonne), était sans doute l'un des plus jeunes directeurs de supermarchés de France. Hier midi, à mains nues, il a tenu tête à deux truands malgré les canons de revolvers braqués sur lui et sur son adjoint.

Ils ne lui ont laissé aucune chance. Abattu d'une balle en pleine tête, le jeune directeur est mort sur le coup. Les braqueurs se sont enfuis sans voler un centime. On ne les avait toujours pas retrouvés hier soir.

Marc BABRONSKI

Suite page 4

Document — *Abattu en défendant sa caisse*

A LES FAITS

Recopiez la fiche ci-dessous en remplissant les informations qu'il faut.

Fiche-Rapport

Nom de la victime du délit: ....
....
Age: ....
Adresse: ....
Aspect physique: ....
Personnalité: ....
Profession: ....
Employés: ....

Circonstances du délit

Heure: ....
Employés présents: ....
Description des malfaiteurs: ....
....
Description des événements survenus
....
Objets volés: ....
....
....

Tué en résistant aux gangsters

Suite de la page 1

Un supermarché, sur la route de Savigny à Viry-Châtillon. Au 21, rue Chateaubriand, on y vient de loin pour acheter des boîtes de conserve, des pâtes ou des fruits frais moins chers qu'ailleurs. Le directeur vient à peine d'être nommé. C'est un grand garçon brun toujours impeccablement habillé mais qui n'hésite pas, quand on le lui demande, à donner un coup de main à ses camarades : son directeur adjoint, cinq caissières et cinq vendeuses. Uniquement un personnel féminin. Une employée raconte :

« Manuel, c'est un type formidable. Il n'avait pas peur de travailler après la fermeture. Il était toujours prêt à rendre service. Il ne voulait surtout pas décevoir ceux qui lui avaient confié ce poste. Il nous disait toujours : « Vous vous rendez compte, je suis déjà un petit patron. C'est formidable, même si je dois travailler un peu plus que les autres. Et puis mon boulot est passionnant, **j'aime bien les contacts avec les clients. »**

Sauvages

Malheureusement, **c'est avec des tueurs que Manuel Gonçalves va terminer la dernière journée de travail de sa vie.** Il n'est pas midi. Les cinq caisses sont désertes. Seule une employée comptabilise ce qu'il y a dans les cabas. Des clients dans le fond du magasin qui ne verront rien et les employées parties déjeuner. C'est l'heure de la coupure.

Deux hommes arrivent. Cagoules, revolvers, jeans, blousons. Ils ont l'air de bien connaître le magasin. Ils se dirigent immédiatement sur la droite, vers le bureau du directeur. Celui-ci est en train de fermer la porte. Les malfaiteurs arrivent derrière lui. L'adjoint du directeur a raconté la suite aux enquêteurs :

« Manuel ne voulait pas céder. Quand ils lui ont dit : « Vite, la caisse ! », il a répondu : « Jamais ! » et puis on s'est défendu comme on a pu en leur jetant au visage des boîtes de conserve, pensant qu'ils allaient s'enfuir. **Sans rien dire de plus, ils ont tiré sur Manuel. Plusieurs balles.** Je me suis jeté sur l'un des deux types, je ne savais plus ce que je faisais, c'était horrible. **Je ne voyais que Manuel allongé par terre... »**

L'un des deux bandits a alors été maîtrisé par le directeur adjoint pendant un court instant. **Mais son complice a « braqué » ce dernier, menaçant de l'abattre à son tour.** Alors il a dû lâcher prise. Les deux gangsters n'ont pas attendu une seconde de plus. A pied, ils ont remonté la rue Chateaubriand. Comme l'explique ce policier de la police judiciaire d'Evry, chargée de l'enquête, **« nous n'avons malheureusement que très peu d'éléments, de témoignages ; aucune des employées n'a bien vu les malfaiteurs.** C'est la première fois que ce magasin est attaqué. Dans le secteur, nous constatons actuellement de nombreuses tentatives de hold-up, souvent par des gangsters débutants manquant de sang-froid, totalement sans scrupules, sauvages. »

Marc BABRONSKI

«France Soir»

décevoir *disappoint*
l'heure de la coupure *the slack time*

B ETUDE LINGUISTIQUE

1. Les verbes

Sans vous référer au texte, recopiez les phrases suivantes, en conjuguant les verbes appropriés choisis dans la liste:

mourir	tenir
remonter	retrouver
maîtriser	s'enfuir
devoir	attendre

a) Il .... tête à deux truands.
b) Le jeune directeur .... sur le coup.
c) Les braqueurs .... sans voler un centime.
d) On ne les .... toujours pas .... hier.
e) L'un des deux bandits .... par le directeur adjoint.
f) Il .... lâcher prise.
g) Les deux gangsters n'.................... pas .... une seconde de plus.
h) A pied ils .... la rue Chateaubriand.

2. Lexique

Cherchez dans le texte les mots et les expressions qui correspondent aux définitions suivantes:

a) sans arme
b) visés
c) immédiatement
d) dans un autre endroit
e) aider
f) obligeant
g) mon travail
h) aux investigateurs
o) des preuves
j) immoral

C JEUX DE ROLE

1. Simulez la conversation entre deux employées de la «supérette» Banco qui parlent de leur patron Manuel Gonçalves avant sa mort.
2. Simulez ce que raconte l'adjoint du directeur sur ce qui s'est passé le jour de l'attaque.

D DISCUSSION

Qu'est-ce que vous pensez de tels crimes?
Quels étaient les mobiles des deux bandits à votre avis?
Pourquoi est-ce qu'ils portaient des revolvers? Avaient-ils l'intention de tuer selon vous? Est-ce que M. Gonçalves avait raison de tenir tête aux «braqueurs», selon vous? Qu'est-ce que vous auriez fait, vous?
Croyez-vous que «France-Soir» donne une image equilibrée des événements survenus?

Lisez maintenant l'article qui est paru dans «Le Monde».

Document — *Le directeur d'un magasin est tué*

● *Le directeur d'un magasin est tué lors d'un hold-up.* – **Le directeur d'un magasin de Savigny-sur-Orge (Essonne) a été tué, jeudi 4 juillet, d'une balle de révolver au cours d'une tentative de hold-up commise par deux gangsters qui ont pris la fuite.**

Peu après midi, deux malfaiteurs ont pénétré dans la supérette Banco, rue de Châteaubriand, à Savigny-sur-Orge, masqués et armés de revolvers 9 mm. Ils ont obligé le directeur du magasin, M. Manuel Goncalves, vingt et un ans, de leur ouvrir le coffre. Celui-ci et son adjoint ont refusé d'obéir aux bandits et ont voulu résister en leur jetant des boîtes de conserve.

Les agresseurs ont alors ouvert le feu à plusieurs reprises, atteignant M. Goncalves, qui a été tué sur le coup.

«Le Monde»

A STYLE

Comparez les deux exposés – celui de «France-Soir» et celui du «Monde». Lequel vous paraît le plus clair? Le plus détaillé? Le mieux écrit? Le plus intéressant?

B CONTENU

Etudiez soigneusement les informations que vous avez recopiées dans la Fiche Rapport. Quelles informations manquent dans l'article du «Monde»?

Quels détails sont compris dans l'article du «Monde» qui ne paraissent pas dans l'article de «France-Soir»? Que pensez-vous des témoignages cités dans «France-Soir»?

C PRESENTATION

Comparez l'impact visuel des deux exposés. Réfléchissez tout particulièrement sur:

a) les caractères – gros ou petits? italiques ou gras?
Comment expliquez-vous la gradation de caractères dans l'article de «France-Soir» qui débute avec une énorme manchette pour arriver à la fin à de très petits caractères?

b) La position de l'article dans le journal entier – l'article est paru à la une de «France-Soir» tandis que l'article du «Monde» se trouve à la page 6.

En considérant l'importance attribuée à cet événement par chacun de ces journaux, dites à quel public chaque journal s'adresse.

Study skill

Writing a concise account

The «Le Monde» article is a model of concision. Have a close look at the techniques the journalist employs to see if you can use them in your own summaries.

The writer has packed a great deal of information into 120 words and retains a high level of interest at the same time. He does this by using...

1. linking words which are followed by nouns rather than verbs:

   lors d'un hold-up
   au cours d'une tentative

2. the past participle instead of a subordinate clause or a new sentence including a full verb form:

   une tentative de hold-up **commise** par deux gangsters
   deux malfaiteurs ... **masqués** et **armés** de revolvers

3. a subordinate clause:

   deux gangsters **qui ont pris la fuite**
   M. Gonçalves **qui a été tué sur le coup**

4. the present participle (**en**) **-ant**

   ... en leur jetant des boîtes de conserve
   ...atteignant M. Gonçalves

5. the use of commas and phrases in apposition:

   ... le directeur du magasin, M. Manuel Gonçalves, vingt et un ans...

6. a concise and accurate means of linking sentences together and referring back to elements mentioned earlier, e.g.:

   celui-ci ... (referring back to M. Gonçalves – concise – accurate)
   les agresseurs (referring back to **les malfaiteurs** – different term used – interest sustained)

B GRAMMAR – Implications for verbs

Note that a greater density of passive verb construction is required where you wish to say two (or three) things about a person who has been, say, the victim of a crime.

Using both the active and passive voice together gives more flexibility allowing the noun to be an axis around which verbs play:

passive construction ↓ (commise) — *active construction* ↓ (qui ont pris la fuite)

... une tentative de hold-up **commise** par deux gangsters **qui ont pris la fuite**

active construction ↓ (atteignant) — *passive construction* ↓ (qui a été tué)

... **atteignant** M. Gonçalves **qui a été tué** sur le coup

C A VOUS DE REDIGER

1. Vous êtes journaliste au «Monde». C'est à vous de rédiger la rubrique «Société». Un journaliste de province vous envoie l'article ci-dessous. Résumez-le dans le style du «Monde» (120 mots) en utilisant les techniques que vous avez etudiées dans la section *Writing a concise account.*

Scandale à Buckingham

Lady Di a accepté une superbe bague offerte par un admirateur français

POUR ses vingt-quatre ans, qu'elle célébrait lundi, Lady Di a pris des risques sans précédent qui pourraient bien, outre une révolution de palais — celui de Buckingham — lui préparer des lendemains orageux.

Objet du scandale à la Cour, bien vite répercuté dans toute la Grande-Bretagne : une bague somptueuse d'or, incrustée de diamants, estimée à 120.000 F, qu'un admirateur passionné et téméraire a offert en catimini à celle qui devrait un jour devenir reine. Un geste qui constitue un crime de « lèse-étiquette ».

Pire encore, inqualifiable même à l'égard du protocole : Lady Di, sans façon et avec même une jubilation certaine, a accepté le compromettant cadeau... sans seulement consulter le prince Charles, ni l'en avertir.

C'est, en effet, samedi, alors que l'héritier de la Couronne disputait un match de polo à Windsor, que la princesse cachottière, recevant son admirateur dans le pavillon royal, a accepté le cadeau sans hésiter. **L'homme par qui le scandale est arrivé, Louis Gérard, un joallier français de soixante-deux ans, aux cheveux blonds et au charme qu'on dit indiscutable, n'a jamais caché combien il est sensible à la séduction de la princesse.**

Trophée

Seulement voilà : ignorant tout de l'admiration dont sa légitime épouse est l'objet, le prince Charles, n'en croyant ses yeux, a découvert le joyau au doigt de Lady Di, alors qu'elle lui remettait officiellement, et devant un parterre choisi, le trophée qu'il venait de gagner en toute innocence au polo, tandis que la traîtresse acceptait la bague.

Circonstance aggravante : Lady Di arborait le bijou à l'annulaire gauche, exclusivement réservé par les convenances, comme chacun sait, aux bagues de mariage. « La bague n'aurait pas dû être faite, et encore moins acceptée », dit-on aujourd'hui à Londres, où l'on rappelle que selon le protocole de Buckingham Palace, la famille royale s'interdit d'accepter les dons de sociétés commerciales. Mais au nom de qui au juste, de sa société ou du sien propre, Louis Gérard a-t-il offert la bague ?

Le prince Charles, décidément « doublé » dans cette affaire, devait offrir, lui, son présent d'anniversaire à Lady Di hier seulement. Un cadeau qui devait être... un bijou. Mais arrivé bon dernier, le prince Charles n'est pas content. Bref, à Windsor, c'est peut-être une nouvelle « affaire du collier » qui a commencé, même si Lady Di n'a guère de point commun avec la reine Marie-Antoinette.

des lendemains orageux = des conséquences orageuses
lèse-étiquette *a crime against etiquette (made-up word)*
doublé *overtaken, bested*

2. Vous êtes un des correspondants anglais du «Monde». Vous lisez l'article suivant dans un journal anglais dont vous voulez transmettre l'essentiel aux lecteurs français. Résumez les points essentiels du passage dans 10 ou 12 phrases. Reliez les phrases en utilisant les techniques etudiées pour créer un paragraphe suivi.

It was a slow day for news until this pink pig took wing

By Clive Borrell

It was a slow news day so I telephoned the Yard. "Sorry, there is very little crime about ".

I grunted and wondered whether to write out my expenses. " I can offer you a flying pink pig if you like."

I grunted again. " I see those every morning ", I said.

" Really. There's a flying pink pig loose at 7,000 feet and it's causing a hazard to aircraft."

I told him to look at his calendar. " There are months to go before April 1 ", I said.

I told the news editor there was no crime about. " You can have a flying pink pig if you fancy it ", I offered. " Get some more coffee. It might help ", he advised.

Twenty minutes later I decided to ring someone else at the Yard. " Not much about I'm afraid unless you're interested in a flying pink pig ", he said, and laughed.

" Do you want me to tell you about it ? " I knew I was not going to get any peace until he did.

" At 10.25 this morning a pink pig balloon measuring 10 metres by five metres, escaped from its mooring in the car park of Battersea power station. It was there to advertise the pop group, Pink Floyd, but it broke loose.

" One of our helicopters on traffic patrol intercepted a radio message from a light aircraft to the control tower at Heathrow airport. The pilot was heard to say : "I've just been overtaken by a pink elephant at 7,000 feet.

" The helicopter crew offered to help because the control tower could not plot the creature on their radar."

He paused. " Don't tell me— you chased it ", I said in disbelief. " No, we escorted it across London as far as Crystal Palace. Now it's out of our area ", he said regretfully.

At noon the helium balloon was 20 miles east of London over the Essex suburbs and the Civil Aviation Authority was also infected by mirth.

" It's the best laugh we've had for ages. We've told all aircraft to keep an eye out for it. You can imagine the shock some passengers would get if a pig flew past."

Later police in Essex reported : " It's at about 5,000 feet and seems to be coming down. It must be getting hungry." I groaned. I gave up grunting when I realized the significance of the noise.

By mid-afternoon the pig was 18,000 feet above Chatham, and gave every appearance of heading home to Germany, where it was made.

But several hours later it became deflated and subsided disconsolately on to a farm at Chilham, near Canterbury.

3. Traduisez l'article suivant:

Charlie Chaplin's son, Christopher (above), aged 23, with the comedian's hat and cane which were sold yesterday for £15,000 at an auction at Christie's in London. They were bought on behalf of a group of friends. Mr Chaplin, who was not part of the group, said later that he was delighted the items would stay in Britain.

They were bought by Chaplin in the United States in 1920 for $5 each, and later sent to a friend in England as a token of thanks for support early in his career.

Picture by Frank Martin

13 *Plus les régions sont de climat chaud, plus il y a extériorisation des sentiments*

CONTRASTES Les gens du Nord/les gens du Midi
Les immigrés en France/en Belgique

KEYPOINTS
- *Translating into English*
- *Comparing things; talking about causes and consequences*
- *The pluperfect tense of the passive voice*

Cassette

De là vient le contraste

A COMPREHENSION

Après avoir étudié les noms des villes et des régions marquées sur la carte de «l'hexagone»* donnée ci-contre, écoutez bien ce que dit Mme Raugel sur la différence entre le nord et le sud de la France. Répondez aux questions:

1. Quelle est la différence entre le nord et le sud de la France en tant que climat?
2. Quelles sont les conséquences pour la vie des habitants de ces régions?
3. Comment le climat influence-t-il le tempérament des gens?
4. Quels sont les autres facteurs qui contribuent aux différences entre le Nord et le Sud?
5. Quelle est la «petite rectification» que fait Mme Raugel?
6. Quel est l'avantage des amitiés «construites à l'intérieur d'un foyer» selon Mme Raugel?

B LES DETAILS

Lisez les questions suivantes sur la géographie et le lexique. Ecoutez encore une fois le passage enregistré pour répondre aux questions.

Géographie
Avez-vous bien compris tous les noms des pays?

1. Dans quels pays est-ce qu'il fait froid selon Mme Raugel?
2. Où est-ce que les cafés ont d'immenses terrasses?
3. Où est-ce qu'il y a plus de tourisme que sur l'Ile de la Madeleine des Lilas?
4. Quelle est la région où les gens préfèrent vivre dehors?
5. Où est-ce que les gens reçoivent plus chez eux?
6. Où est-ce que Mme Raugel a beaucoup randonné à bicyclette?

*nom souvent attribué à la France à cause de sa forme hexagonale

Lexique

Devinez le sens des expressions suivantes selon leur contexte dans le passage que vous venez d'écouter. Donnez-en des définitions verbales.

géler; le mimosa; l'eucalyptus; des gens affables; les gens débordent à l'extérieur; on bavarde d'une table à l'autre; moins d'échanges; ils se reçoivent plus chez eux; il y a une petite rectification à faire; j'ai entendu dire . . .; partout où j'ai circulé; un accueil charmant; plus il y a extériorisation des sentiments . . .; des amitiés plus durables.

C GRAMMAIRE

Faites la comparaison.
Notez les phrases qu'utilise Mme Raugel pour faire ressortir les différences entre le nord et le sud de la France:

1. **tandis que**

On bavarde d'une table à l'autre tandis que dans le nord les gens sont beaucoup plus froids.

2. **plus/moins**

a) **moins de** / **plus de** } + **substantif**

Il y a moins de touristes, donc peut-être moins d'échanges.

b) **moins** / **plus** } + { **adjectif** / **adverbe** (**... que ...**)

On vit moins dehors que dans le Midi.
Ils sont plus volontiers dehors.

c) **comparaison double**

Plus les régions ont un climat chaud, plus il y a extériorisation des sentiments.
Plus les régions sont froides moins il y a d'occasions d'échanges.

3. **tant de/autant de**

tant / **autant** } **de + substantif** (*as many ...as ...*)

Il n'y a pas autant de touristes que dans le nord.

aussi / **si** } + **adjectif (que ...)** (*as ... as*)

Le climat n'est pas aussi agréable que sur la Côte d'Azur.

4. **comme**

Gros comme un loup.
On ne visite pas l'Ile de la Madeleine des Lilas comme on visite la Côte d'Azur.

D JEUX DE ROLE

A vous de faire la comparaison.

1. Vous décidez d'acheter une maison avec votre partenaire. L'un(e) d'entre vous aime la ville, l'autre aime la campagne. Essayez de le/la convaincre en en faisant la comparaison.
2. Un ami français va visiter votre pays. Il vous demande des conseils sur les régions qu'il faut visiter. Faites la comparaison entre deux régions ou deux villes que vous connaissez bien, par exemple:
le pays de Galles/le sud de l'Angleterre. Londres/Weymouth
la Côte Ouest/la Côte Est les Cornouailles/Manchester

Language facts

Translation (Thème et version)

Translations may be

a) from your own language into the foreign language – **thème**
b) from the foreign language into your own language – **version.**

These are sometimes known in English as *prose composition* and *(unseen) translation*, respectively. In this Unit, the focus is on **version** – translating from French into English. You have no doubt found it easier to translate into your own language than into the foreign language – you have more expressions at your disposal and are more confident in your intuition that something sounds 'right'. But translation is an art in itself. You can be very good at understanding French and responding appropriately in the foreign language without necessarily being a good translator. The first pre-requisite is, of course, accuracy – but beyond accuracy your translation should read like an original piece of English. This is where the fun starts! Just how much can you sacrifice in terms of accuracy in order for your translation to sound natural in English? This is the tight-rope which professional translators tread. The best succeed in combining a high degree of truth to the author's intention with flowing English style.

REGISTER

How accurate a translation has to be depends to a great extent on what you are translating. Providing all the information is there, a tourist brochure, for example, could depart a great deal from the original without much harm done. A passage from literature, on the other hand, must be treated with enormous care. Every effort must be made to remain true to the author. The comparison between tourist brochures and works of literature raises the question of register. Tourist brochures are usually written in a particular sort of style – you should attempt to use that style in English when you translate, selecting words and expressions which fit in. You would of course use a different register, selecting different vocabulary items, if translating a newspaper article or a children's fairy story, an extract from a play or a business letter.

Document

Le musée en herbe

A

Lisez le passage français sur le Musée en Herbe. Pour le moment cachez la version anglaise. Traduisez le passage oralement. Découvrez la version anglaise. Faites une comparaison, phrase par phrase, des deux versions.

1. Faites une liste des informations qui sont exclues de la version anglaise.
2. Faites une liste des points de traduction qui vous paraissent intéressants.
3. Discutez avec le professeur et les autres membres du groupe sur:
   a) le style du passage anglais par rapport au style du passage français
   b) les différences de présentation entre les deux versions

B

JUGEMENT

Etes-vous de l'avis que la traduction que vous venez d'étudier est réussie? Pour quelles raisons?

Astérix et Obélix attendent petits et grands dans un village gaulois semblable à ceux qui peuplaient la France au 1er siècle avant Jésus Christ. Il a été reconstitué fidèlement par une équipe d'archéologues :
Les maisons en torchis couvertes de chaume sont meublées d'objets prêtés par les grands musées. Des artisans initiés aux techniques gauloises animent le village.
Des films vidéos et des jeux en français, anglais, italien, espagnol sont à la disposition des visiteurs.
Ce village est situé au cœur du Jardin d'Acclimatation, le plus grand parc d'attractions de Paris où vous découvrirez une rivière enchantée, un guignol, des animaux, des jeux, des restaurants... un lieu magique pour passer une journée de rêve.

Let Asterix and Obelix be your hosts in a real Gallic Village, just like the ones that covered France at the time of the Romans !
A team of archaeologists have faithfully re-created the thatch-covered, mud-walled houses of ancient Gaul, and filled them with the utensils that the inhabitants used-borrowed from the great museums of France.
Craftsmen practicing the ancient Gallic arts produce in front of your eyes. Short films and video-games in several European languages, including English, are there for your enjoyment.
This Gallic village is located in the midst of the "Jardin d'Acclimatation" which – for the benefit of those who don't already know – is the largest leisure park of Paris with
- *a magic river,*
- *puppet shows,*
- *a zoo,*
- *all kinds of games for young and old,*
- *restaurants, etc.*

In other words, an ideal place to spend an enchanting day !

Document

La perle du Roussillon

Un ami français est employé dans une agence de voyage dans le Roussillon. Pour encourager le tourisme anglais, l'agence a produit une version anglaise d'un dépliant publicitaire. Votre ami vous a envoyé une copie en vous priant de corriger l'anglais et, si nécessaire, de le rédiger à nouveau, en choisissant des termes appropriés.

Lisez les deux versions. En travaillant avec un partenaire recomposez la version anglaise. Faites la comparaison entre ce que vous avez écrit et ce qu'ont écrit les autres membres de la classe. Consultez-vous afin de produire une version finale perfectionnée.

BIENVENUE A CANET-PLAGE

Située à 12 km de Perpignan, à l'extrême sud de la France, à proximité de l'Espagne et de l'Andorre, bordée d'un arrière-pays riche en sites pittoresques et historiques, terroir de vignobles renommés, CANET-PLAGE est une station balnéaire classée, bénéficiant de nombreux privilèges qui lui assurent un succès toujours plus grand.

Une grande plage de sable fin en pente très douce, 6 postes de surveillance avec douches, du soleil en toutes saisons — 20 hôtels, 15 campings et caravanings, 5000 meublés — des prix réduits hors saison — des forfaits week-ends pour Comités d'Entreprises, Clubs et Associations — Des séjours en pension complète pour le 3ème Age avec animation — Un port de 1000 mouillages pour bateaux jusqu'à 25 mètres doté d'équipements ultra-modernes et surveillé par circuit fermé de télévision. Une piscine ouverte toute l'année — Des installations pour tous les sports aquatiques et terrestres : voile, pêche en mer, aviron, natation, tennis, etc.. Un arrière-pays très riche en curiosités : monuments d'art roman, paysages de montagne, stations thermales, stations de sports d'hiver, grottes souterraines

CANET-PLAGE bénéficie d'une urbanisation équilibrée qui a su lui conserver un cadre de vie agréable et élégant. Les nouveaux programmes immobiliers apportent un nouvel embellissement à la cité et ont, auprès du public, un succès incontestable.

CANET-PLAGE reste, sans conteste, la perle du Roussillon

WELCOME IN CANET-PLAGE

Situated at 12 km from Perpignan, at the extreme south of France, near Spain and Andorra, lined with an inner countryside rich in picturesque landscapes and historical treasures, with famous local vineyards, Canet-Plage is a renowned seaside resort, having many privileges which always give her more success.

A long and large beach with its fine sand and the progressive slope of its shore, 6 first-aid stations with showers, the sun in each season — 20 hotels, 15 campings and caravanings, 5 000 appartments — special prices out of season — week-ends on contract for the boards of enterprises, clubs and associations — stays in full board for pensionners with an animation — A harbour of 1 000 mooring berths for boats till 25 m long, with modern equipements and controlled by a closed circuit of television — a swimming-pool open the whole year — equipements for every water-sports and landsports : sailing, seafishing, rowing, swimming, and so on.. — An inner land very rich in places of interets : romanesque monuments ; landscape of mountains, winter sports resorts, caves.

Canet-Plage with its well made town planning, is a pleasant city. The last building programms of houses and appartments bring a new improvment to this city, and they have by the public an unquestionable success.

Canet-Plage remains, indisputably, the jewel of Roussillon.

Since this brochure was published, the town has changed its name to **Canet en Roussillon**.

Document

Alors, les immigrés, tous des voleurs?

A

LECTURE RAPIDE

Vous feuilletez «Le Monde Aujourd'hui» quand votre attention est attirée par cette lettre envoyée par M. Julien-Laferrière. Vous avez trois minutes pour la lire et en retenir les faits essentiels.

Honnêteté

Le vendredi 2 novembre, après avoir fait quelques achats dans un supermarché de la banlieue orléanaise, je m'aperçois, en rentrant chez moi, que j'ai perdu mon carnet de chèques.

J'appelle ma banque à Paris, afin de faire opposition aux chèques. Il m'est dit qu'une personne a téléphoné d'Orléans pour prévenir qu'elle avait trouvé le chéquier.

Hier, je reçois un avis de mise en instance d'une lettre recommandée : c'est ma banque qui me restitue le chéquier, accompagné d'une courte lettre de la personne qui l'a trouvé. Cette lettre est signée d'un nom et d'un prénom à consonance musulmane.

Alors, les immigrés, tous des voleurs ? Combien de « bons Français » n'auraient pas pris la peine de téléphoner à plus de 100 kilomètres à une heure de plein tarif des communications, puis d'envoyer un pli pesant près de 100 grammes... Evidemment, j'allais oublier de le signaler, aucun chèque n'avait été tiré.

Quelle leçon pour nos honnêtes concitoyens, si xénophobes actuellement !

FRANÇOIS JULIEN-LAFERRIÈRE,
avocat à la cour
(Paris).

un avis de mise en instance d'une lettre recommandée *a notice that there was a registered letter for me*

B

HONNETETE

Couvrez le texte. Un étudiant doit raconter ce qui s'est passé le vendredi 2 novembre et les jours suivants. Les autres membres de la classe doivent écouter avec attention en notant les points où le récit fait par l'étudiant diverge de ce qu'a dit M. Julien-Laferrière. Ils ne doivent pas reconsulter le texte mais faire appel à leur mémoire uniquement. Décidez quels étaient les faits réels évoqués dans la lettre. Vérifiez-les en relisant la lettre.

C

JEU DE ROLE

C'est vous qui avez trouvé le chéquier de M. Julien-Laferrière. Simulez le coup de téléphone que vous donnez à la banque.

D

GRAMMAR

The pluperfect passive (I had been warned!)

This is formed by using the pluperfect of **être** plus the past participle of the verb in question: Note that the auxilliary you use with **être** is **avoir**! (**J'ai été . .**)

j'avais	**nous avions**	**été prévenu(es)**
tu avais	**vous aviez**	
il / **elles** } **avait**	**ils** / **elles** } **avaient**	

The past participle agrees in number and gender with the subject of the verb:

Aucun chèque n'avait été tiré. (None of the cheques had been drawn.)
Les achats avaient été faits. (The shopping* had been done.)

E EXERCICE

Voix active → voix passive
Recopiez les phrases suivantes en utilisant la voix passive:

1. J'avais perdu mon carnet de chèques.
2. Quelqu'un avait trouvé le chéquier.
3. La banque m'avait restitué le chéquier.
4. Quelqu'un avait signé la lettre.
5. On n'avait rien volé.

*__les achats__ – always plural

Document *On oppose les immigrés aux Français*

Tous, sauf un !

Il est bon de toujours se méfier lorsqu'on généralise à l'ensemble d'un groupe le comportement d'un de ses membres, car c'est là le mécanisme même du racisme.

Ainsi, et avec les meilleures intentions, Me Julien-Laferrière nous en donne un bon exemple (« Honnêteté », *le Monde Aujourd'hui*, daté 25-26 novembre 1984) en relatant la restitution de son chéquier perdu, pour l'unique raison que celui qui l'a trouvé a un nom à consonance musulmane.

A sa question : « Alors, les immigrés, tous des voleurs ? », les racistes répondront : « Oui, tous sauf un ! D'ailleurs il faudrait avoir le goût du risque pour tenter de négocier un chèque au nom de maître François Julien-Laferrière lorsqu'on est pauvre et basané. Il vaut mieux rendre le chéquier en espérant une récompense. »

Ce qui est plus fâcheux c'est, qu'une fois de plus, on oppose les immigrés aux Français, même si c'est à rebours, et je voudrais dire qu'il me semble que l'immense majorité des habitants de la France est composée de gens honnêtes. Ainsi, chaque fois que j'ai perdu quelque chose, je l'ai retrouvé. Je ne peux cependant rien dire sur les origines des personnes qui m'ont rendu ce service, celles-ci n'ayant pas jugé utile de se faire connaître, et je profite de l'occasion pour les remercier du fond du cœur, car elles ne se sont pas penchées sur mon nom et ont certainement agi ainsi car « c'est la moindre des choses ».

TOUFIK GHANEM
(Tours).

A DEVINEZ LE SENS

Lisez la lettre écrite par M. Toufik Ghanem.
Devinez le sens des mots suivants selon leur contexte:
se méfier; le comportement; la restitution; basané; récompense; fâcheux; à rebours; se pencher
Vérifiez votre définition en cherchant le mot dans un dictionnaire.

B LES POINTS PRINCIPAUX

Quelques-unes des phrases suivantes correspondent aux idées exprimées dans la lettre alors que d'autres n'y correspondent pas. Quelles sont celles de M. Toufik Ghanem?

1. Le racisme provient d'une généralisation excessive.
2. M. Julien-Laferrière est raciste.
3. La lettre de M. Julien-Laferrière laisse supposer que tous les immigrés peuvent ressembler à la personne qui a restitué le chéquier.
4. M. Julien-Laferrière aurait écrit une lettre pareille si celui qui avait trouvé le chéquier s'appelait «Martin» ou «Lefèvre».
5. Le monsieur au nom à consonance musulmane n'a restitué le chéquier que parce qu'il espérait une récompense.
6. Le pire, c'est que M. Julien-Laferrière souligne que «les immigrés» ne sont pas français.
7. M. Julien-Laferrière oppose les immigrés aux Français volontairement.
8. La plupart des Français ne sont pas honnêtes.
9. Personne n'a jamais restitué d'objets perdus à M. Toufik Ghanem.
10. Il croit qu'il est tout à fait naturel de rendre un objet perdu à son propriétaire.

C RESUME

Résumez en anglais (100 mots maximum) l'argument de M. Toufik Ghanem.

D COMPLETEZ LA PHRASE

Choisissez une des expressions dans la liste pour compléter les phrases ci-dessous. Il faudra conjuguer les verbes.

se méfier
il faudrait avoir le goût du risque
basané
rebours
profiter de l'occasion
fond du cœur
se pencher
la moindre des choses

1. Je vous remercie du ....
2. Je vous en prie – c'est ....
3. On n'a pas de confiance – on ....
4. En rentrant des grandes vacances passées au bord de la mer Jacques avait l'air sain et ....
5. Devenir cascadeur! – .... !
6. Il va passer deux jours en Angleterre. En principe, c'est un voyage d'affaires mais il va .... pour rendre visite à son frère.
7. Je m'excuse. Je n'entendais pas. Je l'ai compris à ....
8. Heureusement, les gens qui l'ont interviewé ne .... pas sur sa façon de s'habiller (ce qui était très minable!) – il a obtenu le poste!

E **Celui qui l'a trouvé** (The person who found it)

How could you say:

1. The person who telephoned.
2. The (female) person who left a message.
3. The (female) person who arrived yesterday.
4. The people you dropped at the airport.
5. The people I met for the first time last week.

F **Ce qui est plus fâcheux ...** (What is more annoying...)

How would you say:

What is more ... 1. important 2. difficult 3. interesting
4. dangerous 5. irritating

G **Je ne peux cependant rien dire sur ...**

Note the word order.
How would you say:

However I can't say anything about ...

1. the position of immigrants in France.
2. the rise of the French national front – **le Front National.**
3. the problems of violence in the inner-city.
4. the arming of police officers.

Cassette

Il n'y a pas d'histoire d'immigration pour eux

A PRENDRE DES NOTES

Vous êtes reporter. Vous faites un sondage sur les problèmes de l'immigration perçus par les habitants de Bruxelles en Belgique. Vous interviewez M. Scheenaerts qui est un professeur belge. Ecoutez ce qu'il dit à ce propos. Recopiez la fiche ci-dessous en indiquant les points principaux:

Mouvements d'immigration

Depuis l'an: 19. . . .
Pourcentage d'immigrés dans la population: ....
Pays d'origine des immigrés: ....
Problèmes d'intégration:

1. ....
2. ....
3. ....

B LEXIQUE

A l'aide d'un dictionnaire, vérifiez le sens des expressions suivantes (dont vous aurez déjà formulé une idée générale du sens selon leur contexte):

1. Pour les familles turques qui rentrent ici en Belgique il y a pas de **point de repère.**
2. L'intégration est encore plus difficile pour eux que pour les Italiens ou pour les Espagnols **d'antan.**
3. Il y a un gros **décalage** et un gros contraste entre ces familles turques et la population belge.
4. Ces valeurs culturelles **font** que les belges ne les acceptent pas facilement.

C REPORTAGE

En utilisant le schéma fourni ci-dessous, écrivez un reportage sur la situation d'immigration à Bruxelles basé sur les informations fournies par M. Scheenaerts. Ajoutez une conclusion dans laquelle vous donnez votre avis à vous.

Les mouvements d'immigration les plus récents

Bruxelles

En une .... d'années, le pourcentage d'immigrés à Bruxelles a atteint .... Ce pourcentage prend en compte une forte proportion de nouveaux arrivés du .... L'intégration de ces familles pose des problèmes puisque, d'une part .... D'autre part, ... ,

Ensuite, ...

....

D EXPRIMER DES CONSEQUENCES

M. Scheenaerts parle des conséquences de l'immigration, des problèmes soulevés et des causes fondamentales. Croyez-vous que la situation soit pareille en Angleterre? Aux Etats-Unis? En Australie? Pourquoi (pas)? Donnez votre avis en utilisant certaines des expressions suivantes:

alors; en conséquence, par conséquent . . .; faire que, causer, provoquer; résulter que . . .; quand on . . .; si on . . .; chaque fois que . . .; puisque . . .; comme . . .; étant donné que . . .; c'est parce que . . . que . . .
. . . pour avoir . . .
. . . sous l'action de . . .
. . . à cause de . . .
. . . car . . .
venir de . . .; découler de . . .

E DISSERTATION

En vous servant des expressions dans la case ci-contre, rédigez une dissertation de 300 mots sur l'un des sujets suivants:

1. Sans immigrés il n'y aurait pas de chômage.
2. Pauvreté, mauvais logement, un avenir bouché – voilà les causes fondamentales du crime.
3. «C'est en forgeant qu'on devient forgeron». Discutez.

Document

Immigration – The Law must be firm but fair

Lisez l'article à la page suivante. Une amie française vous demande quelle est la position actuelle des partis politiques anglais à l'égard de l'immigration. Expliquez-la selon les informations données ici. Votre professeur prendra le rôle de l'amie française.

Vocabulaire

les travaillistes *Labour*
les conservateurs *the Conservatives*

Labour's leader reveals why our race laws must be changed

This Government's immigration laws are not fair. In purpose and in practice, they discriminate against British families who happen to be Black or Asian.

IMMIGRATION to Britain is not about new workers coming to find jobs. It hasn't been for over twenty years.

Some politicians and some of the press have recently tried to stir up fears among all communities in Britain. But they know full well that there is no question of "going back to the 1950s."

Our immigration laws have to be firm. But they must also be **FAIR.**

FAIR to all the citizens of this country and others settled here.

FAIR to their families.

And **FAIR** to the visitors who come to see their relatives, or to do business, or as tourists.

IMMIGRATION

The law must be FIRM but FAIR

by NEIL KINNOCK

For centuries, this country has given her citizenship automatically to everyone born here. Mrs Thatcher removed that right in 1981.

For centuries, this country recognised that any British citizen, or anyone legally settled here, should have the right to live here with their family.

Fear

That right has been whittled away.

In theory, the law applies equally to all.

In practice, if your fiance or husband comes from Australia of America, he will have no trouble getting permission to live here.

But if he comes from India or Pakistan or Bangladesh, then he may wait up to 18 months before even being interviewed.

If he doesn't have a job to come to, he can be turned down for fear he may be a burden on the state, but if he does have a job, that's "evidence" he wants to come to Britain to work, not to marry.

Not surprisingly, half the couples who apply fail this Catch 22 test.

Parent and child, too, may be separated by our immigration laws.

And the law separates grandparents from their children and grandchildren.

Grandparents from New Zealand or Canada, of course, are unlikely to be turned down.

But the Indian grandmother of children born and brought up in this country has almost no chance of coming here to live with them — even though she would claim no pension and her family would house and support her.

And once she has been refused permission to settle, she may be turned down even for a brief visit.

If you are a British citizen, born here, who has lived here all your life, you may still find yourself treated like a suspect alien — if the colour of your skin happens to be black.

But an Australian citizen, who has lived there all his life, can get automatic admission to Britain, by proving that one of his four grandparents was born here.

These injustices matter. They matter to the individuals who suffer.

14 Ça leur était très pénible au début

CONTRASTES Les points de vue des jeunes agriculteurs/ce qu'en pense l'opinion publique
La vie vue par les vieux et par leurs enfants

KEYPOINTS
- *Structuring arguments, when speaking and writing*
- *Expressing anxiety, doubts, one's inability to put up with things; talking about a shift in opinion*
- alors que; *the subjunctive after verbs implying uncertainty; formation of the compound tenses of the subjunctive;* y *and* en; *(Passive) past infinitive*

Cassette

L'Opération Sourire

Sur une route de Haute Garonne j'ai vu des panneaux indiquant une «Opération Sourire». Curieuse de savoir de quoi il s'agissait je me suis arrêtée près d'un stand chargé de produits régionaux – vins, fromages et tourtes. J'ai demandé au responsable la signification de «l'Opération Sourire».

A ECOUTEZ le passage enregistré. Résumez en anglais les raisons pour lesquelles on a lancé «l'Opération Sourire». (Maximum 30 mots.)

B Tout en écoutant le passage de nouveau, transcrivez les phrases qui manquent dans le texte suivant:

Oui, alors, «l'Opération Sourire» est organisée par les jeunes agriculteurs des deux cantons, de la région, et ....[1] ....[2], d'une part, d'autre part de créer aussi le dialogue entre les gens qui sont non-agriculteurs et les jeunes agriculteurs. Les jeunes agriculteurs estiment avoir un certain nombre de problèmes et profitent un petit peu de cette «Opération Sourire» bon, c'est ... .[3] contrairement à quelques actions un peu plus dures qu'on peut mener en bloquant les routes ou en bloquant une ville, bon, ...[4] bon là, ça permet de ... pour nous les jeunes agriculteurs ... de se rattraper un petit peu et d'expliquer ....[5]. Voilà les deux buts en définitive: faire connaître les produits et créer le dialogue, expliquer nos problèmes.

C ESSAYEZ DE DEVINER la signification des expressions suivantes. Trouvez une phrase anglaise qui y correspond.

1. Les jeunes agriculteurs **profitent** de cette «Opération Sourire».
2. Quelques actions **revendicatives.**

3. Ça permet de **se rattraper.**
4. Voilà les deux buts **en définitive.**

D TROUVEZ DANS LE TEXTE des synonymes de

1. fermier; 2. vise à; 3. pensent; 4. un milieu

E GRAMMAIRE

Notez!

1. Deux expressions avec **faire.**

faire + verbe
faire connaître (= inviter à connaître)

Voilà les deux buts en definitive: faire connaître les produits et créer le dialogue, expliquer nos problèmes.
c.f. faire venir le médicin/faire entrer/faire monter.

faire + substantif
faire plaisir à quelqu'un (= avoir un effet sur quelqu'un)

Quelques actions qui ne font pas toujours plaisir à l'opinion publique.
c.f. faire peur/faire du mal/faire du bien à quelqu'un.

2. Deux verbes suivis de **de**

profiter de + substantif
permettre de + verbe

Les jeunes agriculteurs profitent de cette «Opération Sourire» pour se rattraper.
Ça permet d'expliquer pourquoi on a fait de telles actions.

F LA STRUCTURE DU DISCOURS VERBAL

Le langage des public-relations

Remarquez que le monsieur présente les faits sur «l'Opération Sourire» d'une façon structurée, comme s'il donnait un reportage à la presse. Etudiez la transcription du passage entier dans lequel vous avez rempli les blancs (exercice **B**).

1. Quels étaient les deux buts principaux de «l'Opération Sourire»? De quels mots le monsieur se sert-il pour signaler qu'il a terminé son premier point et qu'il enchaîne sur le suivant?
2. Quel aspect du sujet développe-t-il après avoir ébauché les points principaux?
3. De quels mots se sert-il pour signaler qu'il arrive à la fin de son discours et qu'il en résume le contenu?

G A VOUS DE PRESENTER votre cas à la presse

Vous faites partie d'un groupe de jeunes qui luttent contre l'injustice et la cruauté dans le monde. Aujourd'hui vous montez un stand au marché afin de gagner un peu d'argent pour votre cause et pour attirer l'attention du grand public. Un journaliste arrive pour vous interviewer. Heureusement vous vous êtes préparé! En suivant le modèle du discours du monsieur de «l'Opération Sourire», ébauchez les buts principaux d'un groupe de votre choix dont les panneaux sont les suivants:

Grève de la faim – pour les affamés du Tiers Monde.
Pluies Acides – sauvez nos forêts!
Action Animaux – non aux massacres des phoques.

H DISCUSSION

Vous avez 90 secondes pour présenter votre discours aux autres membres de la classe. Ecoutez ce que disent les autres et posez-leur des questions sur ce qu'ils viennent de dire.

I ET VOUS?

Faites-vous partie d'un tel groupe de pression dans votre ville? Pour quelle cause? Expliquez aux autres ce que vous faites en tant que membre de ce groupe. Si vous ne le faites pas vous-même, connaissez-vous quelqu'un qui en fait partie? A quelles activités participent-ils? Que pensez-vous de tels groupes? Croyez-vous qu'ils peuvent influencer les gens qui prennent des décisions nationales et internationales? A quoi servent-ils?

Document *L'âge vermeil*

Lisez l'article sur «l'âge vermeil» à la page suivante.

A COMPREHENSION

1. Expliquez les termes suivants:
   l'âge vermeil;* l'espérance de vie; explosion démographique; désormais; la longévité; des préretraités; le troisième âge
2. Etudiez le contenu des trois paragraphes. Quel aspect du sujet est touché dans chaque paragraphe?
3. Inventez cinq questions basées sur les informations contenues dans le premier paragraphe. Posez-les à votre partenaire.
4. Quels sont les deux causes principales de la croissance numérique de gens non-salariés en France?
5. Résumez les conséquences du rallongement de l'espérance de vie.
6. Pourquoi a-t-on dû changer d'attitude envers les gens du soi-disant «troisième âge»?

*__vermeil__ est la couleur de la carte issue par la S.N.C.F. pour les retraités qui leur permet de voyager à des prix réduits. De là provient le terme «âge vermeil».

L'ÂGE VERMEIL

En l'an 2000, il y aura probablement 600 millions de personnes de plus de 65 ans dans le monde. Il y en avait 300 millions en 1970. Le monde vieillit, la France plus encore. En France, on compte aujourd'hui plus de 9 millions de personnes de plus de 60 ans. L'espérance de vie est passée pour les hommes de 54 ans en 1930 à 72 et pour les femmes de 59 à 78,5 ans.

Cette explosion démographique est lourde de conséquences. Non seulement les générations «actives» ont tout lieu de s'inquiéter pour le paiement de leurs retraites, mais on ne peut plus considérer désormais le «troisième âge» comme une population entièrement mise hors du jeu social et à l'écart des décisions. Les progrès de la longévité transforment l'image de la vieillesse. Le départ à la retraite ne coïncide plus avec la perte de facultés utiles pour l'avenir d'un pays.

De plus en plus nombreux les retraités, quand ce ne sont pas des préretraités, tentent de se réintroduire dans le circuit économique par le biais des associations et du bénévolat. On croyait qu'ils n'étaient plus bons à rien, on les vouait à un repos «bien gagné», ils ressurgissent à présent sur le terrain même d'où ils viennent d'être exclus. La vieillesse a reculé de vingt ans. Lés pré-retraités qui ont entre 50 et 60 ans ont à vivre un âge nouveau, intermédiaire entre la «vie active» et la retraite. Cette génération n'a pas encore de statut social et traverse une crise d'identité. Ils ne sont ni salariés, ni retraités, ni chômeurs. Ces pionniers d'une situation encore mal définie, refusent d'être incorporés dans le troisième âge et luttent avec vitalité contre les schémas établis.

B LEXIQUE

les avantages vermeils = les avantages de ceux qui sont assez âgés pour avoir une carte vermeil qui leur donne droit à des réductions de diverses sortes

A l'aide d'un dictionnaire, vérifiez le sens des expressions suivantes:

1. Les générations actives **ont tout lieu** de s'inquiéter pour le paiement de leur retraite (para. 2).
2. Une population mise **hors du jeu social** et **à l'ecart des décisions** (para. 2).
3. Les retraités ... tentent de se réintroduire dans le circuit économique **par le biais** des associations et **du bénévolat** (para. 3).

C ANNONCE PUBLICITAIRE

En tant que chef du groupe régional de l'association «Action Age vermeil» on vous a demandé de parler (pendant 2 minutes maximum) de la position actuelle des retraités dans une annonce publicitaire qui sera émise par la radio locale. Préparez et présentez votre discours. Si vous possédez un magnétophone, enregistrez votre message.

Cassette — *Est-ce que les enfants doivent se charger de leurs parents quand ils sont vieux?*

A REPONSES ORALES

Ecoutez Mme Jourdain qui parle de ses parents qui commencent à vieillir. Répondez oralement aux questions suivantes:

1. Pourquoi est-ce que Mme Jourdain commence à s'inquiéter un peu?
2. Quelle est la différence entre ses sentiments vis-à-vis de son père et de sa mère?
3. Elle est sûre de ce qu'elle va faire plus tard?
4. Selon elle, est-ce aux enfants d'aider leurs parents?
5. Pourquoi est-ce que son père aurait fait des économies?
6. Elle en a parlé avec ses parents?
7. Quelle est la tendance qui change un peu selon Mme Jourdain?
8. Quelle raison est-ce qu'elle suggère pour ce changement d'opinion?

B EQUIVALENTS

Ecoutez de nouveau le passage et marquez les expressions françaises qui correspondent aux phrases anglaises suivantes:

1. It worries me a little.
2. I admit I don't know.
3. *He* will make his own arrangements.
4. We almost don't even dare talk about it.
5. In fact people see things very differently now.
6. In the past people suffered really quite badly sometimes.

C GRAMMAR

1. alors que

Note the use of **alors que** (whilst) to contrast two things:

Maman pourrait rester seule alors que mon père serait incapable de rester seul.

On envisage l'après-carrière comme quelque chose qui peut être très plaisant alors que dans le temps on acceptait souvent mal sa condition.

2. *The subjunctive after verbs implying uncertainty*

Note the use of the subjunctive after verbs of saying, thinking and knowing *when they imply uncertainty*. This is often when the verbs are in the negative or interrogative:

Je ne pense pas que ce soient les enfants qui le font.
Pourquoi pensez-vous qu'il soit venu?

Other verbs of the same type are **croire que**, **penser que**, **dire que**, **être sûr que**, **espérer que.**

3. *Formation of the subjunctive – compound tenses*

The perfect subjunctive is formed by using the present subjunctive of **avoir** or **être** plus the past participle.

Je ne dis pas qu'il ait tout mangé!
Je ne suis pas sûr qu'elle soit déjà partie.

D EXERCICE

Je ne crois pas que ...
Je ne dis pas que ...
Je ne suis pas sûr(e) que ...
J'espère que ...

Introduce each of the statements below with one of the expressions above – don't forget to make the verb subjunctive if you are using one of these expressions implying uncertainty!

1. Mon père est capable de rester seul.
2. Je peux vivre avec lui.
3. Il veut aller dans une maison de retraite.
4. Il s'y est réservé un studio.
5. Il a fait sa sélection.
6. Ils ont mis de l'argent de côté.
7. Elle s'est rendue compte que la retraite peut être une période agréable.

E GRAMMAR

y and **en**

y and **en** are used with verbs which take **à** or **de** after them before a noun:

penser à
Je commence à y penser justement.
C'est lui qui y pense déjà maintenant.

parler de
On n'ose même pas en parler.

F USEFUL PHRASES

1. *In fact*

Mme Jourdain uses two expressions to say *in fact*:
En fait
Effectivement } les gens voient ça d'un œil différent

2. **Effectivement** has two additional connotations:

a) *really does/did*
Cet événement s'est produit effectivement en 1929.
(*This really did happen in 1929.*)
S'il veut effectivement se réserver un appartement.
(*If he really does want to reserve a flat* ...)

b) *Quite so! Indeed!*
– Vous ne croyez pas que la tendance change un peu?
(*'You don't think things are changing a little?'*)
– Effectivement.
(*'Yes I do'.*)

3. *Thanks to .../Because ...*

Notice this neat way of indicating a reason or cause of something:

Je ne sais pas si c'est grâce aux medias ou grâce à quoi ...

G TRADUCTION

Relisez l'extrait intitulé «L'âge vermeil».
Traduisez ce passage où vous retrouverez les points grammaticaux étudiés ci-dessus.

For most people the idea of growing old is not very attractive – in fact, most will not even talk about it. In the past people thought that pensioners were good for nothing and deserved a good rest. But now, thanks to the improvement in medical services, life expectancy has risen, on average, from 56 to 75 years. Also, because of the effect of unemployment, many people take early retirement. We cannot go on believing that pensioners have no useful place in society – indeed, we must think about it seriously now. For in the year 2000 there will be more than 600 million people over 65 in the world.

UNE VIE DEVANT EUX

Meunon Viao

Ce n'étaient plus des « personnes âgées » mais des « personnes du troisième âge ». Le slogan était pratique et se voulait délicat. Les nouveaux retraités le rejettent. Ils ne voient plus où commence et où finit ce prétendu « troisième âge ». Nombre d'entre eux qui ont encore de longues années à vivre ont l'impression d'avoir été sortis trop tôt, et sans l'avoir souhaité, du monde du travail. Ils n'ont pas préparé leur départ et surtout ils refusent d'entrer dans l'univers des avantages vermeils.

Les voyages du troisième âge, les clubs, les associations, l'encadrement des personnes âgées les ennuient. Ces nouveaux retraités désespèrent les fabricants de « loisirs pour vieux ». Il ne veulent plus voyager en groupe ni jouer aux dominos à longueur d'année dans une association. Ils préfèrent à présent voyager en couple — comme les plus jeunes — et, s'ils fréquentent les universités du troisième âge c'est autant pour faire partager leur savoir et leur expérience que par souci d'hygiène mentale. Ils veulent faire de leur temps libre un temps utile. Quant aux femmes, toujours plus jeunes et plus âgées, elles ne se sentent plus autant qu'autrefois liées à un rôle de grand mère-gâteau. A soixante ans, elles ne désirent plus s'enfermer dans une vie de confitures entourée de petits-enfants.

grand mère-gâteau = grand mère qui n'a rien d'autre à faire que de gâter ses petits-enfants

Document — *Une vie devant eux*

Lisez l'article intitulé «Une vie devant eux».

A REPONDEZ AUX QUESTIONS

1. Pourquoi est-ce que les autorités ont inventé le terme «le troisième âge»?
2. Est-ce que les nouveaux retraités ont aimé ce slogan?
3. Pourquoi est-ce qu'ils n'aiment pas la retraite?
4. Quelles sont les activités attribuées traditionellement aux retraités?
5. Les nouveaux retraités, qu'est-ce qu'ils préfèrent?
6. Quelles sont les deux raisons pour lesquelles les retraités fréquentent les universités du troisième âge?
7. Est-ce qu'on voit de nos jours des grand-mères féministes?

B GRAMMAR

1. *The past infinitive*

Note the use of the past infinitive (**avoir acheté/être sorti** – to have bought/to have gone out) and the *passive* past infinitive (**avoir été mal traité** – to have been badly treated):

Ils ont l'impression d'**avoir été sortis** trop tôt et sans l'**avoir souhaité** du monde du travail.

2. *Making comparisons*

autant ... que ... (as much ... as ...)

C'est autant pour faire partager leur savoir. ... que par souci d'hygiène mental.

Les femmes ne se sentent pas autant qu'autrefois liées à un rôle de grand-mère gâteau.

DISCRIMINATION

Les mots pour le dire

Les vieux – on ne dit plus les vieux – ont un sujet de consolation. Pour les désigner, le vocabulaire s'enrichit. Les « *économiquement faibles* », le « *troisième âge* », les « *personnes âgées* », l'« *âge vermeil* », ces euphémismes étaient apparemment insuffisants. Sur les conseils du ministre de l'éducation nationale et du secrétaire d'Etat aux personnes âgées, la vieillesse bénéficie désormais de mots nouveaux.

Au *Journal officiel* du 4 juillet, les vieux peuvent apprendre qu'ils font partie de la « *gérité* », état d'une population vieille, et que le processus de vieillissement dont ils sont les victimes s'appelle désormais la « *gére-scence* ». Il faudra qu'ils disent « *nursage* » et non nursing – trop infantilisant sans doute – pour désigner les soins infirmiers qu'ils nécessitent. Et s'ils ne trouvent pas leur mot pour exprimer la discrimination dont ils sont l'objet, les pouvoirs publics leur en conseillent un : l'« *âgisme* ».

C DISCUSSION

Qu'est-ce que c'est que l'âgisme? En êtes-vous coupable?

Cassette

En plus c'est une femme qui bouge beaucoup

A

ECOUTEZ ce que dit Mme Jourdain sur sa belle-mère. Racontez ce qui s'est passé quand son mari a pris sa retraite. En avez-vous entendu parler de cas pareils? Ecoutez encore une fois le passage et traduisez les phrases suivantes en faisant attention tout particulièrement aux temps des verbes:

1. In fact my mother-in-law has never worked.
2. She has always been used to being independent.
3. My father-in-law used to work all day in Paris and only came home in the evening.
4. So she would do what she wanted when she wanted.
5. In short she found she had her husband under her feet all the time.
6. She couldn't bear to have him there beside her all day.
7. He wanted to read books so she felt she had to stay at home when she didn't enjoy it.
8. Now they seem to have settled down again but it took them quite a long time.

Vérifiez ce que vous avez écrit en écoutant le passage une dernière fois.

B

FAITES UNE LISTE de toutes les expressions qu'utilise Mme Jourdain dans les deux passages sonores étudiés pour exprimer:

1. L'inquiétude
2. L'incapacité de supporter quelque chose

Ajoutez ces expressions à la section *Functions* de votre classeur.

C

JEUX DE ROLE

1. Imaginez que vous venez de prendre votre retraite. Parlez à votre partenaire (qui est retraité(e) lui/elle aussi) de ce que vous allez faire de la vie maintenant que vous n'êtes plus obligé(e) d'aller au travail.
2. Votre grand-mère est seule dans la vie et devient de plus en plus faible. Elle a des problèmes d'articulations et risque de devenir pratiquement impotente. En imaginant que votre partenaire est votre frère ou votre sœur, parlez de votre inquiétude à son égard et des solutions possibles.
3. Vous vous retrouvez avec votre mari/femme sur le dos toute la journée. Exaspérée, vous téléphonez à votre meilleur(e) ami(e) pour demander un conseil. Simulez la conversation.

Document — *La Solitude au féminin*

Lisez l'article aux pages suivantes.

A RESUME

Ecrivez les chiffres 1 à 6 sur une feuille blanche, chaque chiffre indiquant un des paragraphes dans l'article «La Solitude au féminin». (Nous comprenons «tous les moyens pour lutter contre l'isolement» dans le paragraphe 6). Pour chaque paragraphe, choisissez le titre le plus convenable dans la liste suivante:

a) Le banlieusard solitaire.
b) Vivre seul – phénomène peu naturel.
c) Les femmes en souffrent surtout.
d) Amère désillusion.
e) Nos conseils.
f) Le temps libre – et personne avec qui on peut en profiter.

B LES POINTS PRINCIPAUX

Relisez soigneusement l'article. Prenez des notes en suivant ce modèle:

La Solitude – un problème d'aujourd'hui
Causes
Victimes principales
Heures critiques de la journée/de la semaine
Solutions proposées

C RELEVEZ LE SENS

Relevez le sens des expressions de gauche dans la liste de droite:

paradoxalement (para. 2)	fête qu'on fait juste après s'être installé dans une nouvelle maison
les sociologues **se sont penchés** sur ce phénomène (para. 3)	on doit pourtant continuer à lutter
souligner (para. 3)	par semaine
toujours est-il que ... (para. 3)	faire ressortir
se plaindre (para. 3)	une relation
le témoignage (para. 4)	il reste néanmoins vrai que
il n'empêche pas que (para. 5)	la personne avec qui vous parlez
il ne faut cependant pas baisser le bras (para. 6)	être mécontent
votre interlocuteur (para. 6)	cela ne signifie pas que
la pendaison de cremaillère (para. 6)	contrairement à ce qu'on pourrait attendre
vraisemblance (para. 6)	ont etudié
hebdomadaires (para. 6)	probable

D LA STRUCTURE DE L'ARGUMENT

Relisez le paragraphe 3. A l'aide des cinq points à la page 170, trouvez les phrases qu'utilise l'écrivain pour développer son argument.

Problèmes d'aujourd'hui

« La solitude, ça n'existe pas », dit la chanson. Pourtant, dans la vie de tous les jours, la solitude, ça existe bel et bien. C'est même l'un des fléaux du monde moderne. Et un fléau qui frappe surtout les femmes !... Pourtant, il existe des moyens pour lutter contre l'isolement. Ces moyens, il faut les connaître afin de réagir à temps..

LA SOLITUDE AU FÉMININ

Agip

des relations extra-professionelles = des amitiés en dehors des gens qu'on rencontre en faisant son travail

Le mal du divorce et des grands ensembles

La vie dans les grands ensembles, les liens familiaux de plus en plus distendus et les problèmes de communication entre les gens ont lentement fabriqué ce mal des temps modernes : « **Lorsque mon mari et moi, nous sommes arrivés de la campagne pour nous établir en banlieue parisienne, c'était vraiment la joie. Mais nous n'avons pas tardé à déchanter. Trois ans plus tard, nous avions perdu nos anciens amis, sans pour autant nous faire de nouvelles relations.**

Cette histoire, des milliers de familles qui vivent dans les grands ensembles, à la périphérie des villes ou même au centre des grandes cités, pourraient la raconter. Ou une version très ressemblante. Car, **paradoxalement, plus les gens sont entassés, et moins ils réussissent à communiquer entre eux.** On est loin de l'époque des veillées campagnardes au coin du feu de bois, où les voisins se regroupaient pour raconter des histoires.

Curieusement, les sociologues qui, depuis longtemps, se sont penchés sur le phénomène de la solitude, ont remarqué que c'était surtout les femmes, et pas seulement les femmes âgées, qui en étaient le plus fréquemment victimes. Pourquoi? La question mérite d'être posée, même si la réponse ne paraît pas, encore aujourd'hui, très nette. On peut d'abord remarquer que les hommes meurent plus tôt, laissant leur compagne seule. On peut aussi souligner que les femmes célibataires vivent moins volontiers avec une amie ou une parente que les hommes non mariés. Toujours est-il que les femmes seules sont nombreuses à se plaindre de cette solitude à laquelle elles doivent faire face.

Monique, 42 ans, célibataire, est exactement dans ce cas : « **Tant que je suis au bureau, raconte-t-elle, je ne pense pas à ce genre de problème. Il y a toujours un dossier à taper, un coup de téléphone à passer. Mais quand je me retrouve dans la rue pour rentrer à la maison, une sourde angoisse me prend. Je sais que je vais encore passer une soirée toute seule devant ma télévision. Je ne parle même pas des week-end !** » Un témoignage pathétique, et qui le devient encore bien plus quand la personne concernée prend de l'âge. Combien de vieillards vivent seuls, oubliés de tous, et souvent à peine capables de subvenir à leurs besoins ?

Sans en venir à ce cas extrême, il n'est quand même pas exagéré de dire que la solitude, ça gâche la vie. Il paraît que nous sommes à l'époque de la communication. La radio, la télévision et le cinéma sont couramment appelés « média ». Il n'empêche que les statistiques sont là pour prouver que jamais la consommation de produits pharmaceutiques « anti-dépresseurs » n'a été aussi forte que depuis une dizaine d'années. **Ce phénomène n'est d'ailleurs pas propre à la France. Il touche tous les pays occidentaux industrialisés, les Etats-Unis et l'Europe du nord notamment. Les êtres humains ne sont pas faits pour vivre en solitaires, et quand la vie moderne les y contraint, l'angoisse et le stress arrivent.**

Il ne faut cependant pas baisser les bras. Il existe une quantité de moyens pour lutter contre l'isolement. Ces moyens relèvent la plupart du temps du simple bon sens ! Encore faut-il y penser, et avoir le ressort nécessaire, la volonté indispensable pour y recourir, alors que la solitude a plutôt tendance à pousser à la résignation, c'est bien connu.

- **Si vous vivez dans un grand immeuble, n'hésitez pas à engager la conversation avec les voisins croisés dans l'escalier ou l'ascenceur.** Proposez vos services, demandez conseil, prenez des nouvelles de la famille de votre interlocuteur. C'est en vous intéressant aux autres que vous leur donnerez envie de s'intéresser à vous.
- **Quand vous emménagez dans un nouvel appartement, faites le premier pas.** Il existe une vieille coutume, celle de la pendaison de crémaillère. Elle vous permettra de réunir autour de vous quelques voisins qui apprendront ainsi à vous connaître, et qui, à leur tour, vous inviteront chez eux.
- **Ne faites pas systématiquement la distinction travail-vie privée.** Il est plus que vraisemblable que, dans l'entreprise où vous travaillez, il y ait au moins une ou deux personnes avec qui vous pourriez nouer des relations extra-professionnelles. Mais là encore, c'est à vous de faire le premier pas si vous voulez être payée en retour.
- **Inscrivez-vous dans des clubs sportifs, ou dans des cercles de jeu,** en fonction de vos affinités. Les sujet de conversations sont plus faciles à trouver avec les gens qui partagent la même passion que vous.
- **Quand vous prenez des vacances, évitez de louer un studio, mais au contraire, inscrivez-vous à un club de type « village de vacances ».** C'est le meilleur moyen d'y rencontrer des gens. Sur la quantité, c'est bien le diable si vous ne conservez pas une ou deux relations.
- **Quand vous faites vos courses le week-end et que vous avez le temps, évitez les supermarchés froids et impersonnels. Fréquentez plutôt les marchés de quartier ou de village :** on y croise toujours une foule diverse et les rapports avec les gens, notamment les vendeurs, y sont beaucoup plus faciles.
- **Plutôt que de passer toutes vos soirées chez vous, prévoyez une ou deux sorties hebdomadaires.** Le cinéma et le restaurant où l'on cotoie beaucoup de monde sont préférables, et de loin, à un tête à tête avec la télévision.
- Ne négligez pas les liens familiaux. Le dicton selon lequel on choisit ses amis alors qu'on subit sa famille, est excessif. Vous serez peut-être très surprise de découvrir que votre lointaine cousine de province est une compagne gaie et enthousiaste qui ne demande qu'à correspondre avec vous ■

1. Il présente un fait.
2. Il se pose une question.
3. Il propose une première réponse à sa question.
4. Il donne une deuxième réponse à sa question.
5. Il fait mention d'une contradiction.

Marquez ces expressions dans la section *Essays* de votre classeur. Ajoutez à cette liste de locutions utiles les expressions françaises qui correspondent aux phrases suivantes et que vous trouverez dans le paragraphe 5:

a) It would be no exaggeration to say that ...
b) This does not mean that the statistics aren't there to prove ...

Cassette

La Solitude au masculin?

A M. DELMAS NE S'EST PAS MARIE – il est célibataire. Ecoutez ce qu'il dit de sa vie de célibataire et répondez aux questions:

1. Est-ce qu'il a juré de ne pas se marier?
2. Pour qui est-ce que son état célibataire a l'air pénible?
3. Pourquoi est-ce qu'il ne souffre pas de la solitude?

B DEVINEZ LE SENS

Du contexte dans lequel vous venez de les entendre, devinez le sens des mots suivants:

1. un **célibataire endurci/triomphant**
2. je suis très **entouré**
3. **pratiquement** tous les soirs

C DISSERTATION

Rédigez une dissertation (350 mots) sur un des sujets suivants:
1. La solitude – fléau du monde moderne.
2. Les retraités ne sont plus bons à rien.
3. On choisit ses amis alors qu'on subit sa famille.

15 *J'osais pas bouger!*

CONTRASTES L'expression de la peur ... dans la langue parlée ... dans la littérature

KEYPOINTS
- *Descriptive narrative*
- *Expressing fears, anger and mockery*
- *The imperfect;* y; *the subjunctive after* quoique *and* jusqu'à ce que; *the use of the imperfect subjunctive*

Study skill

Descriptive narrative

Talking or writing about something which has happened to you in an interesting and lively way is one of the most difficult things to do in a foreign language. If you are speaking you need to hold the floor for quite a long time while you tell your story! And when writing you want to be original. The best thing to do is to listen to and read what others say. In that way you can develop your own style.

Comment raconter une histoire – et exprimer la peur!

Cassette

Elle avait très peur du noir

Caroline et Véronica parlent de ce dont elles avaient peur quand elles étaient toutes petites. En suivant les locutions-clés ci-dessous, écoutez ce qu'elles disent.

Locutions-clés

Elle avait très peur du noir.
Les portes de l'armoire s'ouvraient et grinçaient.
On s'imaginait qu'il y avait toutes sortes de créatures qui venaient nous tuer.
J'étais pétrifiée.
Je savais pas quoi faire.
J'osais pas bouger.
J'étais morte de peur.
Je me levais ... je courais vers l'interrupteur.
Evidemment, il n'y avait rien.
Elle venait dormir dans mon lit.
Elle me faisait tomber du lit – j'étais furieuse!

A COMPREHENSION

1. Caroline, de quoi est-ce qu'elle avait peur quand elle était petite?
2. Qu'est-ce qu'il y avait dans sa chambre?
3. Qu'arrivait-il quand le train passait?
4. Pourquoi est-ce que les enfants commençaient à croire qu'il y avait des vampires dans la maison?

5. Quelles autres créatures inventaient-elles?
6. Pourquoi Véronica avait-elle peur de son frère et de sa sœur?
7. Comment se sentait Caroline quand l'armoire grinçait?
8. Pourquoi n'allumait-elle pas tout de suite?
9. Pourquoi est-ce que Véronica se réveillait furieuse quelquefois?
10. Comment est-ce qu'on se moquait de Caroline?

B LEXIQUE

Ecoutez encore une fois le passage en relevant les mots ou les phrases qui correspondent aux expressions données:

1. Il fallait **pousser la porte très fort pourqu'elle se tienne fermée.**
2. Les portes **criaient.**
3. On inventait **des sottises à ne pas croire.**
4. Elle croyait qu'ils allaient **se changer** en vampires.
5. J'avais la couverture **jusqu'au cou.**
6. **Le bouton pour allumer** était de l'autre côté de la chambre.
7. J'avais peur de rencontrer ce **revenant.**
8. **Bien entendu**, il n'y avait rien.
9. En appelant le fantôme Algernon, on **se riait** de Caroline.

C GRAMMAR – the imperfect tense

The imperfect tense (see Unit 11 pp. 120–1) is used ...

1. to talk about events which were repeated several times:

Le train passait, les portes de l'armoire s'ouvraient.
Je me levais, je courais, j'allumais.

2. to talk about people's habits:

Elle venait souvent dormir dans mon lit.

Translation trap

English would often use the simple past, *would* or *used to* in the same context:

When the train went past, the wardrobe doors would open.
I'd get up, I'd run to the light switch and turn it on.
She often used to sleep in my bed.

D A VOUS DE RACONTER!

1. Ces jeunes filles ont eu des expériences qui leur ont fait peur. En avez-vous eu des semblables?
2. Est-ce que les films d'horreur vous font peur?
3. Pensez-vous qu'on doive permettre à des enfants de huit ou neuf ans de regarder des films d'horreur? Comment est-ce qu'on pourrait les empêcher?

E TRADUCTION

In his book 'Esprit de Corps', Lawrence Durrell gives us amusing glimpses into diplomatic life. Here is one of the stories for you to translate into French.

"Then there was the Finnish Ambassador's wife in Paris who slimmed so rigorously that her stomach took to rumbling quite audibly at receptions. I suppose she was hungry. But no sooner did she walk into a room with a buffet in it than her stomach set up growls of protest. She tried to pass it off by staring hard at other people but it didn't work. Of course, people not in the know simply thought that someone upstairs was moving furniture about. But at private dinner parties this characteristic was impossible to disguise; she would sit rumbling at her guests who in a frenzy of politeness tried to raise their voices above the noise. She soon lost ground in the Corps. Silences would fall at her parties—the one thing that Diplomats fear more than anything else. When silences begin to fall, broken only by the rumblings of a lady's entrails, it is The Beginning of the End.

F DISSERTATION

Rédigez une dissertation (300 mots) dans laquelle vous racontez l'histoire d'un événement qui vous a fait peur. Inventez un titre convenable.

Document

PAUSE LITTERAIRE

C'était l'hiver dernier, dans une forêt du nord-est de la France. La nuit vint deux heures plus tôt, tant le ciel était sombre. J'avais pour guide un paysan qui marchait à mon côté, par un tout petit chemin, sous une voûte de sapins dont le vent déchaîné tirait des hurlements. Entre les cimes, je voyais courir des nuages en déroute, des nuages éperdus qui semblaient fuir devant une épouvante. Parfois, sous une immense rafale, toute la forêt s'inclinait dans le même sens[1] avec un gémissement de souffrance; et le froid m'envahissait, malgré mon pas rapide et mon lourd vêtement.

Nous devions souper et coucher chez un garde forestier dont la maison n'était plus éloignée de nous. J'allais là pour chasser.

Mon guide, parfois, levait les yeux et murmurait: "Triste temps!" Puis il me parla des gens chez qui nous arrivions. Le père avait tué un braconnier deux ans auparavant, et, depuis ce temps, il semblait sombre, comme hanté d'un souvenir. Ses deux fils, mariés, vivaient avec lui.

Les ténèbres étaient profondes. Je ne voyais rien devant moi, ni autour de moi, et toute la branchure des arbres entre-choqués emplissait la nuit d'une rumeur incessante. Enfin, j'aperçus une

1 *dans le même sens:* in the same direction.

lumière, et bientôt mon compagnon heurtait une porte. Des cris aigus de femmes nous répondirent. Puis, une voix d'homme, une voix étranglée, demanda: "Qui va là?" Mon guide se nomma. Nous entrâmes. Ce fut un inoubliable tableau.

Un vieux homme à cheveux blancs, à l'œil fou, le fusil chargé dans la main, nous attendait debout au milieu de la cuisine, tandis que deux grands gaillards, armés de haches, gardaient la porte. Je distinguai dans les coins sombres deux femmes à genoux, le visage caché contre le mur.

On s'expliqua. Le vieux remit son arme contre le mur et ordonna de préparer ma chambre; puis, comme les femmes ne bougeaient point, il me dit brusquement:

— Voyez-vous, Monsieur, j'ai tué un homme, voilà deux ans, cette nuit. L'autre année, il est revenu m'appeler. Je l'attends encore ce soir.

Puis il ajouta d'un ton qui me fit sourire:

— Aussi, nous ne sommes pas tranquilles.

Je le rassurai comme je pus, heureux d'être venu justement ce soir-là, et d'assister au spectacle de cette terreur superstitieuse. Je racontai des histoires, et je parvins à calmer à peu près tout le monde.

Près du foyer, un vieux chien, presque aveugle et moustachu, un de ces chiens qui ressemblent à des gens qu'on connaît, dormait le nez dans ses pattes.

Au dehors, la tempête acharnée battait la petite maison, et, par un étroit carreau, une sorte de judas[1] placé près de la porte, je voyais soudain tout un fouillis d'arbres bousculés par le vent à la lueur de grands éclairs.

Malgré mes efforts, je sentais bien qu'une terreur profonde tenait ces gens, et chaque fois que je cessais de parler, toutes les oreilles écoutaient au loin. Las d'assister à ces craintes imbéciles, j'allais demander à me coucher, quand le vieux garde tout à coup fit un bond de sa chaise, saisit de nouveau son fusil, en bégayant d'une voix égarée: "Le voilà! le voilà! Je l'entends!" Les deux femmes retombèrent à genoux dans leurs coins en se cachant le visage; et les fils reprirent leurs haches. J'allais tenter encore de les apaiser, quand le chien endormi s'éveilla brusquement et, levant sa tête, tendant le cou, regardant vers le feu de son œil presque éteint, il poussa un de ces lugubres hurlements qui font tressaillir les voyageurs, le soir, dans la campagne. Tous les yeux se portèrent sur lui, il restait maintenant immobile, dressé sur ses pattes comme hanté d'une vision, et il se remit à hurler vers quelque chose d'invisible, d'inconnu, d'affreux sans doute, car tout son poil se hérissait. Le garde, livide, cria: "Il le sent! il le sent! il était là quand je l'ai tué." Et les deux femmes égarées se mirent, toutes les deux, à hurler avec le chien.

Malgré moi, un grand frisson me courut entre les épaules. Cette vision de l'animal dans ce lieu, à cette heure, au milieu de ces gens éperdus, était effrayante à voir.

Alors, pendant une heure, le chien hurla sans bouger; il hurla comme dans l'angoisse d'un rêve; et la peur, l'épouvantable peur entrait en moi; la peur de quoi? Le sais-je? C'était la peur, voilà tout.

Nous restions immobiles, livides, dans l'attente d'un événement affreux, l'oreille tendue, le cœur battant, bouleversés au moindre bruit. Et le chien se mit à tourner autour de la pièce, en sentant les murs et gémissant toujours. Cette bête nous rendait fous! Alors, le paysan qui m'avait amené, se jeta sur elle, dans une sorte de paroxysme de terreur furieuse, et, ouvrant une porte donnant

1 *judas:* peep-hole.

sur une petite cour, jeta l'animal dehors.

Il se tut aussitôt; et nous restâmes plongés dans un silence plus terrifiant encore. Et soudain tous ensemble, nous eûmes une sorte de sursaut: un être glissait contre le mur du dehors vers la forêt; puis il passa contre la porte, qu'il sembla tâter, d'une main hésitante; puis on n'entendit plus rien pendant deux minutes qui firent de nous des insensés; puis il revint, frôlant toujours la muraille; et il gratta légèrement, comme ferait un enfant avec son ongle; puis soudain une tête apparut contre la vitre du judas, une tête blanche avec des yeux lumineux comme ceux des fauves. Et un son sortit de sa bouche, un son indistinct, un murmure plaintif.

Alors un bruit formidable éclata dans la cuisine. Le vieux garde avait tiré. Et aussitôt les fils se précipitèrent, bouchèrent le judas en dressant la grande table qu'ils assujettirent avec le buffet.

Et je vous jure qu'au fracas du coup de fusil que je n'attendais point, j'eus une telle angoisse du cœur, de l'âme et du corps, que je me sentis défaillir, prêt à mourir de peur.

Nous restâmes là jusqu'à l'aurore, incapables de bouger, de dire un mot, crispés dans un affolement indicible.

On n'osa débarricader la sortie qu'en apercevant, par la fente d'un auvent, un mince rayon de jour.

Au pied du mur, contre la porte, le vieux chien gisait, la gueule brisée d'une balle.

Il était sorti de la cour en creusant un trou sous une palissade.

L'homme au visage brun se tut; puis il ajouta:

— Cette nuit-là pourtant, je ne courus aucun danger; mais j'aimerais mieux recommencer toutes les heures où j'ai affronté les plus terribles périls, que la seule minute du coup de fusil sur la tête barbue[1] du judas.

1 *la tête barbue:* bearded face.

(«La Peur» par Guy de Maupassant.)

Jeux

A ILE DESERTE

Votre navire a coulé et vous êtes arrivé à la nage sur une île déserte. Vous n'avez qu'un maillot de bain et des sandales. Voici une liste d'objets qui seraient peut-être utiles. Choisissez huit objets. Mettez-les en ordre, le plus utile le premier.

Moyens linguistiques

Je pense qu'il faut ... parce que ...
Pour moi l'essentiel est ... donc ...
Puisque / Comme } je ... alors ...
C'est à cause de ... que j'ai décidé de ...
Voilà pourquoi je voudrais ...
Si j'avais ..., je pourrais ...
Si on n'avait pas ... on ne pourrait pas ...

Une radio avec des piles.
Une bouteille de cognac.
Une tente.
Un crayon et du papier.
Une casserole.
Un couvert.
Une couverture.
Une montre.
Un atlas.
Un appareil photos et de la pellicule.
Des aiguilles à tricoter.
Une serviette.
De l'onguent.
Un miroir.
20 mètres de corde.

Travaillez avec votre voisin. Comparez votre liste et essayez de dresser une liste commune. Justifiez votre choix en utilisant les phrases dans la liste intitulée «Moyens linguistiques». Discutez votre liste commune avec les autres membres de la classe.

B QUELLE INVENTION?

Travaillez dans un groupe de quatre ou cinq personnes. Dans tous les exemples donnés décidez quelle invention des deux mentionnées est plus importante. Justifiez/défendez votre choix devant les autres membres de votre groupe.

1. La roue / la fermeture éclair.
2. L'ampoule / le chocolat.
3. Les écoles / les passeports.
4. Les pizzas / les romans policiers.
5. Les gommes / les chaussettes.

Document — *L'Ile aux oiseaux de fer*

Lisez le texte suivant tiré du livre «L'Ile aux oiseaux de fer» (André Dhotel).

A

FAITES UNE LISTE de toutes les expressions qui décrivent M. Z et qui disent ce qu'il est capable de faire:

Il a des jambes de carton.
Il peut courir.

Faites de même pour les oiseaux de fer.

B

TRAVAILLEZ AVEC UN VOISIN. Pour décrire d'autres états d'esprit du robot, quels mots est-ce que vous pouvez mettre à la place de **désolé** dans la phrase:

M. Z contempla la scène d'un air désolé.

Faites de même pour **allègre** dans la phrase:

Il monta d'un pas allègre.

C

«LES HABITANTS ONT LE DROIT,» murmura Julien.
Les habitants ont le droit de quoi?
Discutez avec les autres membres de la classe ce que vous, vous avez le droit de faire et ce que vous n'avez pas le droit de faire.

Rien de remarquable non plus de ce côté, pensa Julien. La végétation sauvage qui se développait le long des flancs abrupts était d'un vert assez sombre, sans grand attrait. Toutefois à l'extrémité de la terrasse commençait un chemin caillouteux vraiment minable, si l'on songeait aux belles avenues de l'île. Ce chemin se perdait en serpentant à travers des buissons, où étaient tendues les toiles de grandes araignées tropicales, et montait le long d'une futaie dense. Certes il invitait à la promenade, quoique personne ne s'y promenât. Julien ne résista pas au désir d'y faire quelques pas. Il se leva et, suivi de Monsieur Z, il se dirigea vers la montagne.

D'abord tout à son rôle d'indifférent Mentor, Monsieur Z se mit à courir devant Julien dès que celui-ci parvint aux premiers buissons, et pivotant sur ses jambes de carton, il s'arrêta au milieu du chemin en écartant les bras. Julien n'en poursuivit pas moins sa route. Monsieur Z s'effaça avec sa délicatesse coutumière lorsque Julien fut près de lui. Il laissa passer Julien et s'inclina avec un geste de regret. Mais Julien n'eut pas fait trois pas, qu'il entendit un long froissement métallique. Aussitôt une nuée d'oiseaux de fer s'abattaient en travers du chemin, et sans se poser sur le sol, se maintinrent en un vol hélicoïdal, pointant leurs longs becs à la hauteur des yeux de Julien Grainebis.

Julien s'arrêta. Les oiseaux, qui étaient d'une énorme espèce, se mirent ensuite à tournoyer autour de sa tête jusqu'à ce qu'il eût franchement battu en retraite. Monsieur Z contemplait la scène d'un air désolé. Julien prit le parti d'aller se rasseoir sur la terrasse parmi les autres touristes qui semblaient ne s'être aperçu de rien.

Ainsi donc, certaines régions de l'île demeuraient interdites on ne savait pour quelles raisons. Julien se tourna vers ses voisins avec l'intention de quêter quelque commentaire, mais ils parlaient de la prochaine saison des pluies. Un employé robot de ce vaste café vint offrir une consommation à Julien qui se laissa aller, comme les autres, à une innocente rêverie jusqu'à ce qu'un nouvel événement se produisît.

Les oiseaux de fer avaient repris leur vol et ils venaient de disparaître vers le fond de l'île. Alors l'un des consommateurs se leva et s'avança résolument sur le chemin caillouteux. Julien le vit parvenir sans encombre aux premiers buissons et monter d'un pas allègre jusqu'à la futaie. «Donc les habitants ont le droit», murmura Julien. A peine eut-il dit ces mots qu'un nouveau tintement de métal se fit entendre. Une autre nuée d'oiseaux se précipitait du haut du ciel, mais cette fois, au lieu de simplement barrer le chemin au promeneur, ils fondirent sur lui en une masse tellement compacte qu'elle déroba l'homme à tous les regards. Une longue minute s'écoula puis les oiseaux reprirent leur vol et montèrent au zénith avec une rapidité de rêve. Il ne restait plus aucune trace de l'homme qui semblait avoir éte réduit en cendres ou en poussière.

Julien, horrifié, regarda autour de lui. Personne n'avait manifesté le moindre intérêt à l'affaire. Les conversations se poursuivaient peut-être sur un ton un peu plus bas, mais aussi égales et futiles qu'auparavant. Cette indifférence effraya Julien beaucoup plus que l'exécution sommaire du promeneur. Seul Monsieur Z penchait la tête non sans désolation. Il n'avait, pour sa part, aucune raison de dissimuler et de ne pas se laisser aller aux réactions dont on l'avait doué. Mais pourquoi tous ces hommes dissimulaient-ils? Quelle fantastique aventure les obligeait à ce silence, ou quelle morale?

— Monsieur Z, allons-nous-en loin d'ici, dit Julien.

Monsieur Z se montra tout aussitôt disposé à suivre le désir de Julien. Il le conduisit au taxi automatique, rangé parmi les autres. Ils y montèrent et dès qu'ils eurent refermé la porte, la voiture vira et fila sur la grande avenue, jusqu'à la cité.

André Dhotel, «L'Ile aux oiseaux de fer» (Editions Bernard Grasset).

D

1. **… quoique personne ne s'y promenât**
   y = sur le chemin caillouteux

2. Qu'est-ce que **y** représente dans cette phrase:

   Julien ne résista pas au desir d'y faire quelques pas.

   Et, vers la fin du texte:
   Ils y montèrent.

3. Recopiez ces phrases en en remplaçant une partie par **y**:

   a) Julien prit le parti d'aller se rasseoir sur la terrasse.
   b) Ils venaient de disparaître vers le fond de l'île.
   c) Il s'avança résolûment sur le chemin caillouteux.
   d) Julien le vit parvenir sans encombre aux premiers buissons.
   e) Ils montèrent au zénith avec la rapidité de rêve.
   f) Il le conduisit au taxi automatique.

E

1. Traduisez en anglais le paragraphe qui commence: **Toutefois …**
2. Pourquoi, croyez-vous, y a-t-il inversion du verbe et du sujet dans deux phrases (…commencait un chemin…, …étaient tendues les toiles…)?
3. Quelle est la différence entre **songer** et **penser**? Et entre **le songe** et **la pensée**?
4. Comparez vos réponses et votre traduction avec celles de votre voisin. En discutant les différences entre vos deux traductions arrivez à une seule version acceptable pour vous deux.
5. Puis refermez le livre et, en travaillant ensemble, retraduisez en français votre traduction anglaise.

F GRAMMAR

1. The subjunctive is used after **quoique** (and its synonym **bien que**):

   Quoique personne ne s'y promenât

   and after **jusqu'à ce que**:

   Jusqu'a ce qu'un nouvel événement se produisît

   The imperfect subjunctive (**promenât**, **produisît**) is rare except for the use of the third persons singular and plural in narratives like this.

2. Note that **… ne … pas moins …** is not negative. Like its English equivalent *nevertheless* it is, in spite of its appearance, a reinforced positive.

   Julien n'en poursuivit pas moins sa route.

G PAR ECRIT

Ecrivez dans à peu près deux cents mots chacun:

1. Le rapport fait par M. Z à ses supérieurs.
2. La page de journal où Julien raconte cet événement.
3. Un paragraphe décrivant une promenade en montagne.

16 *Je ne me sens quand même pas sacrifiée*

CONTRASTES Les hommes et les femmes: l'image différente qu'ils se font de leur vie
Les frères et les sœurs: ce qu'ils pensent, les uns des autres

KEYPOINTS
- *Persuading people; selecting the main points in an article; extracting information from statistical tables; inferring*
- *Making concessions; constructing convincing arguments; talking about ... talking!*
- *Further uses of the subjunctive*

Cassette

Nous sommes esclaves de notre éducation

Philippe est juge. Il est marié à une femme peintre. Claire est opthalmologue. Elle est mariée à un gynécologue. Des couples professionels tous les deux avec très peu de temps pour s'occuper des enfants et du ménage. J'ai demandé à Philippe s'il partageait les travaux ménagers. Il a répondu que lui, il faisait les travaux qui lui permettaient de continuer à penser à son propre travail et qu'à son avis il n'y avait plus de problème à ce niveau-là!

A COMPREHENSION

Ecoutez la réponse de Claire et décidez si les phrases suivantes correspondent à ce qu'elle dit ou pas. Corrigez les énoncés aberrants:

1. The working woman is often helped by an understanding husband who collaborates fully in doing the housework.
2. 50% of the time, the woman has the overall responsibility.
3. Usually the woman ends up doing a great deal more than the man.
4. The reason for this is that we have simply got used to things being that way.
5. Men have been brought up thinking this way whereas women have not.
6. We should aim to encourage boys to share all the work equally with women.
7. Slowly but surely we can free our children of the idea that women have more responsibility for the home than men.

B COMPLETEZ LES PHRASES

Sans les transcrire mot pour mot, complétez ces phrases tirées du discours de Philippe et qui résument son argument:

1. Je suis d'accord pour estimer que ...
2. Nous n'avons au fond pas appris à ...
3. Mes sœurs rient de moi quand elles savent que je ...
4. Ma première lutte ...

C MOYENS LINGUISTIQUES

(... or the art of gentle persuasion!)

Remarquez que Claire a réussi à persuader Philippe qui a changé complètement d'opinion! A quoi peut-on attribuer ce succès? Regardons de plus près sa méthode d'argumenter:

1. Elle concède un point:

   On peut voir les choses comme on veut ... / Nous pouvons essayer de partager ...

   afin de renforcer son argument fondamental:

   ... **mais en fait** la responsabilité générale compte **tout de même** à la femme
   ... **mais** on finit **quand même** toujours avec plus de travaux ménagers qu'eux

2. Elle construit un argument convaincant en donnant des raisons de base pour un tel effet:

   ... **pour des raisons** purement culturelles, purement d'habitude
   ... **pour des raisons qui proviennent du fait que** nous avons été imprégnées de ça

3. Des raisons sont accumulées:

   Non seulement nos maris ont été imprégnés **mais** nous **aussi** nous avons été imprégnées de ça.

4. Elle nous offre des solutions alternatives, en prenant une position modérée:

   Je pense que notre but ne doit peut-être pas être d'arriver ... avec cette génération ... à se partager les choses de manière tout à fait égale **mais d'**éduquer nos enfants dans un esprit de beaucoup plus grande égalité.

5. Avec des résultats particuliers:

   ... **de manière à ce qu'**ils arrivent à se libérer.

6. Philippe est persuadé par son argument qu'il résume ainsi:

   Je suis d'accord pour estimer que nous sommes esclaves de notre éducation.

7. Il donne l'exemple de ses sœurs qui rient de lui quand il fait la vaisselle.

8. Il concède ce point:

   Ça, je m'en rends très bien compte.

9. Et il voit la solution:

   Donc, ma première lutte, c'est ...

Ecoutez une dernière fois l'extrait.

D DISCUSSION/JEU DE ROLE

L'apartheid, position intenable dans le monde moderne

Faites une liste des raisons pour lesquelles l'apartheid n'est pas acceptable. Vous parlez à un sud-africain (blanc) d'un certain âge qui jouit d'un niveau de vie très élevé mais qui au fond n'a jamais vraiment considéré le sort des noirs. Avec votre partenaire ou avec votre professeur, simulez la conversation que vous auriez avec lui dans laquelle vous essayez de le persuader qu'il a été mal éduqué. Utilisez les tournures employées par Claire et par Philippe et qui sont résumées ci-dessous:

On peut voir les choses comme on veut ...
Je suis d'accord pour estimer que ...
Je me rends très bien compte que .../je m'en rends très bien compte
En fait
Quand même/tout de même
A mon avis
Non seulement ... mais aussi ...
Pour des raisons { + adjectif / qui proviennent du fait que ...
Notre but doit être ...
Donc, ma première lutte, c'est ...

E PAR ECRIT

Rédigez la conversation en forme de dialogue.

Document *L'éducation*

Quiconque s'est promené dans le rayon "jouets" des grands magasins, a pu se rendre compte que ceux des filles et ceux des garçons sont nettement séparés -et bien différents-.

Pour les garçons, il y a du choix; pour les filles, tout tourne autour de leur future vie de mère de famille: les poupées occupent la plus grande place du rayon; mais il y a aussi des dinettes, les landaus, des maisons de poupées, et même des petits ensembles balai-balayettes (miniatures, bien sûr!!) pour donner à la petite fille le sens de la propreté. Car si on apprend à la petite fille l'envie d'avoir des enfants, on lui apprend aussi où est son devoir: balayer, faire la cuisine, les courses (jeu de la marchande), font partie de ses tâches. Pas question d'un quelconque partage avec l'homme.

Il est intéressant de noter qu'on trouve aussi des salles d'hôpital miniatures, et aussi des salles de classes où, pour changer un peu, la petite fille pourra s'occuper et manipuler des petites poupées.

Mais, jouer ne suffit pas aux enfants: ils adorent faire les choses "en vrai" comme les grands. C'est donc souvent à la grande joie de sa fille, ravie de jouer à l'adulte, que la mère l'initie aux travaux de la maison.

Beaucoup de statistiques l'ont montré, et aussi bien des témoignages: les parents demandent bien plus d'aide ménagère aux filles qu'aux garçons[1]. Qu'il s'agisse de la vaisselle, de rangements, de lavage, les garçons er sont, la plupart du temps, dispensés. Par contre, on les envoie plus souvent faire les courses: ils sont plus forts et puis... la rue est leur domaine!

Mais même dans le cas exceptionnel où la mère demande autant l'aide aux garçons qu'aux filles, celles-ci auraient tout de même sous les yeux l'exemple d'un couple -celui de leurs parents- où l'homme ne participe pas -ou presque pas- aux tâches ménagères. Sur ce point, les

TABLEAU N°1

Les filles sont beaucoup plus sollicitées que les garçons pour :

– faire la vaisselle	57 % contre 40 %	aux garçons
– mettre et desservir la table	52 % contre 45 %	aux garçons
– aider à nettoyer la maison	44 % contre 28 %	aux garçons
– nettoyer leur chambre	37 % contre 26 %	aux garçons
– faire leur lit	31 % contre 20 %	aux garçons
– aider à la cuisine	11 % contre 6 %	aux garçons
– s'occuper d'un petit frère	8 % contre 3 %	aux garçons

Les garçons sont plus sollicités que les filles pour :

– aider à faire les courses	23 % contre 15 %	aux filles

statistiques sont renversantes!. Dans la majorité des couples, que la femme travaille ou non à l'extérieur, c'est elle qui fait tout ou presque dans la maison[2].

La fille aura donc l'impression, même si son frère participe aux tâches ménagères, que ce n'est pas vraiment son rôle, puisque, de toutes façons, il ne le fera plus une fois adulte.

Dans le cas où une fille est beaucoup plus âgée que ses frères et soeurs, on l'encourage à jouer son rôle de seconde mère auprès d'eux. Il est fréquent de voir des grandes filles autoritaires avec leurs frères et soeurs, les traitant visiblement comme ses enfants. Quand il y a un bébé dans la famille, c'est à la fille qu'on demande de le porter -le garçon le laisserait tomber!!- et devant la grâce avec laquelle elle le fait, il est facile alors de dire: "Ah, l'instinct maternel, tout de même!".

Mère		Père	
82 %	préparation des repas	15 %	participation aux jeux des enfants
81 %	garde, soins des enfants malades	9 %	relations avec les enseignants
77 %	achats des vêtements et fournitures	6 %	organisation des loisirs
75 %	visites chez le médecin/dentiste	5 %	visite chez le médecin/dentiste
67 %	achats d'alimentation	5 %	aide aux devoirs
57 %	relations avec les enseignants	4 %	achats d'alimentation
50 %	aide aux devoirs	2 %	préparation des repas
36 %	organisation des loisirs extérieurs	2 %	soins des enfants malades
22 %	participation aux jeux des enfants	1 %	achats des vêtements et fournitures

TABLEAU N°2

De même, on fait clairement comprendre à la petite fille qu'on attend d'elle qu'elle soit sage, calme et consciencieuse, qu'elle lise tranquilement à la maison -ou qu'elle tricote- plutôt que d'aller courir sur les toits ou jouer au ballon dans la rue.

Plus la petite fille sera complimentée pour son calme, pour son goût pour tout ce qui se fait à la maison, pour sa réserve, plus elle cherchera -pour plaire- à reproduire ce comportement.

Il est bien entendu indispensable,pour accepter docilement le confinement à l'intérieur de l'appartement et la monotonie des tâches ménagères, de ne pas trop avoir envie de s'extérioriser!

A POURQUOI?

Dans le texte, relevez ...

1. **Une** raison pour laquelle les filles jouent avec des poupées.
2. **Trois** raisons pour lesquelles les garçons apprennent que c'est aux femmes de s'occuper des tâches ménagères et des enfants.
3. **Deux** raisons pour lesquelles les jeunes filles auraient l'impression que leur rôle est à l'intérieur du foyer.

1. Dans les grands magasins il y a deux rayons «jouets»: un pour les garçons et un autre pour les filles.
2. Par le moyen des jouets on apprend à la petite fille comment s'occuper des enfants et de la maison.
3. La fille ne doit pas partager ses jouets avec ses frères.
4. On encourage les jeunes filles à jouer à l'infirmière ou à l'institutrice.
5. Les parents demandent plus d'aide ménagère aux filles qu'aux garçons.
6. Les garçons sont dispensés de faire la vaisselle.
7. Le fait qu'actuellement la femme fait presque tout à la maison exerce une influence très forte auprès des enfants.
8. Le père moyen participe aux jeux des enfants mais ne prépare pas de repas.
9. On ne demande pas à un garçon de porter le bébé parce qu'il pourrait le laisser tomber.
10. Pour qu'elle accepte la monotonie de son rôle de femme, on décourage la petite fille de sortir.

Discutez votre choix avec votre partenaire.

B RELEVEZ L'ESSENTIEL

Sometimes it is difficult to see the wood for the trees, to distinguish which are the author's main points and which are simply examples. Try this for practice:

Les dix énoncés suivants reprennent les idées du passage sur l'éducation. Il n'y en a que **quatre** cependant qui correspondent aux grandes lignes de l'argument. Les autres ne sont que des points de détail ou d'illustration. Lisez soigneusement le texte et décidez quels énoncés résument le mieux l'argument général:

C ETUDIEZ LE TABLEAU NO. 1

1. Quelles tâches est-ce qu'on donne le plus facilement aux enfants? Est-ce qu'il y a une différence entre les filles et les garçons à cet égard?
2. Quelle tâche est-ce qu'on donne le moins facilement aux enfants?
3. Pour quelle tâche est-ce que les garçons sont plus sollicités que les filles? Pourquoi, à votre avis?
4. Est-ce que ces chiffres correspondent à l'impression que vous avez de ce qui se passe chez vous?

D ETUDIEZ LE TABLEAU NO. 2

1. Pour quelle tâche est-ce que les pères en font plus que les mères?
2. Quelle est la tâche la plus commune pour une femme?
3. Et pour un homme?
4. Est-ce que l'homme s'occupe des enfants quand ils sont malades?
5. Est-ce que les pères s'intéressent beaucoup aux progrès scolaires des enfants?
6. Est-ce que les garçons continuent à faire des courses, quand ils deviennent adultes?
7. Ces statistiques-ci ont été recueillies en France – avez-vous l'impression que la situation est différente dans votre pays?
8. Chez vous, qui est-ce qui s'occupe des tâches mentionnées dans le tableau No. 2?

Cassette

Il prend un chocolat et il ne laisse rien pour nous

Les frères et les sœurs: ce qu'ils pensent les uns des autres. Véronica, pour peu qu'il le semble, aime bien son frère, Patrick! Ecoutez ce qu'elle dit et rapportez ses paroles.

Ecoutez le texte une deuxième fois, en notant les mots qui correspondent aux définitions suivantes:

a) un jeune homme sexiste
b) adorable
c) fier, arrogant
d) une amie.

Cassette

Elle se prend pour Miss Monde!

Mais que pense Patrick de sa sœur Véronica?
En suivant les locutions-clé ci-dessous, écoutez ce qu'il dit:

Ça va bien.
Il y a quand même des hauts et des bas.
On s'énerve énormément.
Je m'entends (moins) bien avec elle.
C'est surtout à cause d'elle.
Je crois que c'est sa faute.
Vraiment ça m'énerve personnellement.
Je le déteste . . .

A REPONDEZ AUX QUESTIONS

1. Patrick parle des «hauts et des bas» dans ses relations avec sa sœur Caroline.
   a) Quels exemples est-ce qu'il donne des «bas»?
   b) Quels exemples est-ce qu'il donne des «hauts»?
2. Selon Patrick comment est Véronica?

B ET VOUS? Vous avez des frères et des sœurs? Est-ce qu'ils aident à la maison? Vous vous entendez bien? Ou est-ce qu'il y a des hauts et des bas? Si vous êtes enfant unique, est-ce que vous vous entendez toujours bien avec vos ami(e)s ou avec vos cousin(e)s? Est-ce que cela vous est arrivé de vous énerver? Racontez ce qui s'est passé.

Cassette — *Je ne me sens quand même pas sacrifiée, hein?*

A RESUME

Mme Jourdain abandonne sa carrière – mais elle le fait de bonne grâce. Ecoutez bien ce qu'elle dit et relevez **quatre** phrases qui confirment, directement ou indirectement, qu'elle ne se sent pas «sacrifiée».

B PRONONCIATION

Relevez dans le texte les locutions françaises qui correspondent aux phrases anglaises ci-dessous. Notez-les. Puis, rembobinez, écoutez bien la phrase de nouveau et, en imitant aussi bien que possible la prononciation et l'intonation de Mme Jourdain, répétez chaque phrase:

1. What do I think? I think it's both true *and* untrue.
2. Basically I'm giving up my career to devote myself to my children my house and to myself, too – you know?
3. I have to give up my job so I *am* making a sacrifice.
4. But I'm doing it quite willingly all the same.
5. This time he has found the perfect job (paradise!) so I'm not going to make him miss this chance.
6. . . . because I know that for *him* it's really important.
7. But I don't really feel I'm making a sacrifice.
8. . . . in order to do something different with my life, that's all.

C JEU DE ROLE

Vous vous trouvez obligé(e) d'abandonner vos études pour gagner de l'argent pour la famille. En vous servant des locutions de Mme Jourdain, répondez aux questions d'un(e) ami(e) (rôle joué par votre partenaire).

Votre ami(e): Tu abandonnes tes études, alors? Mais qu'est-ce que tu en penses? Tu crois que c'est juste?

Vous: (*fair and unfair at the same time*)

Votre ami(e): Mais tu te sacrifies donc?

Vous: (*studies given up for family, career and for yourself – a willing sacrifice!*)

Votre l'ami(e): Tu n'as pas de regrets?

Vous: (*effort – do something different – that's all*)

D DISSERTATION

Rédigez une dissertation (300 mots) sur un des sujets suivants:

1. Commentez la remarque de Victor Hugo (en face):
2. C'est aux hommes de se libérer – non pas aux femmes!
3. L'école ne fait que confirmer l'image stéréotypée du rôle de la femme et de l'homme dans la société moderne.

" Soigner, vêtir, parer, habiller, déshabiller rhabiller, enseigner, un peu gronder, bercer, dorloter, endormir, se figurer que quelque chose est quelqu'un, tout l'avenir de la femme est là. Tout en rêvant et tout en jasant, tout en faisant de petits trousseaux et de petites layettes, tout en cousant de petites robes, de petits corsages et de petites brassières, l'enfant devient grande fille, la grande fille devient jeune fille, la jeune fille devient femme. Le premier enfant continue la dernière poupée. Une petite fille sans poupée est à peu près aussi malheureuse et tout à fait aussi impossible qu'une femme sans enfant."
Victor Hugo Les Misérables

un corsage *a blouse*
une brassière *a vest with sleeves*
(*N.B. English: brassière = French*: un soutien-gorge)

Document

Il me coupe tout le temps la parole

A LIRE ENTRE LES LIGNES

Often when we read we infer things without their being directly stated. Here is an exercise which forces you to pinpoint what it was which made you reach a certain conclusion.

Lisez l'article aux pages suivantes intitulé «Il me coupe tout le temps la parole». Relevez dans le texte les phrases qui vous amènent à conclure que…

1. Pierre ne s'occupe pas beaucoup des travaux ménagers.
2. Les hommes français du Sud-ouest ont la réputation d'être sexistes.
3. Dans la plupart des conversations les hommes interviennent pour donner leur avis à eux.
4. Les hommes et les femmes expliquent ce phénomène d'une manière différente.
5. Il est beaucoup plus probable qu'un sujet de conversation soulevé par un homme soit accepté plutôt que celui proposé par une femme.
6. Ces interventions peuvent s'expliquer par un sens d'infériorité chez l'homme.
7. Le fait d'être constamment interrompue peut provoquer un sens d'inferiorité chez la femme.
8. Celui qui a écrit l'article croit que c'est aux femmes et non aux hommes de remédier à la situation.

B LEXIQUE

Faites une liste de toutes les phrases qui concernent l'acte de parler.

«Il me coupe tout le temps la parole...»

Quoi de plus exaspérant dans une discussion que de ne pouvoir terminer sa phrase sans que quelqu'un vous coupe la parole ? Malheureusement, les maris ont bien souvent le défaut d'intervenir quand leur épouse parle et même de terminer toutes leurs phrases à leur place.

« **Chez moi, je n'arrive jamais à me faire entendre,** explique Sophie, une jeune mère de famille pourtant vive et bavarde ; **il suffit que je prenne la parole pour que Pierre, mon mari, m'interrompe. C'est plus fort que lui, il faut toujours qu'il ait le dernier mot, qu'il s'agisse d'un film, des enfants ou même des courses auxquelles il ne connaît rien !** » Pierre et Sophie forment cependant un couple très uni, sans nuages apparents. Et, ce n'est pas simplement parce qu'il est né dans le Sud-Ouest, une région où les hommes aiment à paraître encore un peu macho, que Pierre interrompt si souvent sa jeune femme, ce gros défaut concerne hélas, la totalité du sexe dit fort... Deux sociologues américains ont en effet très récemment enregistré un grand nombre de conversations dans des lieux publics. Ce sont les femmes qui à 70 % posent les questions, et les hommes qui à 96 % leurs coupent la parole pour imposer leur point de vue. L'explication donnée à ce phénomène par les spécialistes est que la femme entamerait le plus souvent des discussions sans savoir exactement où elle veut en venir !

« **C'est ce que j'essaie de faire admettre à Françoise depuis des années,** explique Jean-Michel, un ingénieur agé d'une trentaine d'années, **que ce soit chez nous ou chez des amis, elle se lance toujours dans de grandes phrases sans queue ni tête. Sa vivacité fait certes partie de son charme, mais il ne faut rien exagérer !** » Françoise pourtant ne voit pas du tout les choses sous le même angle :

« **Au début, je croyais que c'était parce qu'il avait un caractère assez passionné, et je le laissais faire. Mais maintenant, je m'aperçois qu'il croit toujours tout savoir...** »

Hélas, il semblerait que les femmes soient réellement perdantes dans cette bataille des mots. Un autre chercheur américain, femme qui plus est, a installé cette fois-ci des magnétophones pendant plusieurs semaines dans l'appartement de trois couples différents, avec leur accord. Il résulte de ces kilomètres de bandes enregistrées, que les hommes, non seulement battent largement les records d'interruption de conversations, mais qu'en plus, ils arrivent dans la

C RE-TRANSLATION

Traduisez en français le paragraphe qui commence par «Chez moi...» jusqu'à «...il ne connaît rien».

Sans revoir l'original, retraduisez le passage en français. Remarquez tout particulièrement les phrases dont la construction est plus compliquée en français.

D TRANSLATION BLOOMERS!

Look at this translation of paragraph 6 in which several false friends (words which look misleadingly like English words) have been taken at their face value.

Sygma

Une enquête sur une «maladie» masculine difficile à soigner

grande majorité des cas, à imposer leurs sujets de discussions ! Sur 47 tentatives de dialogues, les femmes ont échoué 30 fois tandis que les hommes ont réussi 28 fois sur 29 à se faire entendre...

« Je sais qu'il en sera toujours ainsi dans mon couple, explique Catherine, **mais, je crois savoir à quoi c'est dû. Lorsque j'ai épousé mon mari voilà 11 ans, il venait d'une famille d'ouvriers. Gérard a depuis toujours eu comme un complexe d'infériorité vis à vis de moi** (Le père de Catherine est médecin, et elle même secrétaire de direction), **Je sais que ça n'est pas bien méchant et j'ai décidé de prendre sur moi ; entre nous, cela a peu d'importance ».**

Tout dépend donc si ces interventions intempestives perturbent ou non gravement le couple. Autant Catherine a eu raison de n'y accorder que peu d'importance, autant Françoise devrait essayer d'y remédier rapidement, sans quoi, les conséquences pourraient être irréversibles pour son foyer. Ce qui s'est passé chez Yves et Martine hélas le prouve :

« Après six ans de mariage, cela a été très difficile pour moi de rompre, mais je n'en pouvais plus, avoue Martine qui est institutrice à Lyon, **J'avais constamment l'impression qu'il cherchait à me rabaisser, et que j'étais une sotte. Mes enfants ressentaient durement ce malaise, et moi-même je n'osais plus parler à mon mari. Simplement, Yves ne m'aimait plus. De guerre lasse et réellement déçue, j'ai donc fini par demander le divorce ».**

Si ce cas reste extrême, il montre tout de même avec clarté que le dialogue demeure presque toujours la base fondamentale de l'entente d'un couple. A vous de repérer les heures de la journée et les sujets de conversations auxquelles votre mari semble particulièrement sensible. Un seul mot glissé au bon moment vaut parfois bien des discours... Il faut aussi comprendre que les hommes sont sans arrêt poussés à « s'affirmer » dans leur travail, et à montrer qu'ils ont confiance en eux. Très jeunes, on essaie de corriger les enfants trop timides, et combien de cadres d'entreprises apprennent aujourd'hui à mieux s'exprimer.

Reste alors aux femmes à se montrer plus perspicaces et compréhensives, et surtout à prendre leur revanche. Sur les deux cent chercheurs qui travaillent actuellement à ces questions aux Etats-Unis, une douzaine seulement sont des hommes ! Et là, ils doivent avoir bien des difficultés à monopoliser entièrement la parole... ■

Correct the mistakes and write a version which flows easily in English:

Even if this is a case of extreme laziness it clearly shows that talking to each other is almost always a couple's basic intention. It is up to you to fill up travelling time with subjects of conversation which will seem particularly sensible to your husband. A single word slipped in at the right moment is sometimes better than a speech. It is important to understand, too, that men, though no-one's arrested for it, are often brutally pushed about when travelling and use watches when they have no trust in them.

E GRAMMAR – the subjunctive

Notez que le subjonctif s'utilise dans les cas suivants. Après ...

1. **sans que**
   ... sans que quelqu'un vous coupe la parole.
2. **il suffit que**
   Il suffit que je prenne la parole ...
3. **pour que**
   ... pour que mon mari m'interrompe.
4. **sembler que**
   Il semblerait que les femmes soient perdantes dans cette bataille de mots.
5. **que** dans le sens de *whether*
   Qu'il s'agisse d'un film, des enfants ou même des courses.
   Que ce soit chez nous ou chez des amis ...

F LES MOTS POUR LE DIRE

Complétez les phrases pour qu'elles aient le même sens que celles qui vous sont données. Vous trouverez les mots qui manquent dans le paragraphe indiqué.

(introduction)
Cela m'énerve. C'est ....
(para. 1)
Elle parle beaucoup. Elle est ....
(para. 2)
On n'est pas d'accord. On ....
Au commencement. Au ....
Je me rends compte. Je ....
(para. 3)
Une machine avec laquelle on enregistre ce que disent les gens s'appelle ....
Elles n'ont pas réussi. Elles ....
(para. 4)
Ce n'est pas important. Cela a ....
(para. 5)
Des interruptions excessives qui dérangent le couple, ce sont des ....
Humilier quelqu'un, c'est le ....
On en a eu assez de se battre, on est ....
Si on a perdu ses illusions, on est ....

17 *Pourquoi tu as de grandes dents? C'est pour mieux te croquer!*

CONTRASTES Cinq grands types de vacanciers français
Le petit chaperon rouge: sauvé ou pas sauvé?!

KEYPOINTS
- *Recognising different styles in the written language; making an educated guess at the meaning of a word; listening for pleasure*
- *Story telling; talking about a project*
- *Past tenses in speech; the past anterior; the pluperfect subjunctive;* dernier, premier, seul *etc.*

Document — *Le comportement des Français en vacances*

A RESUME

Lisez l'article aux pages suivantes sur les nouvelles races de vacanciers (voir vocabulaire à la page 194). Résumez-en les points principaux en remplissant autant des blancs que possible dans la grille ci-dessous:

Type	*% de la population*	*Profession*	*Age*	*Où vont-ils?*	*Pour combien de temps?*
1. L'escargot					
2. La cigogne					
3. Les poissons rouges					
4. Les cigales					
5. Les décalés					
6. Les papillons					

B

1. Avec quel genre de «migrateur» français aimeriez-vous passer vos vacances? Pourquoi?

2. Quel genre de vacances ne vous conviendrait pas?

LES NOUVELLES RACES DE VACANCIERS

Le Centre de communication avancée de l'agence Havas a étudié le comportement des Français en vacances. Il a répertorié cinq grands types de « migrateurs » : le papillon, l'escargot, la cigogne, la cigale et le poisson rouge

SUR les bords de la Méditerranée, à Saint-Tropez ou ailleurs, le vacancier a débarqué. Tongues aux pieds, le voilà foulant les sables chauds des plages surveillées et les frais carrelages des supermarchés. Comme l'année dernière et les années précédentes, il a retenu sa place dans le même camping, pas trop loin de la mer pour que les gosses puissent barboter à leur aise pendant que maman lave les shorts et que papa boit le pastis avec le voisin de caravane...

Autre espèce de Français migrateurs : la cigogne qui représente 20,1 % de la population

Le centre de communication avancé de l'agence Havas s'est livré à une recherche de pointe sur le comportement des Français en vacances. Qui va où ? Comment réagit-on à la crise ?... Cinq grands types de comportement ont été répertoriés et on a donné à chacun d'eux le nom d'un animal : le papillon, l'escargot, la cigogne, la cigale et le poisson rouge. Un tel classement est bien entendu arbitraire mais il reflète assez bien les grandes tendances du touriste français. A quelle catégorie appartenez-vous ?

L'escargot ou « recentré matérialiste » représente 26 % des Français. Il vit dans les petites villes ou à la campagne. Il a souvent plus de cinquante ans. Agriculteur, ouvrier ou inactif, quand il part en vacances il emmène toute sa maison avec lui. Il aime la nature, la pêche et sait épargner. Il part toujours avec sa progéniture dans des endroits bien protégés. Pour lui la famille c'est sacré. L'été, quand il n'est pas au bord de la mer, on le rencontre généralement à la montagne. Près d'un lac, ou à la campagne dans le champ d'un paysan qu'il connaît bien. Gagnant en général moins de 7 500 F par mois, il recherche les locations bas de gamme ou les caravanes. D'ailleurs, son budget vacances n'est pas prioritaire. Et, en période de crise, il préfère rester à la maison à arranger son nid.

• Autre espèce de Français migrateur, la cigogne ou « recentré rigoriste ». Il part toujours aux mêmes dates et pour le même endroit. Il représente 20,1 % de la population française. Il a souvent plus de soixante ans. Retraité, artisan, commerçant, agriculteur ou inactif, il a généralement travaillé dur toute sa vie. Qu'il gagne moins de 5 000 F ou plus de 10 000 F, le « rigoriste » a des goûts de luxe et cultive les vacances à « la française ».

On l'imagine survolant les

Dans la catégorie des « égocentrés », on trouve les cigales. Ils aiment l'effort pour l'effort châteaux de la Loire, s'arrêtant dans les restaurants gastronomiques, étudiant le *guide Michelin* avant d'aller se poser dans la maison familiale. Là, il pratique la marche, le ramassage des champignons. Il explique à son entourage en terme de spécialiste comment on fait les conserves, comme s'il parlait philosophie ou musique. Il peut raconter, au coin du feu, tous les musées, toutes les églises et toutes les richesses des régions traversées, heureux de constater qu'il a bien mémorisé et donc, bien rentabilisé ses vacances. Les cigognes écument les circuits touristiques en couple et hors périodes scolaires. Touchées par la crise, elles feront passer le confort quotidien avant les vacances mais quand elles partent, elles n'hésitent pas à payer pour le luxe et le « plus » culturel.

- Les poissons rouges, ou « égocentrés », naviguent à vue dans l'aquarium du « tout compris » et affectionnent particulièrement l'exotisme sans risque et la pagode préfabriquée du Club Méditerranée. En période de crise ils sont capables de manger des nouilles toute l'année pour se payer des vacances. Ils aiment la nature domestiquée : des arbres oui ! Si la discothèque est dans le bosquet. L'étranger, d'accord ! Si le steack-frites est dans l'assiette. Ils partent une à deux semaines été et hiver. Ils sont assez jeunes, ouvriers, employés ou chômeurs et vivent dans les banlieues ou les villes moyennes. 45 % d'entre eux gagnent moins de 5 000 F par mois, ce qui ne les empêche pas de dépenser leur argent dès qu'ils le peuvent.
- Dans la même catégorie des « égocentrés », on trouve les cigales. Ceux-là affectionnent la défonce physique. Ils aiment l'effort pour l'effort et le pratiquent en bande. Plus ils en bavent, plus ils sont contents. Ces gladiateurs ne craignent pas le bivouac précaire et les raids à pied, à cheval ou en moto. Telles des hordes tribales, ils se déplacent en bande, comme dans le rallye Paris-Dakar. Ils prennent quinze jours maximum de vacances et ne supportent pas, bien entendu, les circuits trop balisés !
- Les « décalés » représentent 17,3 % des Français, ils sont très cultivés mais pas forcément très riches. Jeunes, très jeunes même (quinze à trente-cinq ans), étudiants, cadres, chercheurs d'emplois, ils vivent à Paris ou dans les grandes villes. 38 % d'entre eux gagnent plus de 10 000 F par mois et 34 % moins de 5 000 F. Hors des sentiers battus, ils traquent l'insolite plus que l'exotisme.

L'écoute de « leur moi profond » les conduit en Egypte, en Grèce, en Lozère et dans les festivals qu'ils affectionnent. Toujours à l'affût de stimulis intellectuels, ils se déplacent beaucoup à pied, à bicyclette ou en charter car ils aiment aller loin pour pas cher et découvrir d'autres cultures. Ils prennent des vacances, longues ou courtes, vont n'importe où, n'importe quand, mais pas n'importe comment : ils couchent dans les auberges de jeunesse, ou chez le copain d'un copain. Ils aiment lézarder et se faire plaisir. Ils travaillent toute l'année pour mener en vacances la vie non conformiste dont ils rêvent.

- Dernière espèce de migrateurs : les activistes. Ce sont en fait des leaders. Cadres sup, professions libérales, 53 % d'entre eux gagnent plus de 7 500 F et 47 % plus de 10 000 F. Ils représentent 13 % des Français. Pour ces carriéristes qui ne s'affirment que par la réussite et ne s'éprouvent que dans le travail, les vacances sont des parenthèses de deux ou trois jours maximum. Ils les sniffent comme de la coke, très vite et parce qu'ils compensent la durée par l'intensité, ne lésinent pas sur les moyens : on les appelle les papillons.

Les décalés représentent 17,3 % des Français. Ils sont jeunes et pas forcément riches

Il y a quinze ans, l'été, on les trouvait à Saint-Tropez mais, depuis que les pin-up n'ont plus rien à cacher, ils ont déserté la côte pour la pêche au gros, le golf et le casino. L'île de Mani aux Etats-Unis est actuellement l'un des hauts lieux où les « activistes » vont butiner les derniers plaisirs à la mode. On les croise n'importe où. Ils n'ont pas plus de frontières que de principes, excepté celui d'être dans le dernier endroit dont on parle.

Hyper-organisés, ces super-pros vivent au rythme des fuseaux horaires. Ils mettent souvent à profit leurs rares moments de farniente pour se recycler et suivre des stages intensifs d'informatique ou de techniques de la communication, à grand renfort de vidéo. Les papillons se musclent sans cesse le cerveau comme d'autres les abdominaux.

Hélène Molière

L'escargot ou « recentré matérialiste » représente 26 % des Français. Il part toujours avec sa progéniture dans des endroits bien protégés

C DEVINEZ LE SENS

Essayer de deviner le sens des mots en caractères gras selon leur contexte dans le passage. Remplacez-les par d'autres mots qui en montrent le sens.

1. ... pas trop loin de la mer pour que les gosses puissent **barboter** à leur aise.
2. Il part toujours avec sa **progéniture** dans des endroits bien protégés. Pour lui, la famille, c'est sacré.
3. ...heureux de constater qu'il a bien mémorisé et donc bien **rentabilisé** ses vacances.
4. Les cigognes **écument** les circuits touristiques en couple et hors périodes scolaires.
5. Ceux-là affectionnent la **défonce physique.**
6. Hors des sentiers battus, ils traquent **l'insolite** plus que l'exotisme.
7. Toujours **à l'affût** de stimulis intellectuels, ils **se déplacent** beaucoup à pied, à bicyclette ou en charter.
8. Ils aiment **lézarder** et se faire plaisir.
9. L'Île de Mani aux Etats Unis est actuellement l'un des hauts lieux ou les activistes vont **butiner** les derniers plaisirs à la mode.
10. Ils mettent souvent à profit leurs rares moments de **farniente** pour se recycler.

une tongue = sorte de sandale
bas de gamme = les plus modestes
plus ils en bavent *the more they suffer*
ils les sniffent comme de la coke *they sniff them like coocaine*
la pêche au gros *big game fishing*

D

VERIFIEZ la justesse de votre définition (exercice **C**) en cherchant tous les mots dans le dictionnaire.
Analysez votre méthode.

1. De quels mots avez-vous pu deviner le sens:
   a) à partir de leur contexte, du sens général de l'article ou des mots voisins?
   b) à cause de leur ressemblance à des mots anglais?
   c) à cause de leur ressemblance à une expression française déjà connue?
2. Quels mots étaient impossibles à définir précisément?

Choisissez cinq de ces expressions et utilisez-les pour construire des phrases qui décrivent vos rêves de vacances.

E ANALYSE DE STYLE

1. Faites deux listes en mettant les expressions en caractères gras de l'exercice **C** à côté de vos définitions.
2. Quelle est la différence entre les termes originaux et les vôtres?
3. Correspondent-ils à un style plus/moins familier?
   plus/moins technique?
   plus/moins imagé?
4. Cette journaliste-ci, quel genre de style favorise-t-elle en gros, selon vous?

F RAPPORT

L'agence Havas a dû poser des questions aux vacanciers pour étudier le comportement des Français en vacances. Inventez un questionnaire pour obtenir les mêmes informations des membres de votre classe.

Posez les questions aux membres de la classe en notant la réponse de chacun.

G PAR ÉCRIT

Analysez leurs réponses et rédigez un rapport intitulé «Membres du cours de français: préférences pour les vacances».

H DÉPLIANT PUBLICITAIRE

Vous travaillez dans une agence de tourisme de votre pays. Vous voulez attirer le tourisme français et vous avez décidé de créer un dépliant publicitaire à cette fin. Etudiez la grille-résumé que vous avez faite sur les types de vacanciers français.

Discutez de cette question avec les autres membres de la classe. Décidez...

1. Quels types de Français seraient attirés par l'idée de passer des vacances dans votre pays.
2. Quelles régions de votre pays ou quelles activités conviendraient aux types différents.
3. S'il vaudrait mieux ne produire qu'un dépliant qui convienne à tous les types ou plutôt produire des dépliants spécifiques visant un public particulier.
4. Où vous allez distribuer les dépliants.

En travaillant avec un partenaire créez le dépliant publicitaire. Revoyez le texte sur le Musée en Herbe (à la page 148) et la perle du Roussillon (à la page 149) pour avoir un exemple du niveau de la langue nécessaire. Une feuille de taille A4 peut se plier deux ou trois fois selon vos besoins.

Ajoutez des dessins ou des photos, faites vérifier le français par un francophone et recopiez votre texte au propre. Faites-en des photocopies et envoyez-les à un ami français qui peut les distribuer!

Cassette — *Justement, on a vu ça ce matin*

Les journalistes du «Nouvel Observateur» avaient vu l'article sur les nouvelles races de vacanciers paru aujourd'hui dans «Le Matin». Ils avaient projeté eux aussi une série de reportages sur les vacanciers, ayant decidé de se concentrer sur Hossegor, une plage dans les Landes.

Imaginez que vous êtes un(e) des journalistes. Vous assistez à une réunion avec la rédactrice en chef où on parle des sujets qui vont paraître dans le prochain numéro du «Nouvel Observateur». Au cours de la réunion, la rédactrice en chef reçoit un coup de téléphone. C'est un collègue qui n'a pas pu arriver à temps...

La plupart du temps vous n'entendrez qu'un côté de la conversation téléphonique, celui de la rédactrice. Ecoutez bien ce qu'elle dit et avec un partenaire complétez le dialogue en remplissant le rôle du journaliste.

Une fois terminée, jouez la conversation devant les autres membres de la classe.

La rédactrice en chef: Allô. Bonjour, comment ça va?
Le journaliste: ...
La rédactrice: Oui. Oui, oui. Oui, je sais. Ça va bien?
Le journaliste: ...
La rédactrice: Ben on est en réunion, dans laquelle ... ma foi, vous tombez très bien et ...
Le journaliste: ...
La rédactrice: D'accord, on va se rappeler dans l'après-midi. Vous avez des sujets? Allez-y. Je le prends et puis on ... on verra ce qui sort aussi ce matin et on fait le point cet après-midi?
Le journaliste: ...
La rédactrice: Eh oui, on a vu ça ce matin, oui. Oui. Oui.
Le journaliste: ...
La rédactrice: Vous feriez quoi là-dessus (*branche sur écoute collective*)? Parce que nous, on avait pensé – justement, on a vu ça ce matin, bien sûr, cette ... euh, nous on avait pensé faire une série de reportages sur les camps ... les vacances des tribus. Je sais pas si je vous avais parlé de ça hein?
Le journaliste: ...
La rédactrice: Voilà, vous deviez faire Hossegor. Et Hossegor, c'est assez marrant quand même. Ce que vous m'aviez raconté, c'était très drôle. Hein, bon, ben, écoutez...
Le journaliste: ...
La rédactrice: Je vous rappelle. Je ne peux pas vous rappeler avant le milieu de l'après-midi, hein? Mais à mon avis ce sera en tout cas autour de ça.
Le journaliste: ...
La rédactrice: Hein? Voilà.
Le journaliste: ...
La rédactrice: Au revoir.

JEU DE ROLE

Travaillez avec votre partenaire. Vous êtes deux journalistes qui rédigent «Carotte» le journal de votre collège. Un d'entre vous donne un coup de téléphone à l'autre pour se fixer un rendez-vous afin de «faire le point» pour la prochaine publication. En utilisant les tournures de la rédactrice du «Nouvel Observateur» simulez la conversation (vous utiliserez le «tu»).

Document

Les contes de fées

Nous reproduisons sur les pages 197–8 la version originale de l'histoire du petit Chaperon Rouge racontée par Charles Perrault. Lisez l'histoire.

LE PETIT CHAPERON ROUGE

Il était une fois une petite fille de village, la plus jolie qu'on eût su voir: sa mère en était folle, et sa mère-grand plus folle encore. Cette bonne femme lui fit faire un petit chaperon rouge qui lui seyait si bien, que partout on l'appelait le petit Chaperon rouge.

Un jour, sa mère ayant fait des galettes, lui dit: «Va voir comment se porte ta mère-grand: car on m'a dit qu'elle était malade; porte-lui une galette et ce petit pot de beurre.» Le petit Chaperon rouge partit aussitôt pour aller chez sa mère-grand, qui demeurait dans un autre village.

En passant dans un bois, elle rencontra compère le Loup qui eut bientôt envie de la manger; mais il n'osa, à cause de quelques bûcherons qui étaient dans la forêt. Il lui demanda où elle allait. La pauvre enfant, qui ne savait pas qu'il était dangereux de s'arrêter à écouter un loup, lui dit: «Je vais voir ma mère-grand, et lui porter une galette avec un pot de beurre que ma mère lui envoie.»

«Demeure-t-elle bien loin?» lui dit le Loup.

«Oh! oui», lui dit le petit Chaperon rouge; «c'est par-delà le petit moulin que vous voyez tout là-bas, là-bas à la première maison du village.»

«Eh bien!» dit le Loup, «je veux l'aller voir aussi: je m'y en vais par ce chemin-ci, et toi par ce chemin-là, et nous verrons à qui plus tôt y sera.»

Le Loup se mit à courir de toute sa force par le chemin qui était le plus court; et la petite fille s'en alla par le chemin le plus long, s'amusant à cueillir des noisettes, à courir après des papillons et à faire des bouquets de petites fleurs qu'elle rencontrait.

Le Loup ne fut pas longtemps à arriver à la maison de la mère-grand; il heurte: toc, toc.

«Qui est là?»

C'est votre fille, le petit Chaperon rouge», dit le Loup en contre-faisant sa voix, «qui vous apporte une galette et un petit pot de beurre que ma mère vous envoie.»

La bonne mère-grand, qui était dans son lit, à cause qu'elle se trouvait un peu mal, lui cria: «Tire la chevillette, la bobinette cherra.»

Le Loup tira la chevillette, et la porte s'ouvrit. Il se jeta sur la bonne femme et la dévora en moins de rien, car il y avait plus de trois jours qu'il n'avait mangé. Ensuite il ferma la porte, et s'alla coucher dans le lit de la mère-grand, en attendant le petit Chaperon rouge, qui, quelque temps après, vient heurter à la porte: Toc, toc.

«Qui est là?»

Le petit Chaperon rouge, qui entendit la grosse voix du Loup, eut peur d'abord, mais croyant que sa mère-grand était enrhumée, répondit: «C'est votre fille, le petit Chaperon rouge, qui vous apporte une galette et un petit pot de beurre que ma mère vous envoie.»

Le Loup lui cria, en adoucissant un peu sa voix. «Tire la chevillette, la bobinette cherra.»

Le petit Chaperon rouge tira la chevillette, et la porte s'ouvrit. Le Loup, la voyant entrer, lui dit, en se cachant dans le lit sous la couverture: «Mets la galette et le petit pot de beurre sur la huche, et viens te coucher avec moi.»

Le petit Chaperon rouge se déshabille et va se mettre dans le lit, où elle fut bien étonnée de voir comment sa mère-grand était faite en son déshabillé. Elle lui dit: «Ma mère-grand, que vous avez de grands bras!»

«C'est pour mieux t'embrasser, ma fille.»

«Ma mère-grand, que vous avez de grandes jambes!»

«C'est pour mieux courir, mon enfant.»

«Ma mère-grand, que vous avez de grandes oreilles!»

«C'est pour mieux écouter, mon enfant.»

«Ma mère-grand, que vous avez de grands yeux!»

«C'est pour mieux voir, mon enfant.»

«Ma mère-grand, que vous avez de grandes dents!»

«C'est pour te manger.» Et en disant ces mots, le méchant Loup se jeta sur le petit Chaperon rouge et la mangea.

Cassette

C'est pour mieux te croquer!

Vous entendrez sur la cassette la version du Petit Chaperon Rouge retenue par Patrick, lycéen belge. Ecoutez-le bien et faites une liste des différences entre sa version et la version de Perrault. Discutez-les avec les autres membres de la classe. Quelle version préférez-vous? Pourquoi?

A — A VOUS DE RACONTER!

Vous passez un mois chez une famille française. Ils ont deux enfants âgés de sept et de quatre ans. Un jour vous sortez en voiture avec eux. Il faut trois heures pour arriver à votre destination. Les enfants deviennent impatients. Ils veulent que vous leur racontiez une histoire. A chacun d'entre vous de raconter le conte de fées de votre choix!

B — IL ETAIT UNE FOIS un éléphant …

Chaque membre de la classe doit prendre une feuille blanche et, en laissant une ligne pour le titre, commencer à écrire une histoire originale. A un signal donné par le professeur, tout le monde doit passer la feuille à la personne assise à sa droite. Celle-là lit ce qu'ont écrit les autres et continue l'histoire jusqu'au prochain signal. Tout le monde passe la feuille à son voisin (sa voisine) et ainsi de suite jusqu'à ce qu'on reçoive la feuille avec laquelle on a commencé. Il faut ajouter une conclusion et un titre. Les histoires ainsi produites seront lues à haute voix.

C GRAMMAR

1. *The past historic*

Only in the written language? – the exceptions to the rule.

As a general rule, the past historic is not used in the spoken language. Here, however, in re-telling a story which was written and which would have been *read out* to him as a child Patrick uses the past historic, just as Perrault's written account does.

Another example of the past historic being used when speaking might be a tourist guide giving a historical account (derived from written sources) of events concerning the château in question. But it is *very rare* to *hear* the past historic.

2. *The perfect tense*

The perfect tense is used instead of the past historic in direct speech:

past historic ↓ … *perfect* ↓

Sa mère lui dit: «Va voir comment se porte ta mère-grand: car on m'a dit qu'elle était malade.»

3. *The present tense*

Sometimes to give greater immediacy and sense of drama, the present tense may be used:

past historic ↓ … *present* ↓

Le loup ne fut longtemps à arriver à la maison de la mère-grand: il heurte: toc, toc.

4. *The past anterior*

In the same way that the pluperfect is the tense which accompanies the perfect . . .

Dès que j'avais fait la vaisselle, je suis sorti.

the past anterior accompanies the past historic.

past anterior ↓ … *past historic* ↓

Quand j'eus fait la vaisselle, je sortis.
(When I had done the washing-up, I went out.)

The past anterior is formed by using the past historic of **avoir** or **être** with the past participle:

j'eus tu eus il } eut elle } nous eûmes vous eûtes ils } eurent elles }	terminé	je fus tu fus il } fut elle } nous fûmes vous fûtes ils } furent elle }	sorti(es)

5. *Formation of the pluperfect subjunctive*

The pluperfect subjunctive is formed by using the imperfect subjunctive of **avoir** or **être** along with the past participle:

C'était la première fois que …

j'eusse tu eusses il } eût elle } nous eussions vous eussiez ils } eussent elles }	fait quelque chose	je fusse tu fusses il } fût elle } nous fussions vous fussiez ils } fussent elles }	sorti(es)

6. *Uses of the subjunctive*

The subjunctive is used in relative clauses
a) qualifying superlative expressions or
b) implying the uniqueness of something:

Il était une fois une petite fille de village, **la plus jolie qu'on eût su** voir.
C'était **la seule fois que j'eusse vu** un tel spectacle.

D ARCHAISMS

You will have noticed the following old-fashioned expressions in the Perrault text. How would they be expressed nowadays?

1. Un petit chaperon rouge qui lui **seyait** si bien …
2. La mère-grand.
3. Je veux l'aller voir aussi.
4. Je m'y en vais … à qui plus tôt y sera.
5. … à cause qu'elle se trouvait.
6. Tire la chevillette, la bobinette cherra (*from* choir = tomber).
7. Il s'alla coucher.

E EXERCICES

1. *The past historic and the past anterior*

Recopiez le passage suivant, extrait de «La vie tranquille» de Marguerite Duras, en mettant les verbes appropriés au passé simple ou au passé antérieur selon le sens:

Jerôme est reparti cassé en deux vers les Bugues. J'ai rejoint Nicolas qui, tout de suite après la bataille, s'était affalé sur le talus du chemin de fer. Je me suis assise à côté de lui, mais je crois qu'il ne s'en est même pas aperçu. Il a suivi Jerôme des yeux jusqu'au point où le chemin est caché par les bois. A ce moment-là Nicolas s'est levé précipitamment et nous avons couru pour attraper notre oncle. Dès que nous l'avons revu, nous avons ralenti notre allure. Nous marchions à une vingtaine de mètres derrière lui à la même lenteur que lui. Enfin Jerôme est reparti. De ce moment j'ai été bien certaine qu'il ne s'arrêterait que dans son lit. Il a franchi le portail et nous l'avons accompagné dans la cour des Bugues. Tiene et père y attelaient la charrette pour aller chercher du bois. Jerôme ne les a pas vus. Ils se sont arrêtés de travailler et l'ont suivi des yeux, jusqu'au moment où il est entré dans la maison.

Papa a considéré avec attention Nicolas arrêté au milieu de la cour, puis il s'est remis au travail. Tiene est venu me demander ce qui s'était passé. Je lui ai dit que Nicolas et Jerôme s'étaient battus à cause de Clemence.

Relisez le premier paragraphe des deux passages et comparez-les. Pourquoi Marguerite Duras a-t-elle choisi le passé composé selon vous?

2. *The subjunctive*

Transformez les deux phrases en une phrase utilisant le mot donné entre parenthèses. Mettez les verbes dans le temps approprié du subjonctif.

a) C'était la première fois. (que) J'avais trouvé de la grandeur à mon frère Nicolas.
b) (Bien que) Jerôme nous avait vus derrière lui. Il n'avait pas l'air de nous reconnaître.
c) Cela lui importait peu maintenant. (que) Nicolas l'avait frappé.
d) (Il semblait que) Sa souffrance a été si terrible, qu'il n'arriva pas à y croire.
e) C'était la dernière fois. (que) Jerôme avait franchi la cour des Bugues.

Cassette

Il ne va pas se souvenir de mon nom – tra la la!

Un conte de fée raconté par une historienne belge.

Ecoutez-le ... pour le plaisir d'écouter!

18 *Je suis d'accord avec toi*

CONTRASTES La personnalité: influencée par le magnétisme astral ou par l'éducation? Les manifestations étranges: coïncidences ... ou télépathie?

KEYPOINTS
- *Putting forward a balanced argument*
- *Expressing surprise; scepticism; conceding points*
- *Verb constructions;* avant que + *the subjunctive*

Cassette — *C'est ça que je ne comprends pas, moi*

Ecoutez le passage où Isabelle, Gérault, Mme Benech et Danielle parlent respectivement de l'astrologie

A VRAI OU FAUX?

Décidez si les énoncés suivants sont vrais ou faux selon ce qu'ils disent. Corrigez les énoncés aberrants.

1. Isabelle pense que l'astrologie peut déterminer toute la vie de quelqu'un.
2. Gérault accepte que les astres et la lune exercent une influence sur beaucoup de choses y compris les êtres humains.
3. Il croit que l'astrologie est complètement irrationnelle et ne suit aucune méthode scientifique.
4. Mme Benech ne peut pas accepter que la position des astres au moment de la naissance de quelqu'un puisse influencer le reste de sa vie.
5. Danielle suggère que l'éducation qu'on reçoit exerce une influence plus importante.
6. Isabelle n'accepte pas que les gens qu'on rencontre exercent une influence aussi importante que l'astrologie.
7. Mme Benech ne croit pas que le magnétisme puisse influencer les gens.
8. Isabelle suggère que ce sont les êtres humains qui décident de ce qu'ils vont devenir.
9. Mme Benech est tout à fait d'accord avec elle.
10. Gérault conclue qu'à cet égard les êtres humains sont tout aussi bêtes que les animaux.

B MOYENS LINGUISTIQUES – présenter des arguments nuancés

Ce genre de discussion au cours de laquelle on peut découvrir ses propres opinions tout en évaluant celles des autres est une des formes les plus agréables et satisfaisantes d'argumentation. Ecoutez l'extrait encore une fois, en faisant attention particulièrement aux façons d'exprimer des opinions, l'accord et le désaccord ou, plus nuancé, l'accord ou le désaccord qualifié. Vous trouverez utilisées les expressions suivantes:

Je pense que ...
Je ne veux pas vraiment dire qu'on + le subjonctif ...
Il est admis que ...
Je suis d'accord avec toi ...
... mais quand même comment peut-on ... ?
Je crois que ...
D'accord, mais ...
Non, je ne pense pas que + subjonctif
Je ne nie pas – il y a certainement une tendance – mais je crois plus à ...
Ça, c'est sûr.
Je suis absolument persuadée que ...
Pas complètement.
Mais je crois tout de même que ...
D'ailleurs, ...

C A VOUS DE DONNER VOTRE AVIS

Qu'est-ce que vous pensez de l'astrologie? Vous lisez l'horoscope qui paraît dans les journaux ou dans les magazines? Vous croyez que vous avez le caractère typique qui correspond à votre signe du zodiaque?

En utilisant les expressions ci-dessus, dites ce que vous en pensez.

Document *Manger vert*

A RESUME

Lisez l'article intitulé «Manger vert» à la page suivante. Faites une liste des arguments pour et contre le végétarisme.

Le végétarisme

	Pour	**Contre**
1.	....	....
2.	....	....
3.	....	....
4.	....	....

B LIRE ENTRE LES LIGNES

Relevez les phrases dans le passage qui vous amènent à conclure que ...

1. Chaque année on mange de plus en plus de viande en France.
2. Beaucoup de Français souffrent de malnutrition.
3. Le végétarisme n'est point une invention du vingtième siecle.
4. L'éducation nous apprend qu'il faut manger de la viande pour avoir un régime équilibré. (Suite à la page 206.)

NUTRITION

Manger vert

Après avoir été « baba-cool », « punk », « rocky », voilà que votre fils rentre à la maison en se déclarant végétarien ; influencée par des lectures, votre fille ne veut plus manger de viande. Vous voilà affolés... Rassurez-vous, ils n'ont peut-être pas tort.

On nous le dit, on nous le redit, les Français mangent trop de viande, trop de graisses, trop de sucres. Conséquence de ce déséquilibre, dans notre assiette se dressent les spectres de nombreuses maladies : artériosclérose, maladies cardio-vasculaires, hypertension, cancer... Pourtant, malgré le cri d'alarme lancé par les spécialistes de la nutrition, rien ne semble nous arrêter. La consommation de viande continue, année après année, de croître inexorablement tandis que, parallèlement, augmentent le nombre de morts dues aux « maladies de civilisation »

Plus jamais de viande

Depuis plus d'un an maintenant, Madame Susanna Kubelka von Hermaniz, écrivain autrichienne vivant en France et appréciant notre cuisine, a cessé de manger des « bêtes mortes ». La visite inopinée d'un élevage de volaille en batterie l'a horrifiée, et a précipité sa décision de devenir végétarienne.

« *On doit respecter la vie et tous les êtres vivants,* nous dit-elle, *même les plus humbles.* » Elle ajoute : « *La technologie moderne est allée trop loin dans son désir de rentabilité et de productivité. Si l'on ne veut pas épuiser la Terre, il est grand temps de faire machine arrière.* »

Susanna Kubelka n'éprouve pas le sentiment d'être un phénomène. De l'antiquité à nos jours, il a toujours existé des végétariens. Elle en énumère quelques-uns : Pythagore, Diogène, Platon, Plutarque, Jean-Jacques Rousseau, Voltaire, Tolstoï, qui a écrit « *Tant qu'il y aura des abattoirs, il y aura des guerres* », Gandhi, mais aussi Paul Mac Cartney, Michael Jackson, Bo Dereck. Mais peu importe l'exemple de ces gens célèbres, l'essentiel pour Susanna Kubelka est de se sentir en accord avec ses idées, d'être en meilleure santé – plus de troubles digestifs, plus de teint terne, plus de rhumes... – et de faire des économies non négligeables. Pour elle, la cause est entendue, plus jamais de viande.

Que penser de ces régimes ?

Lorsqu'on est habitué depuis l'enfance à voir figurer à tous les menus ou presque de la viande, source de ces protéines qui fortifient, l'on se demande si ces régimes ne sont pas mauvais pour l'organisme. Ne risquent-ils notamment d'induire des carences ? En fait, l'organisme est mieux armé qu'on ne l'imagine. Une fois « construit », les déséquilibres alimentaires auront sur lui beaucoup moins de répercussions graves. Cependant, les différentes écoles se prédisent mutuellement les pires maux, et certains régimes extrêmes risquent d'entraîner des troubles physiologiques divers.

Les régimes des végétaliens, (1) par exemple, peuvent produire des carences en acides aminés essentiels car ils comprennent des légumes, des fruits secs et des oléagineux, c'est-à-dire très

(1) *ceux qui elliminent de leur régime tous les sous-produits animaux, miel compris.*

peu de légumineuses mais beaucoup de céréales. Or les protéines sont moins abondantes dans les céréales, et elles sont en plus dépourvues de lysine, acide aminé indispensable à la croissance. Les végétaliens risquent également de présenter des carences en vitamines B 12 (2) que l'on trouve uniquement dans les produits animaux et les végétaux fermentés, et en vitamines A, plus rares dans les végétaux.

Pour éviter troubles physiologiques et carences, les adeptes de ces régimes « qui s'écartent du type normal » devraient posséder une excellente connaissance de la valeur de l'ensemble des aliments ainsi que des aliments de compléments indispensables. Il faut savoir, par exemple, que l'assimilation des céréales et des légumineuses est plus importante lorsqu'elles sont consommées ensemble plutôt que séparément. Certains mets traditionnels comme la paëlla, la pizza, les soupes de pain et de légumineuses, le couscous avec des pois chiches... sont, de ce point de vue, parfaitement équilibrés. Malheureusement, comme l'a constaté Madame Lepetit de La Bigne lors de son enquête, la plupart des personnes qui suivent ces régimes possèdent peu de connaissances sérieuses en diététique, en dépit de leur intérêt pour la nutrition.

Une sagesse retrouvée

Les nutritionistes s'accordent à dire qu'un régime végétarien respectant un bon équilibre alimentaire, non seulement ne présente aucun danger, mais encore se rapproche de l'équilibre alimentaire qu'ils souhaiteraient voir adopter par les occidentaux. En effet, si les carences constatées sont somme toute assez rares – et il n'y a pas que les végétariens des diverses obédiences qui en souffrent – les médecins ont remarqué que la tension des végétariens était plus basse et que leurs taux de cholestérol et de glycémie étaient également plus bas que ceux de l'ensemble de la population. En outre, absorbant plus de fibres végétales, ils ont moins de problèmes de constipation. Ce nouvel équilibre tend à diminuer la ration de protéines et la part des graisses saturées (graisses animales), et à réhabiliter les glucides complexes (légumineuses). Empiriquement, les végétariens ont retrouvé la voie que certains théoriciens nous conseillent d'emprunter, à la fois pour l'amélioration de notre santé et pour celle de l'économie nationale. Il faut savoir, en effet, que pour consommer des produits animaux qui ne correspondent pas à des besoins nutritionels précis, la France en vingt ans a multiplié par cinq ses importations de soja, cette légumineuse devenue indispensable pour l'alimentation de notre bétail et que nous payons en dollars.

Faut-il alors se lancer dans la consommation effrénée de végétaux ? Attention, dit le Professeur Bernier (3) : « *L'excès en tout est un défaut. Ce qui est bien d'un côté peut être un mal de l'autre. L'alimentation par définition doit être équilibrée en glucides, protides, lipides, vitamines, sels minéraux. Par ailleurs, un bon aliment doit obéir à trois règles fondamentales : il ne doit être évacué par l'estomac ni trop vite ni trop lentement ; il ne doit être digéré par l'intestin grêle ni trop vite ni trop lentement ; enfin, il ne doit induire ni constipation, ni fermentation excessive dans le colon. Si l'on se fonde sur ces critères, une alimentation exclusivement végétarienne tout autant qu'une alimentation excessive en viande comporte des avantages et des inconvénients.* »

Aussi rationnels que puissent paraître de tels propos, il appartient à chacun de nous de choisir son alimentation, en fonction de ses besoins biologiques certes, mais aussi de sa conception de la vie.

Marie-Thérèse Chevalier ■

(2) *La carence en vitamine B 12 peut entraîner une grave forme d'anémie.*

(3) *Gastro-entérologue à l'Hôpital Saint-Lazare (Paris).*

Extrait de «50 Millions de Consommateurs» N° 175, juillet-août 1985.

5. Ceux qui ne mangent pas de produits laitiers peuvent manquer de protéines essentielles.
6. Pour avoir un repas équilibré, il vaudrait mieux faire un plat composé et de céréales et de légumineuses.
7. La plupart des végétariens n'ont pas fait d'études de diététique.
8. Les nutritionistes sont pour le végétarisme.
9. L'économie française souffre à cause de l'importation d'aliments pour les animaux.
10. Du point de vue de la digestion, une alimentation exclusivement végétarienne n'est pas meilleure qu'une alimentation excessive en viande.

C DISCUSSION

Etes-vous végétarien? Pourquoi (pas)?
Dans des groupes de trois ou quatre personnes discutez de la question en utilisant les expressions que vous avez apprises à la page 203.

D TRADUCTION

Traduisez en anglais le paragraphe intitulé «Plus jamais de viande» jusqu'à «. . . faire machine arrière ».

ou

la section dans le paragraphe «Une sagesse retrouvée» qui commence par «Empiriquement . . .» et qui termine «. . . et que nous payons en dollars».

E JEUX DE ROLE

1. Interview

Vous décidez d'ouvrir un restaurant végétarien. Vous êtes interviewé par un journaliste de la radio locale. Avec votre partenaire, simulez l'interview. Avant de commencer à parler, le journaliste notera les questions qu'il va poser tandis que le restaurateur réfléchira aux raisons de l'ouverture d'un tel restaurant.

2. Conversation

Ou

a) Votre petit(e) ami(e) est végétarien(ne). Il/Elle est très mince et vos parents (qui mangent de la viande) sont scandalisés. Il faut les rassurer en expliquant les bienfaits du végétarisme. Simulez la conversation avec votre professeur ou votre partenaire.

Ou

b) Ceux avec qui vous habitez (vos parents/vos amis) sont végétariens. Vous, vous aimez la viande! Simulez la conversation dans laquelle vous exprimez vos sentiments et vous les persuadez qu'on pourrait manger de la viande une fois par semaine sans faire de mal ni à l'économie ni à la santé.

Cassette

Je ne nie pas que j'aie été témoin de manifestations étranges, quoi

M. Delmas m'a parlé d'une coïncidence qui lui est arrivée.
Ecoutez tout simplement ce qui s'est passé.

A TERMES TELEPHONIQUES

Expliquez ces termes téléphoniques:
a) je **décrochais** le téléphone
b) elle a **fait mon numéro**
c) la personne voulait justement te **joindre**

B RAPPORT

Vous écrivez un article sur la télépathie pour un magazine populaire. Vous voulez incorporer un témoignage d'expérience personnelle. Racontez l'histoire de M. Delmas (60 mots max.) Vous commencerez en disant:
«Prenons par exemple le cas de M. Delmas . . .»

C DANS LE DESORDRE

Après avoir écouté de nouveau le passage entier lisez les phrases ci-dessous qui résument les grandes lignes de ce que dit M. Delmas mais . . . dans le désordre. Recopiez-les dans l'ordre qu'il faut.

1. Il souligne qu'il ne voit pas d'interprétation de ces coïncidences et qu'il croit que ce n'est qu'un hasard.
2. Il fait le contraste entre son scepticisme à lui et les idées des gens qui croient à la télépathie.
3. Il donne l'exemple d'une coïncidence qui lui est arrivée.
4. Il trouve quand même surprenantes et troublantes les coïncidences qu'il a connues.

D LEXIQUE

En écoutant très soigneusement le passage, faites des listes de toutes les expressions dont se sert M. Delmas pour . . .

a) exprimer sa **surprise**
b) exprimer son **scepticisme**
c) **admettre** que des choses bizarres peuvent arriver quelquefois (**faire des concessions**)

E GRAMMAR

1. Constructions verbales

a) téléphoner **à** quelqu'un/penser **à** quelqu'un (*to phone someone, think of someone*)

J'ai téléphoné à ma sœur.
On pensait l'un à l'autre.
Dans la seconde même la personne à qui tu as pensé, pensait à toi.

b) croire **à** quelque chose (*to believe in something*)

Moi, je n'y crois pas.
Ceux qui croient à la télépathie te diront que ce n'est pas un hasard.

c) arriver **à** quelqu'un **de** faire quelque chose (*to happen to do something*)

Il m'est arrivé plusieurs fois de vouloir téléphoner à ma sœur.

d) s'apprêter **à** faire quelque chose (*to be on the point of getting ready to do something*)

Je m'apprêtais à faire son numéro.

2. **Le subjonctif après «avant que»:**

J'ai décroché le téléphone avant qu'il ait sonné.

F DISSERTATION

Rédigez une dissertation (350 mots) sur un des sujets suivants:

1. La lutte contre la malnutrition chez les occidentaux pourrait aussi participer, à terme, à la lutte contre la faim dans le monde.
   Discutez.
2. Racontez une coïncidence assez surprenante qui vous est arrivée.
3. Un Français sur cinq consulte un voyant ou un astrologue au moins une fois dans l'année...
   Huit à dix millions de consommateurs d'irrationnel: chiffre étonnant pour un peuple réputé cartésien.
   Commentez.

Solutions

Unité 5 p. 49/51 Une vieille moto, toute rouillée
p. 57 (i) Un cactus.
(ii) La construction d'un tunnel souterrain faisant partie du projet hydro-électrique à Port Dinorwic dans le Nord du Pays de Galles.
(iii) Photo prise à Paris sur la rive gauche: une boutique où se vendent des gravures, des posters etc.

Unité 6 (p.69) **se tapissait** – reflexive for English *used to get covered*; **glissement/adherence** – nouns where English would use verbs; **avare** more expressive than English *unwilling*.

Unité 10 **Réponses au test** «Quel étudiant êtes-vous?» (pp. 113–15)
Tournez à la page 210.

Unité 11 **L'interprétation des rêves** (p. 120)
La forêt indique comment le narrateur voit sa vie. Est-ce qu'elle est effrayante et sombre ou heureuse et ensoleillée? Cela depend de vos attitudes envers la vie. **L'eau** représente la vie sexuelle. Est-ce qu'elle est sombre et sale ou belle, étincelante? Est-ce- que vous y plongez ou est-ce que vous l'évitez?

La clé représente la réussite mondiale et l'ambition qu'il faut avoir pour y arriver. Voyez-vous une grande clé en or ou une petite clé quelconque. Est-ce qu'elle est rouillée ou brillante? Est-ce que vous la jetez, est-ce que vous vous en servez tout de suite ou est-ce que vous la gardez pour plus tard? Est-ce que vous la donnez à quelqu'un d'autre qui pourrait en avoir besoin?

La barrière, c'est la mort, la vision de la vie d'au-délà.

Nota Bene Il ne faut pas prendre ce jeu trop au sérieux!

Traduction (p. 126)
Tournez à la page 211.

Unité 12 Raymond Barre – ex-premier ministre de la France.
Jacques Chirac – maire de Paris et premier ministre.
Giscard d'Estaing – ex-président de la France.
Charles Hernu – membre du Parti Socialiste.
Lionel Jospin – membre du Parti Socialiste.

Reportez-vous à la grille. A chaque réponse correspond un symbole. Faites-en le total pour vos 16 réponses. Le symbole pour lequel vous avez obtenu le plus de points détermine votre profil parmi les cinq suivants.

réponses / questions	a	b	c	d	e
1	□	★★	○	●●●	■■■
2	■	●	★★	○○	□□□
3	■■	★★	○○○	□	●
4	■■■	●	★★★	□□□	○○
5	★	□□□	■■■	○○	●●●
6	★★	○	□	●	■■■
7	■■■	★	○○	□□□	●
8	□□□	●	★	○○○	■■■
9	■	○○○	□□□	★★	●●●
10	□	★★★	○○	●●	■■
11	□	○○	★★★	■■	●●●
12	□	○○	■	★★	●
13	★★★	○○○	●●●	□□	■
14	□□□	○	●●●	■■	★★★
15	○○○	★	□□□	●●●	■■
16	★	○	□	●●●	■

1. Avec une majorité de ★

VOS ETUDES : UNE ETAPE

Vous n'aimez pas vous laisser imposer votre conduite, et si quelqu'un tente de le faire, vous avez plutôt tendance à abonder en sens inverse. Seriez-vous têtu(e) ? Rebelle, en tout cas. Pourtant, vous ne détestez pas vivre dans un certain ordre, une certaine structure : à condition que vous la maîtrisiez totalement. Vous êtes suffisamment individualiste pour vouloir mener votre barque sans rien demander à personne. Ce n'est sûrement pas vous qui vous laisseriez influencer. Les études, ce n'est pour vous qu'une petite étape.

2. Avec une majorité de □

PAS DE PLACE POUR L'IMPREVU

Très méthodique et organisé, vous ne laissez rien au hasard : votre travail, comme votre vie quotidienne, sont planifiés, programmés dans leurs moindres détails. Vous êtes quelqu'un de très pratique, voire terre-à-terre. Vous supportez mal qu'on change quelque chose au programme que vous vous êtes fixé : cela vous perturbe, au fond vous êtes quelqu'un d'assez inquiet. Les repères que vous vous fixez dans le temps vous rassurent. Vous êtes d'ailleurs considéré(e) comme le champion de l'efficacité. Vous savez très bien vous passer des autres et vous occuper tout(e) seul(e) — vous détestez d'ailleurs être inoccupé(e). Vous êtes le roi des projets, sachez les concrétiser. Un seul conseil : visez haut.

3. Avec une majorité de ○

CHANGEZ DE CAP

Très sensible à l'environnement, vous cherchez avant tout à vous retrouver dans une ambiance chaleureuse et conviviale. Vous avez tellement besoin de l'approbation des autres — pour vous sentir aimé(e) — que vous vous laissez facilement influencer. Au fond, vous êtes un(e) insatisfait(e), tant il vous est difficile de faire un choix ou de prendre une décision. Attention : l'opinion des autres a-t-elle tant d'importance pour que vous ne puissiez vivre sans ? Dans ce cas, laissez tomber vos livres de cours et cherchez votre voie : celle qui vous rendra heureux(se) en faisant plaisir aux autres. Par exemple : cordon bleu, cocoboy(girl), G.O, coursier, mécène, clown, etc.

4. Avec une majorité de ●

ET MOI, ET MOI, ET MOI...

Vous êtes quelqu'un de branché et faites tout pour qu'on le sache : votre façon de vous habiller, de parler, vos sorties, les films que vous avez vus et même ceux que vous n'avez pas vus sont soigneusement triés pour correspondre à cette image. Au fond, sous votre air blasé, vous vous surveillez pas mal, tant vous êtes narcissique. Vous êtes aussi le roi de la démerde — quitte à écraser sans pitié les pieds du voisin. Rien ne vous fait peur, pas même vos études. Avec un penchant prononcé pour les arts et lettres, vous pourriez vous ranger parmi les nouveaux philosophes. Sinon, une brillante carrière de night-clubber vous attend.

5. Avec une majorité de ■

LES ETUDES POUR LES ETUDES

Certains ont la passion des voyages, vous c'est les études. Vous avez tout lu, tout vu, tout entendu : aucune réunion, aucune amitié ne vous passionne davantage que si elle est profondément intellectuelle. Votre atout majeur : vous êtes créatif(ve). Vous ignorez la frivolité, mais aussi le conformisme, votre curiosité vous en empêche. Mais celle-ci s'exprime plutôt pour le monde des idées que pour les gens qui vous entourent. Au fond, ceux-ci ne vous intéressent guère.

Alice, assise sur le talus à côté de sa sœur, commençait à se sentir fatiguée de ne rien faire, quand, tout à coup, un lapin blanc aux yeux rouges passa près d'elle en courant.

Il n'y avait là rien de *très* surprenant. Par contre, quand elle vit le Lapin *tirer une montre de la poche de son gilet*, regarder l'heure, puis partir en courant, Alice bondit. Brûlant de curiosité, elle s'élança derrière lui à travers champs. Elle eut la chance d'arriver assez tôt pour le voir plonger dans un large terrier sous la haie.

Sans perdre une seconde et sans se demander comment elle pourrait revenir sur terre, Alice le suivit.

Le terrier s'étendait comme un tunnel, mais bientôt, il présenta une pente si brusque qu'Alice n'eut pas le temps de s'arrêter. Elle se vit tomber dans ce qui semblait être un puits très profond.

« J'avais cinq ans. C'était pendant la nuit d'avril qui vit la catastrophe du Titanic, c'était Pâques et vacances à Littlehampton, je rêvais d'un naufrage. Une image de ce rêve, notamment, s'est obstinée en moi pendant plus de soixante années : celle d'un homme vêtu d'un ciré et courbé en deux, près d'un escalier de cabine, sous le choc d'une énorme vague.

« En 1921 aussi, j'écrivis à mon psychanalyste : « Il y a une ou deux nuits, j'ai fait un rêve de naufrage. Le navire sur lequel j'étais sombrait en mer d'Irlande. » Je n'y ai pas fait autrement attention. On ne reçoit pas couramment les journaux ici et ce n'est qu'hier, en jetant un coup d'œil sur une vieille gazette que j'ai lu un article sur le naufrage du Rowan dans cette mer.

« J'ai consulté le journal que je tiens de mes rêves, et découvert que celui-ci datait de la nuit du samedi. Le naufrage était survenu le même jour, peu après minuit.

« En 1944 également, j'ai rêvé d'un missile V-1, quelques semaines avant la première manifestation de ces engins. Il traversait horizontalement le ciel, trainant une queue de flammes, sous la forme exacte qu'on devait lui connaître ensuite. »

Nuts & Bolts

1. Nuts & Bolts: what's in it for you?

There are three important things to remember about grammar:

1. Grammar is not a system where you can always say: 'this is right and that is wrong'. Large parts of a grammar are virtually unchanging, like a mechanism, so that you have to get the right nut on the right bolt or the mechanism doesn't work.
   Other parts are changing gradually. It is always true that the grammar of a language is never quite the same from one generation to another.
   Other parts still are a matter of opinion or style.
   In this reference section we will indicate which parts of the grammar are not fixed.

2. Grammar changes according to how you look at the language or the use to which it is put. Newspaper headlines, advertisements, telex and cable messages, etc. have a grammar of their own that would not be acceptable in everyday writing or speech. **Maison à vendre** is correct on a noticeboard but **j'ai maison à vendre** is not acceptable in ordinary writing or speech.

3. In particular, there is a striking difference between the grammar of written French and the grammar of spoken French. Usually learners spend a lot of time learning the grammar of the written language but rarely do they look at the grammar of the spoken one. This is one of the reasons why spoken French is sometimes difficult to make out.

   Common examples of this difference are:

○ **Nouns**

Written grammar: in general, **s** is added to make French nouns plural.

Spoken grammar: in general, French nouns have no plural form.

○ **Adjectives**

Written grammar: the feminine of the adjective is formed by adding **e** to the masculine; **s** is added for the plural.

Spoken grammar: the feminine of the adjective is formed by adding a consonant (typically **d**, **t** or **z**) to the masculine; there are no plural forms.

○ **Verbs**

Written grammar: in the present tense of **-er** verbs there are only two forms that are the same (first and third persons singular).

Spoken grammar: in the present tense of **-er** verbs there are only two forms (the first and second persons plural) that are different from the others.

It is a good exercise to work out a few more differences for yourself.

By this stage of learning French you will have mastered the concepts of gender, agreement and tense; that is, you will know what is meant when it is said that an adjective agrees in gender and number with a noun or that verbs have tenses. This does not mean, of course, that you always get them right. But it does mean that the major remaining grammatical problems are the formation and use of the various parts of the verbs, and the pronoun system.
In this reference section we will concentrate mainly on these; other topics are dealt with as they crop up in the texts.
This section is not, however, intended to be an exhaustive grammar of the French language. You should have for consultation a grammar of your own* and a dictionary.

There is a problem with the traditional names in grammar. They are frequently neither logical nor consistent. The 'present tense' can be used to express both the future and the past as well as the present. A 'relative pronoun' is no more 'relative' than any other sort of pronoun. The category 'adverb' is a ragbag where words have been stuffed that wouldn't go anywhere else, whether they have anything to do with verbs or not.
Nevertheless, the traditional names are so entrenched that we have kept them here in spite of their drawbacks.

---

2. *Verbs*

2.1. GENERAL STATEMENTS

2.1.1. French verbs are more complicated than English ones in formation; they tend to change their form for each person whereas English ones do not.

English verbs, on the other hand, are very much more complicated in use. Each tense has a 'continuous' form (*I am speaking, I was speaking, I have been speaking*, etc.) which does not exist in French. Each English verb can be constructed with one of four auxiliary verbs: *be, do, shall/will, have*.
Generally, however, each French verb has only one auxiliary verb: either **avoir** or **être**. (Exceptions: **descendre**, etc. – see note to 2.2.11.)

2.1.2. The general pattern for verb endings in all tenses is:

Singular: **-s**, **-s**, **-t** or **-d**
except: present and past historic of **-er** verbs
future of all verbs
present of **pouvoir**, **vouloir**, **valoir**

Plurals: **-ons**, **-ez**, **-ent**
except: future third person plural of all verbs and **dites**, **êtes**, **faites**

* You might use one of the following: Byrne, Churchill and Price, *A Comprehensive French Grammar* (Blackwell), or Ferrar, *A French Reference Grammar* (Oxford University Press).

2.1.3. All singular persons *sound* the same
except: future of all verbs and the present of **avoir**, **être**, **aller**

2.1.4. The **tu** form always ends in **-s** in all tenses
except: present of **pouvoir**, **vouloir**, **valoir** where it ends in **-x**

2.1.5. Compound verbs behave like parent verbs unless otherwise stated, e.g. **comprendre**, **apprendre**, **surprendre**, etc. all go like **prendre**.

That is the easy part. The harder part is to remember the stems on which the endings fit. These will be given for each tense.

2.2. FORMATION

French verbs are traditionally divided according to the final letters of their infinitives into three groups which follow similar patterns. These are the **-er**, **-ir**, **-re** verb groups.
Those verbs which do not conform to these patterns are called irregular verbs. However, most irregular verbs do follow a pattern of some sort and it is easier to learn them if you can see the pattern.

- ○ The **-er** verbs are the commonest and only two are irregular: **aller**, **envoyer**.
- ○ There are many irregular **-ir** and **-re** verbs and you should check the irregular verb list (paragraph 2.7.) if in doubt.
- ○ It is essential to know the infinitive, the present tense and the past participle of the verb; all the other forms can be derived from them. It is also essential to know the past historic (for recognition). (Only the third persons are given for the past historic in the pattern tables below – see why in 2.4.6.)

2.2.1. The '-er' pattern

Infinitive	Present tense		Past participle	Past historic
parler	**je parle** **tu parles** **elle/il parle**	**nous parlons** **vous parlez** **elles/ils parlent**	**parlé**	**il parla** **ils parlèrent**

2.2.2. The '-ir' pattern

Infinitive	Present tense		Past participle	Past historic
finir	**je finis** **tu finis** **elle/il finit**	**nous finissons** **vous finissez** **elles/ils finissent**	**fini**	**il finit** **ils finirent**

2.2.3. The '-re' pattern

Infinitive	Present tense		Past participle	Past historic
attendre	**j'attends** **tu attends** **elle/il attend**	**nous attendons** **vous attendez** **elles/ils attendent**	**attendu**	**il attendit** **ils attendirent**

2.2.4. The imperfect

The imperfect tense is derived from the **nous** form of the present tense:

nous [parl]ons **nous [finiss]ons** **nous [attend]ons**

Add the endings:

je parl**ais** nous parl**ions**
tu parl**ais** vous parl**iez**
elle/il parl**ait** elles/ils parl**aient**

je finiss**ais** (etc.)
j'attend**ais** (etc.)

Exception: there is only one exception, which is **être** – **j'étais**, etc.

2.2.5. The present participle

The present participle is also derived from the **nous** form of the present tense. Add the ending **-ant**:

parl**ant** finiss**ant** attend**ant**

Exceptions: **avoir** – **ayant**; **être** – **étant**; **savoir** – **sachant**.

2.2.6. The future

The future is derived from the infinitive (remove the final **e** if there is one):

[parler] **[finir]** **[attendr]e**

Add the endings:

je parler**ai** nous parler**ons**
tu parler**as** vous parler**ez**
elle/il parler**a** elles/ils parler**ont**

je finir**ai** (etc.)
j'attendr**ai** (etc.)

Exceptions: numerous.

Note on pronunciation: although historically the future tense is based on the infinitive and the present tense of **avoir** (the **-ai**, **-as**, etc. endings), the pronunciation of the tense has changed: the **r** of the infinitive has attached itself to the endings so that the syllables are separated thus:

je donne – **rai**
tu fini – **ras**

2.2.7. The conditional

The conditional is derived from the future*.
Add the imperfect endings:

je parler**ais**	nous parler**ions**
tu parler**ais**	vous parler**iez**
elle/il parler**ait**	elles/ils parler**aient**

je finir**ais** (etc.)
j'attendr**ais** (etc.)

Exceptions: none.

*Do not take the conditional direct from the infinitive as many verbs are irregular in the future and carry the same irregularity into the conditional.

2.2.8. The present subjunctive

The present subjunctive derives from the **ils** form of the present tense:

ils parlent

Add the endings:

je parl**e**	nous parl**ions**
tu parl**es**	vous parl**iez**
elle/il parl**e**	elles/ils parl**ent**

je finiss**e** (etc.)
j'attend**e** (etc.)

Exceptions: **aller**, **avoir**, **être**, **faire**, **pouvoir**, **savoir**, **vouloir**.

2.2.9. The imperative

The imperative derives from the **tu** and **vous** form of the present tense:

tu finis
vous finissez

parle*	**finis**	**attends**
parlez	**finissez**	**attendez**

***parles** (and other **-er** verbs) keeps its **s** only when followed by **en** or **y**. Probably the most common is: **vas-y**.

2.2.10. The perfect, pluperfect, future perfect and conditional perfect

These tenses are formed with an auxiliary verb (**avoir** or **être**) and the past participle.

Perfect:	**j'ai parlé**	**je suis tombé(e)**
Pluperfect:	**j'avais parlé**	**j'étais tombé(e)**
Future perfect:	**j'aurai parlé**	**je serai tombé(e)**
Conditional perfect:	**j'aurais parlé**	**je serais tombé(e)**

2.2.11. Auxiliary verbs

○ Most verbs take the auxiliary **avoir**:

j'**ai** parlé
elle **a** attendu

○ A small group of verbs mainly concerned with *going up/down/in/out/away* take **être**:

aller – venir	**naître – mourir**
arriver – partir	**rester**
entrer – sortir	**tomber**
monter – descendre	**retourner**

○ The reflexive verbs also take **être**.

○ Note that the verbs **descendre**, **monter**, **entrer**, **sortir**, as well as meaning *to go down/up/in/out* (intransitive usage – no direct object), can also mean to *take something down/up/in/out* (transitive usage – they have a direct object), and then they take the auxiliary **avoir**:

J'**ai monté la valise** dans la chambre.
Elle **a sorti une feuille** de papier.

2.2.12. The agreement of the past participle

This is fairly straightforward once you know the rules, though the French themselves frequently make mistakes.

○ Where a verb takes the auxiliary **être** (except for the reflexives) the past participle agrees with the subject just as if it were an adjective:

elle est parti**e**.
nous sommes arrivé(**e**)**s**.

○ Where the verb takes the auxiliary **avoir** the past participle agrees with any preceding direct object. In the great majority of cases the preceding direct object is the relative pronoun **que** (*whom, which/that*) or one of the direct object pronouns: **me**, **te**, **nous**, **vous**, **le**, **la**, **les**.

La maison que nous avons visité**e** était hantée.
Où est **Catherine**? Je l'ai vu**e** chez Hélène.
Où est **François**? Je l'ai vu chez Hélène.

○ Reflexive verbs are hybrid: they take the auxiliary **être** but the rules for the agreement of the past participle are the same as for **avoir** verbs. This leads to some apparently strange but perfectly logical constructions:

Elle **s'**est coupé**e**.	Elle s'est coupé **le doigt**.
She has cut *herself*.	She has cut her *finger*.

In the first sentence **se** is a direct object and the part participle agrees with it. In the second sentence **le doigt** is the direct object; **se** is an indirect object and therefore the part participle does not agree with it.

○ *Spoken* grammar: you can neither hear nor pronounce the agreement of the past participles of most verbs. Adding **e** and/or **s** to any past participle ending in **-é**, **-i**, **-u** does not alter the pronunciation. In other words, **allée**, **finie** and **vue** sound just like **allé**, **fini** and **vu**.
The addition of **e** to past participles ending in **-t** or **-s** does, however, make a difference in that the **t** or **s** is then pronounced.

C'est une recette française?	Où sont les casseroles?
Non, je l'ai découver**te** en Angleterre.	Je les ai mi**ses** dans la cuisine.

2.2.13. The past historic

The past historic has three patterns; as is explained in paragraph **2.4.6.**, only the third persons singular and plural are in fact used but the whole tense is given here as an illustration.

○ **-er** verbs:

je parlai	**nous parlâmes**
tu parlas	**vous parlâtes**
elle/il parla	**elles/ils parlèrent**

○ **-ir** and **-re** verbs:

je finis	**nous finîmes**
tu finis	**vous finîtes**
elle/il finit	**elles/ils finirent**

j'attendis (etc.) (as **finir**)

○ Some verbs have this (**croire**) pattern:

je crus	**nous crûmes**
tu crus	**vous crûtes**
elle/il crut	**elles/ils crurent**

Note: When you come across the past historic you can usually see what the verb is instantly. For less recognisable verbs you need to know your past participles:

crut → **cru** → **croire**
but → **bu** → **boire**
put → **pu** → **pouvoir**
eut → **eu** → **avoir**
dut → **dû** → **devoir**

Make sure that you know the difference between
fit (faire) and **fut** (être).

2.2.14. Spelling verbs

Some **-er** verbs change their spelling in various tenses because the pronunciation system requires it.

○ **-cer** and **-ger** verbs must keep their **c** and **g** soft, and so change their spelling when the **c** or **g** is followed by **a** or **o**:

commencer:	**nous commençons**	**manger:**	**nous mangeons**
	je commençais		**je mangeais**
	(etc.)		(etc.)

○ verbs with **e** or **é** as the last vowel before the **-er** infinitive ending change to **è** when the ending is a non-pronounced one (**-e**, **-es**, **-ent**), as in the following examples of the present tense.

mener:	je **mène**	nous menons
	tu **mènes**	vous menez
	elle/il **mène**	elles/ils **mènent**
espérer:	j'**espère**	nous espérons
	tu **espères**	vous espérez
	elle/il **espère**	elles/ils **espèrent**

Verbs like **mener** keep this change in the future and the conditional but not verbs like **espérer**:

mener: **je mènerai**, etc.
espérer: **j'espérerai**, etc.

○ Most verbs ending in **-ter** and **-ler** double the consonant in the same circumstances:

jeter:	je **jette**	nous jetons
	tu **jettes**	vous jetez
	elle/il **jette**	elles/ils **jettent**
appeler:	j'**appelle**	nous appelons
	tu **appelles**	vous appelez
	elle/il **appelle**	elles/ils **appellent**

Generally, these verbs keep the same changes in the future and conditional. There are some exceptions, none very common apart from **acheter** which goes like **mener**: **j'achète**, etc.

○ Similar spelling changes occur in verbs whose infinitive ends in **-yer** though they make *no* difference to the pronunciation.
Where the **y** would be followed by **e** it becomes **i**:

employer: j'emploie
appuyer: elle appuie
envoyer: ils envoient

With **-ayer** verbs the change is optional:

payer: je paie or **paye**
essayer: elles essaient or **essayent**

2.2.15. Formation practice

To fix all this in your minds, write out in full all the parts in all the tenses mentioned in **2.2.4.** to **2.2.10.** for this verb:

boire	**je bois** **tu bois** **elle/il boit**	**nous buvons** **vous buvez** **elles/ils boivent**	**bu**	**il but** **ils burent**

2.3. THE FORMATION OF IRREGULAR VERBS

Verbs with prefixes follow the pattern of the basic verb:
admettre **commettre** **permettre** **soumettre**
all go like **mettre**.

Even within the irregular verbs there are several groups that follow the same pattern:

- **-aître** verbs (except **naître**) go like **connaître**
- **-ndre** verbs (**peindre**, **joindre**, etc.) go like **craindre**
- **-uire** verbs (**cuire**, **construire**, etc.) go like **conduire** except that **nuire** has the past participle **nui**
- **mentir**, **se repentir**, **sentir** and **sortir** go like **partir**
- **couvrir**, **offrir** and **souffrir** go like **ouvrir**
- **apercevoir**, **concevoir** and **devoir** go like **recevoir** except that **devoir** has the past participle **dû**

In each of the following verbs, unless otherwise stated, the other forms follow the regular pattern and the auxiliary is **avoir**.

Infinitive	Present tense		Past participle	Irregular forms
aller	je vais tu vas il va	nous allons vous allez ils vont	allé	Future: **j'irai** Subjunctive: **j'aille** Auxiliary: **être**
s'asseoir	je m'assieds tu t'assieds il s'assied	nous nous asseyons vous vous asseyez ils s'asseyent	assis	Future: **je m'assiérai** Auxiliary: **être**
battre	has only one **t** in the singular of the present **je bats, tu bats, il bat**; otherwise regular			
boire	je bois tu bois il boit	nous buvons vous buvez ils boivent	bu	
conduire	je conduis tu conduis il conduit	nous conduisons vous conduisez ils conduisent	conduit	
connaître	je connais tu connais il connaît	nous connaissons vous connaissez ils connaissent	connu	
coudre	je couds tu couds il coud	nous cousons vous cousez ils cousent	cousu	

Infinitive	Present tense		Past participle	Irregular forms
courir	**je cours** **tu cours** **il court**	**nous courons** **vous courez** **ils courent**	**couru**	Future: **je courrai**
craindre	**je crains** **tu crains** **il craint**	**nous craignons** **vous craignez** **ils craignent**	**craint**	
croire	**je crois** **tu crois** **il croit**	**nous croyons** **vous croyez** **ils croient**	**cru**	
cueillir	behaves like an **-er** verb in the present **je cueille, tu cueilles**, etc. therefore: Imperfect: **je cueillais** Present participle: **cueillant** otherwise regular		**cueilli**	
dire	**je dis** **tu dis** **il dit**	**nous disons** **vous dites** **ils disent**	**dit**	
dormir	**je dors** **tu dors** **il dort**	**nous dormons** **vous dormez** **ils dorment**	**dormi**	
écrire	**j'écris** **tu écris** **il écrit**	**nous écrivons** **vous écrivez** **ils écrivent**	**écrit**	
envoyer	**j'envoie** **tu envoies** **il envoie**	**nous envoyons** **vous envoyez** **ils envoient**	**envoyé**	Future: **j'enverrai**
être	**je suis** **tu es** **il est**	**nous sommes** **vous êtes** **ils sont**	**été**	Future: **je serai** Imperative: **sois, soyons, soyez** Subjunctive: **je sois, nous soyons** Present participle: **étant** Imperfect: **j'étais** Past historic: **il fut**
faire	**je fais** **tu fais** **il fait**	**nous faisons** **vous faites** **ils font**	**fait**	Future: **je ferai** Subjunctive: **je fasse** Past historic: **il fit**
falloir	exists only in the third person singular **il faut**		**fallu**	Future: **il faudra** Subjunctive: **il faille**
fuir	**je fuis** **tu fuis** **il fuit**	**nous fuyons** **vous fuyez** **ils fuyent**	**fui**	

Infinitive	Present tense	Past participle	Irregular forms
haïr	regular **finir** type verb except in singular of present where there is no accent – **je hais, tu hais, il hait** – this makes a difference to the pronunciation		
mettre	**je mets** **nous mettons** **tu mets** **vous mettez** **il met** **ils mettent**	**mis**	
mourir	**je meurs** **nous mourons** **tu meurs** **vous mourez** **il meurt** **ils meurent**	**mort**	Future: **je mourrai** Auxiliary: **être**
naître		**né**	rare in all parts except Perfect: **je suis né** Present participle: **naissant** Past historic: **il naquit**
ouvrir	**j'ouvre** **nous ouvrons** **tu ouvres** **vous ouvrez** **il ouvre** **ils ouvrent**	**ouvert**	
partir	**je pars** **nous partons** **tu pars** **vous partez** **il part** **ils partent**	**parti**	Auxiliary: **être**
plaire	**je plais** **nous plaisons** **tu plais** **vous plaisez** **il plaît** **ils plaisent**	**plu**	
pleuvoir	exists only in the third person singular **il pleut**	**plu**	Future: **il pleuvra**
pouvoir	**je peux** **nous pouvons** **tu peux** **vous pouvez** **il peut** **ils peuvent**	**pu**	Future: **je pourrai** Subjunctive: **je puisse**
prendre	**je prends** **nous prenons** **tu prends** **vous prenez** **il prend** **ils prennent**	**pris**	
résoudre	**je résous** **nous résolvons** **tu résous** **vous résolvez** **il résout** **ils résolvent**	**résolu**	
rire	**je ris** **nous rions** **tu ris** **vous riez** **il rit** **ils rient**	**ri**	
savoir	**je sais** **nous savons** **tu sais** **vous savez** **il sait** **ils savent**	**su**	Future: **je saurai** Imperative: **sache, sachons, sachez** Subjunctive: **je sache, nous sachons**

Infinitive	Present tense	Past participle	Irregular forms
servir	**je sers** **nous servons** **tu sers** **vous servez** **il sert** **ils servent**	**servi**	
suivre	**je suis** **nous suivons** **tu suis** **vous suivez** **il suit** **ils suivent**	**suivi**	
se taire	**je me tais** **nous nous taisons** **tu te tais** **vous vous taisez** **il se tait** **ils se taisent**	**tu**	Auxiliary: **être**
tenir	**je tiens** **nous tenons** **tu tiens** **vous tenez** **il tient** **ils tiennent**	**tenu**	Future: **je tiendrai** Past historic: **il tint, ils tinrent**
vaincre	**je vaincs** **nous vainquons** **tu vaincs** **vous vainquez** **il vainc** **ils vainquent**	**vaincu**	
valoir	rare except in the third person singular **il vaut**	**valu**	Future: **il vaudra** Subjunctive: **il vaille**
venir	**same as tenir** except for the initial letter		Auxiliary: **être**
vivre	**je vis** **nous vivons** **tu vis** **vous vivez** **il vit** **ils vivent**	**vécu**	
voir	**je vois** **nous voyons** **tu vois** **vous voyez** **il voit** **ils voient**	**vu**	Future: **je verrai** Past historic: **il vit**
vouloir	**je veux** **nous voulons** **tu veux** **vous voulez** **il veut** **ils veulent**	**voulu**	Future: **je voudrai** Imperative: **veuille, veuillons, veuillez** Subjunctive: **je veuille, nous voulions, ils veuillent**

2.4. USAGE

2.4.1. The present

The present is used to indicate—

- things happening now: **Elle regarde la télé.**
  She is watching television.
- what is usually the case: **Le samedi soir elle regarde la télé.**
  On Saturday evenings she watches television.

○ the current state of things:

Il fait froid. It's cold.

La Chine a une population de 1 000 millions. China has a population of 1,000 million.

○ what will happen in the future: **Elle part demain**.
She's leaving tomorrow.

○ what happened in the past: **A midi Napoléon entre au Kremlin**.
At midday Napoleon went into the Kremlin.

This is sometimes called the historic present. It is relatively common in French and relatively uncommon in written English though it is found in some forms of informal, spoken English.

○ a state of affairs that started at a given time in the past and is still going on:

Il travaille chez Renault depuis six ans.
Ça fait six ans qu'il travaille chez Renault.
He's been working for Renault for six years.

2.4.2. The future

The fact that events are to take place in the future can be expressed in three main ways, all of which mirror English usage—

○ using the present tense with an expression of time: **Il part demain**.
He's leaving tomorrow.

○ using part of the verb **aller** followed by an infinitive:

On va organiser une manifestation pour le premier mai.
We're going to organise a demonstration for the first of May.

This is sometimes called the 'immediate' future though, in fact, there is not necessarily anything particularly immediate about it.

○ using the future tense:

Les élections législatives auront lieu au mois de mars.
The general elections will take place in March.

Note: After **quand** referring to the future, French requires a future tense whereas English uses the present: When he arrives I'll tell him.
Quand il arrivera je le lui dirai.

2.4.3. The conditional

Used in—

○ **si ...** sentences: **Si c'était moi, je lui téléphonerais**.
If it was me I'd phone her.

○ reported speech: **Elle a dit qu'elle partirait demain.**
She said she would leave tomorrow.

Note: The *would* in English sentences such as:
Every morning he would go for a walk.
is expressed by the imperfect (habitual action) in French:
Tous les matins il faisait une promenade.

2.4.4. The imperfect

The imperfect is used—

○ to indicate the circumstances in which an event occurred (see **2.4.7.** for the difference between a circumstance and an event). These can be:

a. circumstances in the outside world
La voiture était rouge.
Il pleuvait.
Il y avait trois millions de chômeurs.

b. feelings, wishes, opinions, etc. that people had
J'avais faim.
Elle voulait aller au cinéma.
A l'époque, on croyait que la terre était plate.

○ The imperfect is used to show that an action was habitual (in this context the *often* means *used to*):

Robespierre se levait à sept heures.
Robespierre often got up at seven.
Robespierre used to get up at seven.

○ The imperfect is used in the **si ...** part of conditional sentences:

Si tu avais le temps, tu pourrais venir nous voir.

Note: The **si ...** part of a conditional sentence is used for making suggestions:
Si on allait au cinéma?
How about going to the cinema?

You will find that the use of the imperfect in modern French can occasionally seem very odd indeed. However, the fact that the French sometimes seem to break all their own rules does not, unfortunately, mean a foreign learner can do the same. If you follow the guidelines in this paragraph you will not be wrong.

2.4.5. The perfect

○ This tense is the equivalent of the English perfect (*has/have done/been doing something*), or of the English simple past (*did, saw, spoke, ate*, etc.).

○ In speech and informal writing this is the general narrative tense indicating the next thing that happened.

Qu'est-ce que tu as fait aujourd'hui?
What have you been doing (did you do) today?

J'ai déjeuné, j'ai donné à manger au chat, j'ai fait les courses et j'ai pris un bain de soleil.
I had my breakfast, fed the cat, did the shopping and sunbathed.

Note:
I **have been learning** French **for ten years.**
J'apprends le français **depuis dix ans.**
In English the perfect is used; in French the present.

2.4.6. The past historic

This tense is peculiar in being used in writing only; in speech it is replaced by the perfect.
It indicates the events in a narrative and is used virtually only in novels and more formal newspaper reports.
Consequently the third persons are the only parts of the verb commonly met. The second persons exist only in grammar books and the first persons are rare.
You will need this tense for recognition only.

2.4.7. Circumstances and events: the use of the imperfect and perfect (past historic)

Kelly came in, sat down, opened a newspaper and began to read. He had a red nose and wore a yellow tie. He was still reading when the door opened and Pongo came in. Pongo said, 'That tie's mine, take it off', so Kelly did.

The first thing that happened was that Kelly came in. The rest of that sentence gives the second, third and fourth things that happened. *He had a red nose*, however, cannot be the next thing that happened; nor can *he wore a yellow tie*. These are both part of the *circumstances* in which the *events* happened. In this case it is easy to see the difference; in many others it is not. It will probably be helpful, when you are in doubt, to set down the verbs in a grid. Use vertical lines for the events that happen one after the other and horizontal lines for the circumstances that exist at the same time.

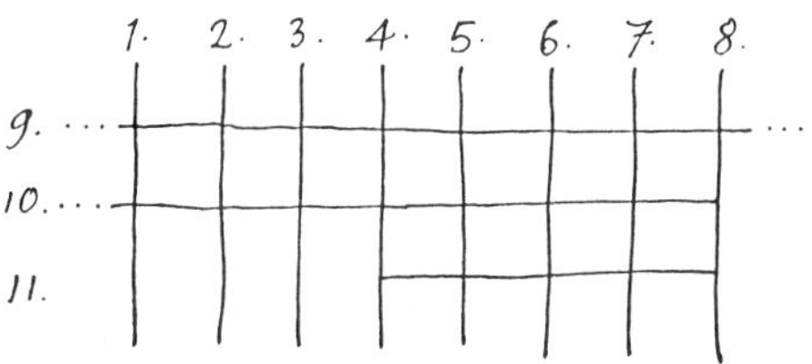

1. *Kelly came in.*
2. *He sat down.*
3. *He opened a newspaper.*
4. *He began to read.*
5. *The door opened.*
6. *Pongo came in.*
7. *Pongo said.*
8. *Kelly did.*
9. *He had a red nose.* (this continues through 1–8)
10. *He wore a yellow tie.* (this stops at event 8)
11. *He was reading.* (starts at event 4 and stops at event 8 assuming he stops reading to take the tie off)

In French the imperfect is used for the *circumstances* and the perfect (or past historic) for the *events*.

It is important to see that circumstances can change though they remain circumstances and not events.

2.4.8. The pluperfect

The French pluperfect is the equivalent of the English *had done*, *had been doing*:

J'avais pris le mauvais chemin.
I had taken the wrong road.

2.4.9. The future perfect

The future perfect in French is the equivalent of the English *will have done*, *will have been doing*: **Elle sera déjà partie.**
She will have already gone.

2.4.10. The conditional perfect

The conditional perfect in French is the equivalent of the English *would have done*, *would have been doing*:

Je serais arrivé à l'heure si je n'avais pas pris le mauvais chemin.
I would have got there on time if I hadn't taken the wrong road.

2.4.11. The infinitive

This is the 'name' of the verb – the part that is listed in dictionaries. It is invariable – it does not change for person or tense.

○ It combines with other verbs:

a. alone
Le chat veut sortir.
The cat wants to go out.

b. following à
Il commence à pleuvoir.
It's beginning to rain.

c. following **de**
La pluie nous empêche de sortir.
The rain is stopping us from going out.

Note: There are a large number of verbs that are normally followed by **à** or **de**. It is best to consult your grammar if you are in doubt. The matter can be complicated because sometimes a change of meaning is involved:

Il vient me voir. He's coming to see me.	**Il vient de me voir.** He's just seen me.

○ It follows prepositions (**sans, pour, avant de**, etc.):

Il est parti sans dire un mot.
He left without saying a word.

○ It is often used as an imperative in written instructions:

Vider le contenu dans une casserole.
Empty the contents into a pan.

○ It can be used in questions:

Que faire? — What's to be done?

Pourquoi partir de si bonne heure? — Why leave so early?

○ It can stand on its own as the subject or complement of a verb – a construction often found in advertisements or in headline language:

Utiliser l'ordinateur Bloggs, c'est préserver ses investissements et augmenter la productivité.
Using Bloggs computer means preserving your investments and increasing productivity.

There is a well-known French saying: **partir c'est mourir un peu** – work it out!

2.4.12. The subjunctive

This is a special form of the verb which usually carries no extra meaning. It still exists in English but is rapidly disappearing: *if I were you* is being replaced by *if I was you*, and *if that be so* is only said by people wanting to show off. In French, the subjunctive is very common in both writing and speech. For all practical purposes it exists only in the present tense and the perfect (where the present tense of the auxiliary is used). The imperfect subjunctive does exist but is now considered so odd that it is virtually only used for comic effect; illogical though it frequently is, the present subjunctive is used instead.

Many grammar books suggest that the subjunctive implies uncertainty, emotional reaction or personal opinion, etc. These categories tend not to be watertight and are often misleading. It is better to note the expressions which require the subjunctive as they turn up in your reading.

The following are the main occasions when the subjunctive is used—

○ after verbs implying wishing, ordering, desiring, preferring:

vouloir que **ordonner que** **préférer que**

○ after verbs expressing emotion including pleasure, pain, surprise, fear, regret, shame:

être content que **avoir honte que** **avoir peur que**
être étonné que **se fâcher que** **regretter que**

○ after verbs of saying, knowing, thinking, believing used negatively and sometimes interrogatively:

particularly true of **penser** and **croire**

○ after certain expressions of possibility, doubt, negation, necessity:

il est possible que **il se peut que** **douter que** **il faut que**

○ after certain expressions implying a personal reaction or emotion:

il est bon/juste/naturel/utile/heureux/nécessaire/fâcheux/convenable/faux/rare/urgent/honteux/triste que ...
c'est dommage que ...

○ after relative pronouns:

a. preceded by a superlative
C'est **le plus grand aspidistra que** j'**aie** jamais vu.

b. Where the relative pronoun is giving details of something that is being sought and that, at the moment, exists only as an idea in the mind of the person talking about it

Bonjour, monsieur, vous désirez?

Je voudrais **une voiture qui ait** largement de la place pour cinq, **qui fasse** 400 kilomètres aux cent litres, **dont** l'entretien **soit** très, très simple et pas cher et **qui ne coûte pas** beaucoup.

Très bien, monsieur; c'est tout?

○ after conjunctions

although:	**bien que**	**quoique**	
before:	**avant que**		
in order to:	**afin que**	**pour que**	
provided that:	**pourvu que**		
so as to:	**de manière que**	**de façon que**	**de sorte que**
until:	**jusqu'à ce que**		
without ... ing:	**sans que**		

2.4.13. The present participle

In virtually all cases the present participle indicates simultaneity of action or state.

○ Simple simultaneity:

Il était dans la cuisine parlant avec un ami.

○ The equivalent of **qui** + verb:

Les cadres anglais parlant à la fois le français et l'allemand sont très peu nombreux.

○ Used preceded by **en**, it is the equivalent of the English present participle preceded by:

a. *while* ... **Il s'est blessé en coupant du pain.**

b. *by* .... **Le voleur est entré en cassant la fenêtre.**

c. *on* ... **En nous voyant il éclata de rire.**

○ Used where English has *run* (and some other verbs) *out/up/down/across*, etc:

Il est sorti en courant. He ran out.	**Il a traversé la rue en courant.** He ran across the street.

- When used with **en**, the subject of the action implied in the present participle is always the same as that of the main verb. Compare the following examples:

  J'ai vu mon frère en revenant du marché.
  I saw my brother (as I was) coming back from the market.

  J'ai vu mon frère revenant du marché.
  I saw my brother (as he was) coming back from the market.

- When used as an adjective it agrees in the usual way:

  Un travail intéressant.
  Une ville charmante.

---

3. *Pronouns*

A pronoun stands for a noun that has already been mentioned and agrees with that noun in both gender and number. It may therefore have different forms.

The small group of first and second person pronouns (**je**, **tu**, **me**, **te**, **moi**, **toi**, **nous**, **vous**) do not stand for a previously mentioned noun but are obviously referring to people whose identity has been established.

3.1. PERSONAL PRONOUNS

3.1.1. Forms

<table>
<tr><th>Subject</th><th>Direct object</th><th>Indirect object</th><th>Reflexive</th></tr>
<tr><td>je
tu</td><td colspan="3">me
te</td></tr>
<tr><td>elle
il
on</td><td>la
le
le</td><td>lui</td><td>se</td></tr>
<tr><td colspan="4">nous
vous</td></tr>
<tr><td>elles
ils</td><td>les</td><td>leur</td><td>se</td></tr>
</table>

3.1.2. Position

- *Subject* pronouns usually go before the verb except in the following circumstances:

a. in one of the ways of asking questions
Voulez-**vous** du thé?

b. within or at the end of stretches of direct speech
«Bonjour», dit-**il**

c. when the verb follows one of the expressions (such as **aussi**, **peut-être**, **à peine**) that usually require an inversion of verb and subject
Peut-être a-t-**il** laissé le passeport à la banque.
(In informal speech and writing this inversion hardly ever occurs.)

○ *Direct* and *indirect object* pronouns go in front of the verb (even when it is negative, inverted, etc.):

a. Le gâteau, c'est Henri qui **le** fait.
In this case the verb is the finite verb (the part that changes with the person).

b. Ce sont les enfants qui vont **le** manger.
In this case the verb is the infinitive.

c. En **le** mangeant ils chantent.
In this case the verb is the present participle.

d. Où est Henri? Je **l'**ai vu tout à l'heure chez Marie.
Où est Marcel? Je ne **l'**ai pas vu.
In this case the verb is the auxiliary.

(Note: None of these pronouns can go immediately in front of a past participle.)

○ Where two of these pronouns are used they appear in a particular order:

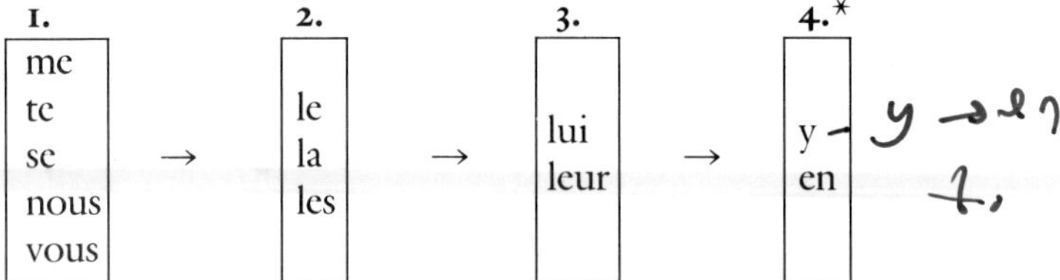

Those in box **1.** come before those in box **2.** etc.

Où est l'argent?

Il **te l'**a donné hier.
He gave *it to you* yesterday.

Non, il **le leur** a donné hier.
No, he gave *it to them* yesterday.

Ne **nous le** donnez pas.
Don't give *it to us*.

○ Exception: With the affirmative imperative (telling people to do something) the pronouns follow the verb, direct objects first, indirect second.

If the phrase ends in **me** or **te** these become **moi** and **toi** in order to give them a bigger sound:

Donnez-le-moi!	**Donnez-les-lui!**
Give it to me.	Give them to her/him.

*For information on **y** and **en**, see section **3.2**.

It is useful to repeat out loud all examples you find so that you get the tune of the order into your head. Then the wrong order will begin to sound wrong, just as *a white big bird* (instead of *a big white bird*) does.

3.1.3. Usage

○ You will find **le** used to stand for a whole phrase, fact, clause or implied action with verbs like **savoir**, **pouvoir**, **vouloir**, where English does not use a pronoun at all:

Henri est parti.	Oui, je **le** sais.
Henri has gone.	Yes, *I know*.

This usage is not compulsory and is frequently not observed in informal language. It is best to take note of each example you find in order to see how and when it is used.

○ There are more verbs taking indirect objects in French than in English and therefore it is easy to be betrayed into using the wrong pronoun:

Je **lui** ai téléphoné.
I've phoned *him*.

In sentences of the type
I told *him the story*.
I asked *him a question*.
She teaches *them German*.
there appear to be two direct objects related to the verb in different ways.

In French the first of them is quite definitely indirect:

Je **lui** ai raconté **l'histoire**.
Je **lui** ai posé **une question**.
Elle **leur** apprend **l'allemand**.

○ In expressions like *ask*, *advise*, *tell someone to do something* the *someone* is an indirect object in French:

J'ai demandé **à Hélène** d'arriver jeudi.
Je **lui** ai demandé d'arriver jeudi.
I asked *her* to arrive on Thursday.

○ The reflexive pronouns can have a 'reciprocal' meaning:

Ils **se** sont jeté des boules de neige.

not
They threw snowballs *at themselves*.
but
They threw snowballs *at each other*.

This can sometimes lead to ambiguity; in this sentence, who cut whose hair?
Elles se sont coupé les cheveux.

○ With **faire** + infinitive an interesting arrangement of pronouns occurs. When there is only one object (as in the first two sentences below) it is direct. Where there are two (as in the other sentences) the object of **faire** is indirect. Both pronoun objects go in front of **faire.**

Je fais lire **M. Pruneau**.
I get *M. Pruneau* to read.

Je **le** fais lire.
I get *him* to read.

Je fais lire **la lettre à M. Pruneau**.*
I get *M. Pruneau* to read *the letter*.

Je **lui** fais lire **la lettre**.
I get *him* to read the *letter*.

Je **la lui** fais lire.
I get *him* to read *it*.

○ A pronoun ending in **e** or **a** combines with the following word if it begins with a vowel: Il **l'**a vu. (**l'** ← **le**)
Il **l'**a vue. (**l'** ← **la**)

○ *Spoken* grammar

When followed by a word beginning with a vowel, the **s** on the end of a pronoun is pronounced:

Il nous a vu. (**nous a** is pronounced '**nouza**')

lui stays almost unchanged and **tu** usually remains intact though in informal speech it is often reduced to **t'**: **t'as vu c'qu'il a fait?**
Did y'see what 'e did?

3.2. Y, EN

3.2.1. Using 'y'

y stands for a phrase beginning with a preposition and referring to a place, position or direction.

○ It is often the equivalent of *there*:

Tu connais **Paris**?
Oui, j'**y** vais tous les ans.
Yes, I go *there* every year.

Note: Often *there* is not necessary in English whereas **y** is compulsory in French:

Vous avez visité **le Château de Versailles**?
Non, nous **y** allons demain.
No, we're going (there) tomorrow.

*This sentence is ambiguous; it could also mean:
I have the letter read to M. Pruneau.

○ On other occasions, **y** is the equivalent of *in it*, *on it*, *under it*, *about it*, etc:

Nous avons un camping-car et nous **y** mettons toutes nos affaires.
We have a camper and we put all our things *in it*.

Est-ce Paul vient avec nous?
Il **y** pense.
He's thinking *about it*.

○ With some verbs that take **à** + infinitive, **y** can be used; **réussir** is the most common:

Il passe son examen aujourd'hui. S'il **y** réussit, il va au Conservatoire en octobre.
He is taking his examination today. If he passes *it*, he will go to the Conservatoire in October.

3.2.2. Using 'en'

en stands for a phrase beginning with **de** (including **du**, **des**).

○ It has many equivalents in English. And often no equivalent is even required in English where **en** is compulsory in French:

Vous avez des pommes de terre?	Non, je n'**en** ai pas. No, I haven't *any*.
	Non, je n'**en** ai plus. No, I haven't *any* left.
	Oui, j'**en** ai. Yes, I have *some*.
	Oui, vous **en** voulez combien? Yes, how many (of them) do you want?

○ **en** is compulsory when the object of a verb is a number or expression of quantity on its own:

Tu as vu des films français?	Oui, j'**en** ai vu **quatre**. Yes, I've seen *four*.
	Oui, j'**en** ai vu **beaucoup**. Yes, I've seen *lots*.
	J'**en** ai vu très **peu**. I've seen very *few*.

○ It is used of people only in the plural:

Des touristes? Il y **en** a des centaines ici en été.
Tourists? There are hundreds *of them* here in the summer.

3.2.3. 'y' and 'en': spoken grammar

In speech both **y** and **en** are usually joined to the end of the previous word:

nousy sommes **j'en ai vu** **ilsy vont**

3.3. RELATIVE PRONOUNS

The French relative pronouns raise three distinct problems for English speakers because of radically different English usage.

1. & 2. *Who are you talking to?*
This sentence deals with *two* of the problems at once.
There is an old and completely mistaken rule of English that says you must not end a sentence with a preposition. No one, however, turns the sentence round – no one says:
To whom are you talking?
And very few people would say:
Whom are you talking to?
Whom is less and less used.

That, however, is the way the French sentence must be put together:
A qui parlez-vous?
As a general rule *no* French sentence can end with a preposition.
Exception: in informal speech it is possible to end a sentence with **avec**, **sans**, **pour**, **contre**:
Un bon camembert, il faut boire du vin rouge avec.
Je suis pour.

3. *Where's the corkscrew I bought yesterday?*
Few English speakers would put in a *which* or *that* after *corkscrew*.

In French the equivalent to *which/that* cannot be left out:
Où est le tire-bouchon que j'ai acheté hier?

3.3.1. qui, que

○ **qui** (*who*, *which/that*) – subject of following verb

○ **que** (*whom*, *which/that*) – object of following verb

You must always be clear about this because it can make a difference in French:

J'ai un ami **qui habite** Reims.
I have a friend *who lives* in Reims.

C'est une ville **qui a** une cathédrale célèbre.
It's a town *that has* a famous cathedral.

Décrivez-moi le monsieur **que vous avez vu**.
Describe the man *you saw*.

Où est le tire-bouchon **que j'ai acheté** hier?

○ Note: After **que** the normal subject–verb sequence is often reversed:

Comme seul héritage j'ai reçu le chapeau **que portait mon arrière-grand-père**.
All that was left to me was the hat *my great-grandfather used to wear*.

If you are not careful you can get exactly the wrong information from this sort of sentence:

Il parlait au général **qu'avait battu Napoléon**.
He was talking to the general *whom Napoleon had beaten*.

The RULE is that **que** cannot be the subject of the following verb. If it is followed by a verb then the subject must be coming next. Remember that **qu'** can only stand for **que** and never **qui**.

○ *Spoken* grammar
In speech the elided form of **que** (**qu'**) becomes just an initial **k** sound on the beginning of the next word and can produce sounds that can be misleading.

It is important, for example, to be ready to catch the difference between
qui and **qu'il**
quelle and **qu'elle**
quand and **qu'on**

3.3.2. **lequel, laquelle, lesquels, lesquelles**

○ These usually refer to things rather than persons.

○ They are used after prepositions such as **dans**, **sur**, **pour**, etc.

○ **à** or **de** combine with the **le...** part to make **auquel**, **duquel**, etc.

○ The rule about French sentences and clauses not generally ending with a preposition means that the equivalent of *in which*, *on which*, etc. is needed:

La tente dans laquelle on dormait ...
The tent we were sleeping in ...

3.3.3. **dont**

○ This is used of persons and things instead of **de qui**, **duquel**, etc.:

C'est le monsieur dont je vous ai parlé.
It's the man I told you about.

Il parle d'une chose dont il ignore tout.
He's talking about something he knows nothing about.

○ It also does the same job as the English *whose* but notice the word order:

J'avais une tante **dont le perroquet jurait** affreusement.
I had an aunt *whose parrot swore* terribly.

Nous avons visité un château **dont j'ai oublié le nom**.
We visited a chateau *whose name I have forgotten*.

○ There's another very economical use:

Il y avait vingt blessés dont trois Français.
There were twenty injured, three of whom were French.

3.4. DEMONSTRATIVE PRONOUNS

3.4.1. Forms

	masculine	**feminine**
Singular	celui	celle
Plural	ceux	celles

3.4.2. Usage

These are never used on their own but always in conjunction with one of the following—

○ With **-ci**, **-là** attached:

a. the equivalent of English *this/that one*, *these/those*:
J'aime bien ces vases; je prends celui-là. (**celui-là** = **ce vase-là**)

Tiens, je préfère celui-ci. (**celui-ci** = **ce vase-ci**)

b. the equivalent of English *the former* (**celui-là**) and *the latter* (**celui-ci**).

c. to emphasise a subject or object pronoun:
Il est malin, celui-là.
He's a right clever one, he is.

○ Followed by **de** they stand for nouns in expressions like:

le vélo d'Arlette – celui d'Arlette
la chemise de Jean – celle de Jean
les parapluies de Cherbourg – ceux de Cherbourg

Je voudrais arriver à Dijon vers 17 h. Il y a un train?
Oui, celui de 13 h 20 arrive à 16 h 45.

○ With a relative pronoun as the equivalent of *the one who/that*, *these/those who/that*:
Le gardien de but est **celui qui** empêche les autres de gagner.

3.5. POSSESSIVE PRONOUNS

3.5.1. Forms

Like the possessive adjectives (**mon**, **ton**, **son**, etc.) these pronouns vary according to the person possessing and the number and gender of the thing possessed.

singular		plural	
masculine	feminine	masculine	feminine
le mien **le tien** **le sien**	**la mienne** **la tienne** **la sienne**	**les miens** **les tiens** **les siens**	**les miennes** **les tiennes** **les siennes**
le/la nôtre **le/la vôtre** **le/la leur**		**les nôtres** **les vôtres** **les leurs**	

3.5.2. Usage

These pronouns stand in for a noun preceded by a possessive adjective:

La voiture de Carole est verte, la mienne est bleue.
(**la mienne** = **ma voiture**)

4. *Dictation versus transcription*

4.1. DICTATION

Dictation has been a traditional examination test for centuries particularly in France. There is a famous dictation contrived by the writer Prosper Mérimée well over a hundred years ago to entertain the members of the Imperial court – a sort of nineteenth-century version of Scrabble to while away a wet Sunday afternoon – that is almost impossible to do even for a highly educated French speaker. The traditional dictation droned away at an unnaturally slow speed distorts the sound values of the language and is therefore not a good test of the ability to understand or write down normal spoken French.

4.2. TRANSCRIPTION

Transcription – that is the writing down of normally spoken French from a tape-recording – is, on the other hand, a very good exercise. Spoken French differs from written French in many ways and the effort to transfer the language from one medium to the other teaches the learner a lot about both.

4.3. RULES OF THUMB

Here are some rules of thumb that might help you when transcribing.

4.3.1. Word endings

○ In spoken French many word endings, particularly the plural **-s** and the verb ending **ent**, are omitted. Therefore keep an ear open for **les**, **ses**, **ces**, and similar words. In a sentence like:
Les grands magasins ferment à midi.
the only way you can be certain that **grands**, **magasins** and **ferment** are plural is if you hear **les** correctly at the beginning.

○ As a general rule, if a word in written French ends in a consonant, that consonant is not pronounced:

petit   heureux   grand   lit
Exceptions: this rule doesn't apply to most of those words ending in **f**, **l** or **r**.

Consequently, if a word in spoken French ends in a consonant, in writing it will often end in **-e** or **-es**:

point – **t** not pronounced
pointe – **t** pronounced

In Mme Raugel's phrase '**un contraste de climats**' (Unit 13), how many '**t**'s are pronounced?
But, see next section.

4.3.2. Liaison

○ Liaison – the running together of words in speech – can make the pronunciation of final consonants very complicated.
How are the various forms of **grand** pronounced in the following phrases?

a. **un grand paquet**
b. **un grand arbre**
c. **une grande maison**
d. **une grande auto**
e. **de grands paquets**
f. **de grands arbres**
g. **de grandes maisons**
h. **de grandes autos**

(Answers are at the bottom of the page.)

○ When dealing with liaisons it is sometimes easier to think of the final consonant as being transferred to the beginning of the next word because that is exactly what it sounds like:

nous avons becomes **nou zavons**
il est become **i lest**

a. **-d** not pronounced
b. **-d** pronounced like **t**
c. **-d** pronounced
d. **-d** pronounced
e. **-d** not pronounced
f. **-d** not pronounced but **-s** pronounced like **z**
g. **-d** pronounced
h. **-des** pronounced like **dz**

4.3.3. Elision

This is in fact what happens, even in writing, with elision – that is when two words have been run together and a letter has been lost and replaced by an apostrophe:

il n'est pas là.

○ In *writing*, the only letters to disappear in this way are:

a. the **e** of **ne**, **le**, **de**, **que**, **se**, **ce** (but this last example only in front of **est**) disappears:
C'est l'ami qu'on a vu.

So, if you hear something beginning with **d**, **l**, **s**, **n**, **q**, which sounds unfamiliar, it may be that this initial consonant is not part of the word at all.
In particular be careful to distinguish between pairs like:

quelle – qu'elle
qui l'a vu – qu'il a vu
l'égalité – légalité
l'affiche – la fiche

In most cases a careful study of the context will make clear what is being said.

b. the **a** of **la** disappears:
l'amie **l'actrice**

c. the **i** of **si** disappears, but only in front of **il**:
s'il n'est pas là . . .

○ In *speech*, even 'correct' speech, many other elisions of **e** take place:

ce qui/ce que become '**ski/ske**'
tout de suite becomes '**toute suite**'
petit becomes '**p'tit**'

There are many others so keep an ear open for them.

4.3.4. Contractions

○ In modern informal speech, elisions of other vowels and of consonants also take place. In fact, some words and expressions can get so contracted as to become almost beyond recognition for the foreign learner:

il y a becomes '**ya**'
qu'est-ce que c'est que ça becomes '**xé xa**'
tu as vu ce qu'il a fait becomes '**ta vu ski la fé?**'

○ Similarly, **ne** is usually left out in informal speech and

je ne sais pas becomes '**ché pas**'
tu n'as qu'à lui demander becomes '**ta ka lui d'mander**'

4.3.5. '-gn' and '-il'

- **-gn** is the written form of the sound in the middle of words like **campagne**, **montagne**, **signer**, **rogner**. Its nearest English equivalent is the *ni* in *onions*.
- **-il** and **-ille** are often spoken like the consonant **y**:
  vieil(le)   **merveille**   **œil**

4.3.6. Sound and spelling

Finally, the relationship between sound and spelling in French is much more systematic than in English so that once you know the rules it is much easier to guess successfully how a spoken word might be spelt or a written word pronounced.
Place names and proper names, however, often do not follow the rules and need care.

Acknowledgements

Author and publisher gratefully record the assistance of the following:
The **Agence Conseil Belier** for their advert 'La force de l'équilibre'
Aventures et récits de l'école des loisirs for extracts from their edition of *Contes de Perrault*
John Beeching for the photographs in Unit 5
Belin for the extract from *Trésors de la politesse française* by Sylvie Weil in the series Le Français Retrouvé (Paris, 1983)
The Bodley Head for the extract from *A Sort of Life* by Graham Greene
The **Cave des Viticulteurs du Vouvray** for the extracts from their brochure
The **Central Bureau for Educational Visits and Exchanges** for extracts from their brochure *Working Holidays*
Les Editions Albert René for the illustration of 'Un village gaulois au temps d'Astérix'
Editions Albin Michel for the extract from *Le goût du temps qui passe* by Jacques Massacrier
Editions Bernard Grasset for the extract from *L'île aux oiseaux de fer* by André Dhotel
Editions Gallimard for extracts from *Exercices de style* by Raymond Queneau and for 'Catherine, quinze ans' from *L'adolescence en poésie*
Les Editions de Minuit for the extract from *Djinn* by Alain Robbe-Grillet
Editions Mondiales – Presse Féminine for extracts from *Nous Deux*
Elle (UK) for 'Fiche cuisine (Lapin à la crème et à l'estragon)'
L'Etudiant for 'L'œuf discount', 'Maillot crochet sous les cocotiers', 'Elève puis monitrice', 'Femme-pompiste', 'Un travail varié', 'Fantasmes et gros sous', 'Grands bidons et ligne de front', 'Vous êtes française?', and 'Quel étudiant êtes-vous?'
Faber and Faber for 'Jots and Tittles' from *Esprit de corps* by Lawrence Durrell
Femme Actuelle for 'Médecine – Santé: Pédiatrie'
Fontana Paperbacks for extracts from *Down the Rabbit-Hole*
France-Soir for 'Les petits "trucs" qui évitent les cambriolages', 'Abattu en défendant sa caisse' and 'Lady Di a accepté une superbe bague'
Girls for 'Où trouver la carte jeune?' and 'Nous t'écrivons pour une amie'
The **Guardian** for Charlie Chaplin's hat-and-cane article
The **Institut National de la Consommation** for 'Manger vert' from *50 millions de consommateurs* (No. 175; 7/8 1985)
The Rt. Hon. Neil Kinnock MP for 'Immigration' from the *Daily Mirror*
The **Librairie Générale Française, Le Livre de Poche Jeunesse**, for the extract from *Alice au pays des merveilles*
Marie-Claire for 'Contre le trac', 'Vos prémonitions' and the extract from 'Une sorte de vie' ('L'enfant qui avait rêvé du Titanic')
Le Monde for 'Le directeur d'un magasin est tué' (6.7.1985), 'Tous sauf un!' (3.12.1984), 'Discrimination' and 'Honnêteté'
Le Musée en Herbe for the text of 'Un village gaulois au temps d'Astérix'
Pariscope for their film advert 'Poulet au vinaigre'
The **RATP** for '7 conseils pour ne plus vous faire pickpocketer'
7 Jours Madame (**Société Edi 7**) for 'Faire de l'auto-stop' (No. 55; 29.6.1985), 'Faut-il les priver de match?' (No. 26; 22.6.1985), 'Il me coupe tout le temps la parole' (No. 54; 22.6.1985) and 'La solitude au féminin' (No. 55; 29.6.1985)
Simon Schuster (USA) for the extract from *A Sort of Life* by Graham Greene
The **SNCF – French Railways** for 'Prix Jeunes' from *Guide Pratique du Voyageur*
The **Syndicat d'Initiative**, **Canet en Roussillon** for extracts from their brochure *Bienvenue à Canet en Roussillon*
Télérama for their film review of 'Poulet au vinaigre'
The Times for 'It was a slow day for news until this pink pig took wing' by Clive Borrell
Volkswagen and **Doyle Dane Bernbach Publicité** for the advertisement 'Le lapin qui fait vroom' (photograph: Marc Bicker)

In a few cases the publishers have failed to trace copyright holders. However, they will be happy to come to a suitable agreement with them at the earliest opportunity.